아티스트 웨이

30주년 기념 특별판

THE ARTIST'S WAY

Copyright © 1992, 2002, 2016 by Julia Cameron
All rights reserved.
Korean Translation Copyright © 2025 by Wisdom House, Inc.
This edition is published by arrangement with David Black Literary Agency
through EYA Co.,Ltd.

이 책의 한국어판 저작권은 EYA를 통한 저작권사와의 독점계약으로 ㈜위즈덤하우스에 있습니다.
저작권법에 의해 한국 내에서 보호를 받는 저작물이므로 무단 전재 및 복제를 금합니다.

The Artist's Way

{ 30주년 기념 특별판 }

아티스트 웨이

줄리아 캐머런 지음

박미경 옮김

Julia Cameron

30주년 기념판 서문

나는 뉴멕시코주 샌타페이의 어느 산 정상에서 홀로 지내고 있다. 이곳까지 우편물을 배달하려면 질척한 산길을 뚫고 올 수 있어야 한다. 오늘 배달된 우편물 가운데 책이 한 권 있었다. 책에는 이런 쪽지가 붙어 있었다.

"친애하는 줄리아에게. 당신의 아티스트 웨이 도구를 활용해서 이 책을 완성했습니다."

마음이 흐뭇했다. 나는 지난 30년 동안 다양한 기념품을 받았다. 책뿐만 아니라 그림, 조각품, 귀걸이, 목걸이, 심지어 신발도 받았다. 이러한 '아티스트 웨이 트로피'가 집 안에 가득하다. 이 물건들은 이 책에 담긴 여러 도구가 실제로 창조성을 발휘하게 했다는 증거와도 같다. 이 길을 걷는 사람들은 내게 자신들의 성공담도 들려주었다.

에마 라이블리는 매우 성공한 비올라 연주자였지만 성취감을 느끼지 못한 상태에서 아티스트 웨이에 들어섰다. 그녀는 여러 가지 도구를 활용하면서 오랫동안 묻어두었던 꿈과 마주할 수 있었다. 어린 시절 에마는 멋진 음악을 작곡하겠다는 꿈을 꾸었다. 그런데 자라면서 현실적인 이유로 이 꿈을 접어두고 그녀가 '진정한 작곡가'라 여긴 이들의 곡을 연주하는 삶을 택했다. 하지만 어린 시절의 꿈에 대한 기억은 계속해서 그녀를 괴롭혔다. '이 꿈은 정녕 도달하기 어려운 걸까? 그냥 지금까지 쌓아온 경력에 만족하며 욕심을 내려놓는 게 맞을까?'

모닝 페이지를 쓰면 쓸수록 꿈에 대한 열망이 점점 더 뜨겁게 타올랐다. 잊고 있던 기억들도 더욱 강렬하게 떠올랐다. 모닝 페이지가 자꾸 이렇게 부추기는 것 같았다.

"그냥 한번 시도해봐."

하지만 위험 부담이 너무나 커 보였다. 에마는 자신이 주제도 모르고 '분에 넘치는' 꿈을 꾸는 것만 같았다.

"해보라니까."

그런데도 모닝 페이지는 자꾸만 그녀를 자극했다. 결국, 에마는 그 부추김을 잠재우기 위해 움직여보기로 마음을 먹었다.

"나는 피아노가 있는 방에 들어갔어요. 그런데 방문을 닫자마자 음악이 들리기 시작하더군요."

이윽고, 에마의 귀에 들려오던 음악은 하나하나 작은 노래들로 모습을 드러냈다. 다음으로, 모닝 페이지는 음악에 어울리는 이야기를 써보라고 제안했다. 용기가 생긴 에마는 첫 뮤지컬을 완성했다. 이 글을 쓰는 현재, 에마의 세 번째 뮤지컬 〈블리스〉가 시애틀에서 초연되어 기립박수를 받았다. 에마는 내친김에 브로드웨이에 입성할 수 있기를 바라며 매일매일 더 많은 곡을 쓰고 있다. 이제 그녀는, 그녀가 어린 시절 꿈꾸던 대로 자신의 음악을 연주하는 작곡가가 되었다.

에마처럼 변화한 이들의 이야기는 아티스트 웨이가 이끌어낸 창조적 결실이다. 모닝 페이지는 우리 안의 창의성을 확장시킨다. 처음엔 두려운 모험처럼 느껴지지만, 곧 그 위험을 감수하고 나아가게 된다.

"그냥 한 걸음만 내딛어봐."

모닝 페이지가 이렇게 다정히 속삭인다. 그래서 첫걸음을 내딛고 나면 곧 이 새롭고 흥미로운 세계에 성큼 뛰어들게 된다.

나는 30년 넘게 이 책에 소개하는 여러 도구들을 활용하고 있다. 누군가 요즘도 '여전히' 모닝 페이지를 쓰느냐고 물으면, 나는 그렇다고 대답한다. 그게 '여전히' 먹히기 때문에 '여전히' 쓰고 있다. 모닝 페이지의 부추김 덕분에 시를 쓰고 노랫말을 썼고, 희곡과 뮤지컬 대본, 책도 여러 권 썼다. 하지만 모닝 페이지의 효과는 그 이상이다.

최근에 개최한 책 사인회에서 나는 구름처럼 모여든 청중을 상대로 모닝 페이지의 '마법'에 대해 이야기했다. 그때 내가 앉아 있는 테이블로 훤칠한 남자가 다가오더니 이렇게 말했다.

"감사 인사를 드리고 싶었습니다. 지난 25년 동안 모닝 페이지를 딱 하루 빼고 매일같이 썼습니다. 그 하루는 내가 관상동맥우회술을 받았던 날이죠."

나는 병원 침상에 누웠던 그가 회복하는 모습을 상상해보았다. 남자 옆에는 일지가 놓여 있다. 이제 그는 무척 건강하고 생기가 넘쳐 보였다. 행복한 기운이 나에게까지 전해지는 듯했다. 이것도 모닝 페이지 덕분일까? 물론이다. 우리 삶에서 모닝 페이지의 지혜가 미치지 않는 곳은 없다.

모닝 페이지가 삶에 자리 잡으면 길잡이가 생긴다. 직감이나 어렴풋한 느낌 같은 감각은 점차 내면의 일부가 된다. 우리는 무엇을 받아들이고 무엇을 피해야 할지 직관적으로 알게 된다. 비록 이렇게 이름 붙이지 않을 뿐, '영적인 길'에 발을 단단히 딛고 서는 것이다.

아티스트 웨이의 여러 도구는 우리를 스스로 행동하도록 이끈다. 우리의 에너지가 강탈당할 때, 즉 타인을 위해 헌신하지만 정작 자신을 돌보지 못할 때 그 사실을 일깨워준다. 예전에는 다른 사람들이 우리의 바람대로 움직여주길 바라며 에너지를 낭비했다면, 이제 그 에너지는 보다 생산적인 방향, 곧 자기 자신을 향하게 된다. 역설적이게도, 우리가 자신을 위해 기꺼이 행동하려 할 때, 오히려 더 많은 지지와 응원이 주변에서 따라온다. 정신이 점점 더 맑고 또렷해질수록 사람들은 그 선명함에 자연스레 이끌리게 된다. 그리고 그 또렷함은 신체에도 반영된다. 더 곧은 자세, 더 빛나는 눈빛처럼.

이 같은 경지에 이르면 주변 사람들이 이구동성으로 "너 요즘 달라 보인다"라고 할 것이다. 그렇다. 우리는 실제로 달라진다. 자기 자신에게 점점 더 충실해지면서 우리는 점점 더 독창적인 존재가 된다. 우리의 꿈과 이상의 '원천'이 바로 우리 자신이기 때문이다. 또, 자신의 가치를 스스로 분명히 인식할수록 타인에게도 더 의미 있는 존재가 된다. 자기 자신에게 진실할수록 타인에게도 진실할 수 있다. 자기 자신을 믿게 될 때, 우리는 비로소 신뢰받는 사람이 된다.

아티스트 웨이를 충실히 실천하는 어떤 사람이 내게 이렇게 말했다.

"저는 아티스트 웨이를 네 번 실천했습니다. 그때마다 엄청난 돌파구가 생겼습니다. 매번 한 걸음씩 부드럽게 이끌리는 느낌이었어요. 그 덕에 꿈만 꾸지 않고 그 꿈을 이뤄낼 수 있었습니다."

지난 수십 년 동안 나는 사람들이 자신의 삶을 획기적으로 바꾸는 과정에서 산파 역할을 하는 특권을 누렸다. 자신의 재능을 제대로 펼치지 못해 좌절했던 배우 빅토리아가 떠오른다. 빅토리아는 아티스트 웨이의 여러 도구를 실천하면서 자신이 진정 원하는 것은 '감독'이라는 사실을 깨달았다. 연기 지시를 받는 수동적인 위치에서 연출하는 자리로 나아간 뒤, 빅토리아는 더 이상 좌절하지 않았다. 그렇게 되는 데는 약간의 용기가 필요했는데, 아티스트 웨이의 도구들이 그 용기를 선사했다.

모닝 페이지는 우리의 성장 과정을 다정하게 지켜본다. 우리가 꿈을 이뤄나가는 동안 안전망 역할을 해준다. 아티스트 데이트는 일주일에 한 번씩 떠나는 모험으로, 세상이 참으로 선한 곳임을 깨닫게 해준다. 이 두 가지 도구를 합치면 놀라운 변화를 일으키는 지렛대가 된다. 지난 30여 년 동안 나는 이 두 가지 핵심 도구가 사람들을 좌절의 늪에서 기쁨과 희망의 빛으로 인도하는 모습을 수없이 지켜봤다.

한 극작가는 이렇게 말했다.

"모닝 페이지요? 나는 모닝 페이지를 정말 좋아합니다. 아니, 어쩌면 모닝 페이지가 저를 좋아하는지도 모르겠어요. 모닝 페이지 덕분에 지금껏 장편영화를 열세 편이나 썼거든요."

모닝 페이지는 다정하고도 충실한 친구와도 같다. 우리 자신에게 이로운 방식으로 행동하도록 부드럽게 이끌어주고, 자기 집착에서 벗어나 자기 확신으로 나아가게 한다. 가슴속 깊이 예술가의 열정을 품은 우리는 점점 예술가다운 삶을 살아간다. 주저함 없이 스스로를 '아티스트'라고 부르며, 그 이름에 걸맞은 아티스트의 길을 걸어간다.

줄리아 캐머런

CONTENTS

30주년 기념판 서문 004

프롤로그 014

INTRO   길을 떠나기 전에   **025**

기본 원칙 029 • 이 책을 어떻게 활용할 것인가 030

ESSENTIAL   창조성 회복을 위한 핵심 도구   **037**

모닝 페이지 038 • 아티스트 데이트 052 • 창조성 계약서 061

WEEK ①   안정감 회복하기   **063**

그림자 아티스트 064 • 내면의 적, 부정적인 생각 072 • 내면의 동맹, 긍정 선언의 힘 076 • 창조적 긍정 선언 081 • 과제 082 • 점검 085

WEEK ②   자기 정체성 회복하기   **087**

정신 차리기 088 • 해로운 친구들 090 • 혼을 빼놓는 훼방꾼들 093 • 내면의 적, 회의주의 100 • 창조적 삶은 관심에서 시작된다 103 • 행동 지침 109 • 과제 110 • 점검 113

| WEEK ③ | 내면의 힘 회복하기 | 115 |

행동을 촉구하는 초대장, 분노 116 • 보이지 않는 도움의 손길 118 • 행동의 걸림돌, 수치심 126 • 비평에 대처하기 133 • 잃어버린 자아 찾기 134 • 성장과 치유 136 • 과제 138 • 점검 140

| WEEK ④ | 진실성 회복하기 | 141 |

정직한 변화 142 • 묻어두었던 꿈 찾기 152 • 독서 금지: 예술의 샘 정화하기 153 • 과제 156 • 점검 158

| WEEK ⑤ | 가능성 회복하기 | 159 |

성장의 걸림돌, 한계 설정 160 • 변화의 물결에 올라타기 165 • 우리를 옭아매는 미덕이라는 덫 168 • 미덕의 덫 테스트 175 • 금지된 즐거움 해방하기 175 • 내면의 검열관을 피하는 연습 176 • 과제 177 • 점검 179

| WEEK ⑥ | 충족감 회복하기 | 181 |

신이 우리 편이라면 182 • 진정한 사치의 즐거움 187 • 소비 점검하기 193 • 돈 문제에서 벗어나기 193 • 과제 195 • 점검 196

| WEEK 7 | 연대감 회복하기 | 197 |

내면에 귀 기울이기 198 • 완벽주의라는 올가미 201 • 위험 감수하기 203 • 질투, 두려움을 가리는 가면 207 • 질투심 해독하기 208 • 내 안의 창조성 탐색하기 209 • 과제 211 • 점검 212

| WEEK 8 | 강점 회복하기 | 215 |

아티스트로 살아남는다는 것 216 • 상아탑의 권력자들 218 • 손실로 위장된 성과 224 • 나이가 많다는 변명 229 • 날마다 조금씩 도약하기 233 • 가치관 탐색하기 238 • 창조성을 되찾는 긍정 선언 240 • 과제 241 • 점검 245

| WEEK 9 | 연민감 회복하기 | 247 |

두려움 치유하기 248 • 열정, 자유의 에너지 251 • 창조성의 유턴 253 • 장애물 뚫고 나아가기 259 • 과제 261 • 점검 264

| WEEK 10 | 자기 보호감 회복하기 | 265 |

창조성 차단제: 음식, 술, 약물, 섹스, 일 266 • 일중독 270 • 창조성의 가뭄 276 • 명성이라는 마약 278 • 경쟁심 흘려보내기 280 • 과제 284 • 점검 287

| WEEK ⑪ | 자율성 회복하기 | 289 |

나를 아티스트로 받아들이기 290 • 성공, 그 후 295 • 운동을 통한 명상 298 • 아티스트의 제단 쌓기 305 • 과제 306 • 점검 307

| WEEK ⑫ | 신념 회복하기 | 309 |

신뢰하기 310 • 창조성의 미스터리 312 • 마음껏 뛰노는 상상력 314 • 시험에 들지 않기 318 • 과제 321 • 점검 322 • 창조성 계약서 323

에필로그 324

아티스트 웨이 Q&A 328

창조성 소모임 가이드 335

부록 성스러운 모임 만들기 342 • 아티스트의 기도 351

추천 도서 353

프롤로그

사람들이 내게 무슨 일을 하느냐고 물으면 나는 보통 이렇게 대답한다.

"작가 겸 연출가이고 창조성을 일깨우는 워크숍을 진행하고 있어요."

그러면 다들 마지막 말에 관심을 보인다.

"창조성 워크숍? 창조성도 가르칠 수 있나요?"

사람들의 얼굴엔 호기심과 반발심이 동시에 어른거린다.

"가르칠 수 없죠. 그저 사람들이 자신이 가지고 있는 창조성을 발휘하도록 도울 뿐이에요."

"아, 그렇다면 우리가 다 창조적이라는 말인가요?"

이쯤 되면 그들의 얼굴에 의심과 기대가 교차한다.

"맞습니다."

"정말로 그렇게 생각하세요?"

"물론이죠."

"그래서 뭘 어떻게 하는데요?"

바로 이 책에서 그 이야기를 해보려고 한다. 나는 사람들의 창조성을 일깨워줄 목적으로 10년째 영적 워크숍을 진행하고 있다. 워크숍에 참여한 이들은 화가와 영화감독 같은 예술가뿐만 아니라 가정주부와 변호사처럼 예술과 상관없는 사람들에 이르기까지 다양했다. 예술 활동을 통해 더 창조적인 삶을 살아가려는 이들뿐만 아니라 창조적인 생활로 인생을 예술로 만드는 데에 관심 있는 누구든지 가르쳐왔다. 내가 지금껏 발견하고 계승하고 고안하고 정교하게 다듬은 여러 도구들을 나누고 가르치는 동안, 나는 그들의 창조성을 막는 장벽이 무너지고 삶이 변화하는 모습을 숱하게 목격했다. 그 모든 것은 단지, '위대한 창조주'가 우리에게 선물한 고유한 창조력을 발견하고 회복하는 단순한 과정만으로도 가능했다.

"위대한 창조주? 너무 종교적인 이야기를 하는 것처럼 들리네요. 기독교 색채가 진한 것 같기도 하고, 뉴에이지 같기도 하고……."

멍청하게 들리고, 단순해 보이고 위협적으로 느껴지는 걸 나도 알고 있다. 충분히 그렇게 생각할 만하다. 그러나 이것을 그냥 마음을 열기 위한 훈련이라고 생각하라. 위대한 창조주가 무엇이든, 그냥 계속 읽어 내려가라. 위대한 창조주가 있을 수도 있다는 생각을 실험해보라. 그 시도가 묶여 있는 당신의 창조성을 해방시키는 데에 어떤 식으로든 도움이 될 것이다.

『아티스트 웨이』는 본질적으로 창조성을 발견하고 실천하는 영적 경로를 다룬 책이기에 '창조주', 즉 '신god'이라는 단어를 자주 사용

*
원초적 상상력은 모든 인간 인식의 살아 있는 힘이다.

새뮤얼 테일러 콜리지

한다. 신이라고 하면 당장 케케묵고 쓸모없고 불쾌하고 믿기 어려운 대상이라는 생각부터 든다면 당연히 신경에 거슬릴 수도 있다. 하지만 마음을 열어주기 바란다.

사실, 이 책을 통해 성과를 거두는 데 굳이 신의 개념이 필요하지는 않다. 오히려 신에 대한 개념이 방해가 된다면, 곧이곧대로 해석해 또 다른 장벽을 만드는 우를 범하지 않길 바란다. 이 책에 '신'이라는 단어가 나오면, '유익하고 질서 있는 방향good orderly direction'이나 '자연스러운 흐름flow' 정도로 받아들이면 된다. 우리가 이야기하고자 하는 건 창조적 에너지다. 이 책에서의 '신'이라는 말은 창조적 에너지의 약칭이며, '여신goddess', '마음mind', '우주univers', '원천source', '더 높은 힘higher power'도 마찬가지다. 그것을 뭐라고 부르든 상관없다. 어떻게 활용하느냐가 더욱 중요하다. '신'을 일종의 영적 전류, 즉 창조성을 흐르게 하는 에너지 흐름으로 생각해보는 것도 좋은 출발이 될 수 있다.

물론, 간단한 실험과 관찰만으로도 '유익하고 질서 있는 방향'의 흐름과 충분히 연결될 수 있다. 그러나 여기서 그런 흐름을 설명하거나 논하거나 정의하지는 않을 것이다. 흐름을 이해하지 못해도 그 에너지를 사용할 수 있다. 전기를 사용할 줄만 알면 됐지 작동 원리까지 알아야 할 필요는 없으니까.

그러니 '신'이라는 단어가 불편하다면, 그 명칭이 당신의 경험을 아우르는 유용한 표현이 아니라면 굳이 그렇게 부르지 않아도 된다. 믿지 않는데 애써 믿는 척할 필요도 없다. 무신론자나 불가지론자로 남고 싶다면 그렇게 하라. 그렇게 해도 이 책에 나오는 원칙들을 실천

> ＊
> 인간은 자신의 운명을 충실히 따르도록 요구받는다.
>
> 폴 틸리히

해서 삶의 변화를 경험하는 데 아무런 문제가 없을 것이다.

나는 지금껏 도예가, 사진작가, 시인, 극작가, 무용가, 소설가, 배우, 감독 등 다양한 예술가와 협업해왔다. 또 자신이 되고 싶은 것을 막연히 꿈꾸기만 했던 사람들, 그저 더 창조적인 사람이 되기를 희망하는 사람들과도 함께해왔다. 그러는 동안 붓을 꺾었던 화가가 다시 붓을 들고, 침묵하던 시인이 다시 시를 읊는 모습을 지켜봤다. 좌절해서 한 줄도 쓰지 못했던 작가가 단숨에 글을 써 내려가는 모습도 봤다. 그러면서 확실히 알게 됐다. 나이가 몇 살이든, 어떤 인생 경로를 밟아왔든, 예술을 업으로 삼든 그것을 취미나 꿈으로 여기든, 창의성을 찾는 일에 늦음도, 이기적이거나 어리석은 시도도 없다는 사실을!

오십 줄에 들어선 후에야 '글을 쓰고 싶다'는 꿈에 도전한 한 수강생이 이 책에서 소개한 도구들을 실행에 옮겨 결국 극작가로 데뷔해 상까지 받았다고 했다. 한 판사도 이 도구들의 도움을 받아 조각가가 되고 싶다는 평생의 꿈을 이루었다. 물론 이 과정을 밟는다고 해서 누구나 다 전업 예술가가 되는 것은 아니다. 그것은 그리 중요하지 않다. 오히려 예술 활동에만 몰두하던 사람들full-time artists 가운데 상당수는 삶의 다양한 영역에서 창조성을 발휘하는 더 '온전하고 조화로운 사람full-time people'으로 성장했다고 고백했다.

내 경험뿐만 아니라 수많은 사람들과 나눈 경험을 통해 나는 창조성이 인간의 본성임을 깨달았다. 그 본성을 막는 것은, 가느다란 초록색 줄기 끝에서 꽃이 피어나듯 자연스럽고 기적적인 과정을 억지로 방해하는 것이나 다름없다. 그리고 이런 영적인 접촉을 만드는 과정이 생각보다 간단하고 직관적이라는 사실도 알게 되었다.

*
나는 아무 일도 하지 않는다.
모두 성령이 나를 통해
이루시는 것이다.

윌리엄 블레이크

만일 당신의 창조성이 막혀 있다면, 이 책에서 소개하는 도구들을 활용해 더욱 자유롭게 창작하는 법을 배울 수 있다. 하타 요가를 할 때 스트레칭만 하는 것 같아도 저절로 의식이 바뀌듯, 이 책이 권하는 방식대로 글을 쓰며 노는 것만으로도 당신의 의식이 바뀐다. 믿든 안 믿든, 틀림없는 사실이다. 그러니 일단 해보라. 반드시 창조성의 물꼬가 트일 것이다.

요컨대, 이론은 실천만큼 중요하지 않다. 이제 당신이 해야 할 일은 의식 속에 창조적인 힘이 흐를 수 있는 통로를 만드는 일이다. 그 통로를 열겠다고 마음먹는 순간, 창조성은 절로 드러난다. 어떤 의미에서, 창조성은 피와도 같다. 피가 당신의 몸 안에 흐르고 있지만 당신이 직접 만들지 않았듯, 창조성 또한 당신의 영체(靈體)를 타고 흐르지만 당신이 직접 만들지는 않는다. 이미 존재하는 본성이다.

내가 밟아온 길

내가 뉴욕에서 처음 창조성 워크숍을 시작하게 된 것은 창조성을 가르치라는 소명과 같은 목소리가 들려왔기 때문이었다. 화창한 어느 날 오후, 소호 거리 위쪽 그리니치 빌리지의 자갈길을 걷고 있는데 뜬금없이 사람들에게 창조성을 일깨우는 법을 가르쳐야겠다는 생각이 스쳤다. 어쩌면 그것은 그 길을 걷던 누군가가 지나가며 흘린 소망이었을지도 모른다. 이곳은 확실히 미국의 다른 어떤 곳보다 예술가가 많이 사는 곳이니까.

*
'신'은 가장 능동적이고
역동적인 존재인데 왜 동사가
아니라 명사일까?
메리 달리

"나를 가로막는 것으로부터 벗어나고 싶어요."

누군가가 이렇게 토로했다면, 나는 얼른 나서서 "제가 그 방법을 알아요"라고 대답했을 것이다. 내 인생은 내가 '진격 명령'이라고 부르는 강한 내면의 목소리가 항상 나를 이끌어왔다. 이번에도 그랬다. 나는 사람들의 막힌 창조성을 푸는 방법을 알고 있었다. 그리고 내가 터득한 교훈으로 사람들을 변화시키는 일이 내가 해야 할 일이라는 것을 알 수 있었다. 내 이야기를 먼저 해보겠다.

1978년 1월, 나는 술을 끊었다. 글을 쓰는 데 술이 필요하다고 느낀 적은 없지만, 문득 술 없이는 더 이상 글을 쓰지 못할 것 같은 두려움이 엄습했기 때문이다. 당시에 나는 음주와 글쓰기를 위스키와 소다처럼 묶어서 생각하기 시작했다. 술을 마셔야 글쓰기의 두려움이 극복되는 듯했다. 그래서 취기가 올라와 창조성의 물꼬가 막히기 전에 얼른 글을 써야 했다.

서른 살에 술을 끊기 전까지 나는 그런 식으로 창조성을 발휘하며 경력을 쌓아 올렸다. 제법 성공해 파라마운트 영화사 근처에 내 사무실을 갖고 있기도 했다. 발작적 창조성. 오직 의지로 나 자신을 몰아붙이는 억지스러운 창조성. 타의에 의해서만 작동하는 창조성. 내 창조성은 손상된 경동맥에서 단속적으로 뿜어지는 혈액처럼 솟구치다 말다 했다. 10년간 글을 쓰면서 익힌 거라고는 그저 내가 쓰려는 작품의 벽에 무모하게 돌진하는 것뿐이었다. 창조성이 어떤 면에서 영적인 것이라면, 나의 창조성은 십자가에 못 박힌 꼴이었다. 나는 문장이라는 가시덤불에 몸을 던졌고 피를 흘렸다.

예전의 그 고통스러운 방식으로 계속 글을 쓸 수 있었다면 아마

*
화가는 붓을 놀리는 과정에서 자기 혼자선 할 수 없는 결과를 마주하게 된다.

로버트 마더웰

나는 지금도 그렇게 하고 있을 것이다. 금주를 결심한 그 주에 나는 잡지 기사를 두 편 써서 보냈고, 장편 시나리오도 한 편 완성했다. 하지만 더 이상 감당할 수 없었던 알코올 문제도 함께였다.

맑은 정신으로는 창조성을 발휘할 수 없다면 굳이 술에서 깨고 싶지 않았다. 하지만 술은 건강만 해치는 게 아니라 창조성도 죽일 터였다. 나는 맑은 정신으로 글 쓰는 법을 배워야 했다. 그렇지 않으면 언젠가는 글쓰기를 접게 될 게 분명했다. 내가 이 영적인 길에 들어선 것은 그것이 좋아서가 아니라 필요해서였다. 나는 창조적 경로를 찾아 나섰고, 그 과정에서 갖가지 교훈을 얻게 되었다.

나는 영국의 시인 딜런 토머스가 "푸른 줄기 끝으로 꽃을 밀어내는 힘"이라 불렀던 생명력, 내가 유일하게 믿는 창조의 신인 그 생명력에게 나의 창조성을 맡기는 법을 배웠다. 내 안의 에너지를 막지 않고, 그 창조적 힘이 내 안에서 흘러가도록 두는 법을 배웠다. 노트를 펼쳐 놓고 마음속에서 들려오는 내용을 술술 써 내려가는 법을 배웠다. 그러자 글쓰기는 더 이상 핵폭탄을 만들어내는 것 같은 고통이 아니라 누군가의 말을 엿듣는 일처럼 느껴졌다. 더는 폭발할 일도, 글을 쓸 기분이 되어야지만 책상에 앉는 일도 없었다. 영감을 떠올리기 위해 감정의 온도를 측정할 필요도 없었다. 그냥 차분히 쓰기만 하면 됐다. 흥정도, 타협도 하지 않았다. 좋은 글인지, 나쁜 글인지는 내 알 바가 아니었다. 그건 내 안의 창조적 에너지가 쓴 것이니까. 그렇게 작가라는 자의식ego에서 놓여나자 비로소 남의 시선을 의식하지 않고 자유롭게 글을 쓸 수 있었다.

돌이켜보면, 그때 내가 스스로 '고통받는 아티스트'라는 극적인 모습에서 벗어날 수 있었다는 건 새삼 놀라운 일이었다. 그릇된 생각일수록 쉽게 떨쳐내기 어렵고 우리가 예술에 대해 품고 있는 잘못된 통념 또한 그만큼 뿌리 깊기 때문이다. 그리고 실제로 아티스트 중에는 폭음, 문란한 생활, 재정 문제, 무자비하거나 자기 파괴적인 감정 발산 등을 아티스트 정체성의 일부로 덧붙이곤 한다. 이미 우리는 그런 아티스트를 봐오지 않았나. 그런데 예술가가 꼭 그래야 하는 게 아니라면, 나는 어떤 핑계를 댈 수 있을까?

맑은 정신으로도 창조적일 수 있다는 것은, 한편으로 나를 두렵게 했다. 그 사실은 내게 타고난 창조적 재능이 있다면 마땅히 그것을 사용해야 한다는 책임이 따른다는 것을 시사했기 때문이다. 그렇다면 당신에게도 이런 재능이 있다면 어떻게든 사용해야만 한다는 뜻일까? 물론이다.

그즈음 운 좋게도 나는 나처럼 창조성이 막힌 작가를 만나 함께 일을 하게 되었다. 나는 그에게 내가 터득한 방법을 가르치기 시작했다. 창조적 흐름을 방해하지 않도록 한발 물러나기, 창조성이 자기 안에서 흐르게 하기, 판단하지 말고 그냥 써 내려가기 등을 하나씩 알려주었다. 그러자 그 역시 막혔던 창조성이 풀리기 시작했다고 했다. 이제 우리 둘이었다. 곧이어 또 다른 '피험자'가 나타났다. 이번엔 화가였다. 내가 고안한 도구들은 시각 예술가에게도 효과가 있었다. 나는 그 사실에 무척 고무됐다. 내가 마치 '창조성의 지도'를 그리는 제작자가 되어 나뿐만 아니라 그 길을 따르고 싶어 하는 사람들을 위해 혼란에서 벗어나는 길을 그려나가는 것 같았다. 처음부터 사람들을 가르쳐야겠다고 생각하진 않았다. 다만 나를 이끌어준 스승이 없다는 사실에

*
예술가의 입지는 대단하지 않다. 예술가는 본질적으로 창조의 매개체일 뿐이니까.

피에트 몬드리안

화가 났을 뿐이다. 나는 왜 온갖 시행착오를 겪으며 힘겹게 배워야 했던가? 왜 번번이 벽에 머리를 찧어야 했던가? 우리는 좀 더 쉽게 배울 수 있어야 한다고 생각했다. 길에는 지름길도 위험한 곳도 표시되어 있어야 하니까.

따사로운 햇살이 내리쬐는 허드슨강 주변을 산책하면서 다음 작품을 구상하다가 문득 이런 생각이 떠올랐다. 나는 사람들을 가르치라는 진격 명령을 받아들였다. 일주일도 지나지 않아 뉴욕 페미니스트 아트 인스티튜트에서 강사 자리를 제안해왔다. 이전에는 들어본 적도 없는 곳이었다. 첫 수업에 창조성이 막혀 고민하는 화가와 소설가, 시인, 영화 제작자가 모였다. 나는 그들에게 이 책에서 소개할 여러 교훈을 가르쳐주었다. 그것을 시작으로 다른 것들도 많이 가르쳤다. 시간이 지날수록 내용은 더 방대해졌다.

『아티스트 웨이』는 동료인 마크 브라이언의 제안으로 작성된 강의 노트에서 비롯됐다. 여기저기 입소문이 퍼지면서 나는 강의 자료를 우편으로 보내기 시작했다. 융 심리학 강사인 존 지아니니가 여기저기 강연을 다니면서 이 기법들을 퍼뜨렸다. 그러면서 자료 요청은 점점 더 늘어났다. 그러다 창조 영성 네트워크에까지 소문이 퍼지면서 아이오와주의 더뷰크, 캐나다의 브리티시 컬럼비아, 인디애나주에서도 편지가 왔다. 급기야 세계 각지에 수강생이 생겨났다. 이런 편지도 받았다.

"저는 스위스 국무부에서 근무하고 있습니다. 여기서도 자료를 받아볼 수 있을까요?"

물론 나는 그에게도 자료를 보냈다. 발송한 우편물이 증가할수록 수강생 수도 날로 늘어났다. 그러던 중, 마크가 내 옆구리를 쿡 찔렀다.

*
신은 우리 의식 속에서 활발하게 작용한다.

조엘 S. 골드스미스

"전부 글로 써봐. 더 많은 사람들을 도와줄 수 있잖아. 책을 출간하는 거야."

그 말에 힘입어, 나는 머릿속 생각을 제대로 정리하기 시작했다. 내가 글로 쓰면, 동료 강사이자 엄격한 감독인 마크가 미진한 부분을 지적해주었다. 내용을 보완한 뒤에도 마크는 여전히 빠진 부분이 있다고 했다. 그는 내 이론을 뒷받침해줄 기적 같은 일을 수없이 봤다면서 그 부분도 포함하라고 권했다. 그렇게 나는 지난 10년간의 일들을 책에 고스란히 써 내려갔다. 그 결과, 누구나 혼자서도 실천할 수 있는 청사진이 완성됐다. 이 책에 소개하는 여러 가지 도구들은 인공호흡법이나 하임리히 구명법처럼 당신을 살리기 위해 개발되었다. 그러니 직접 사용해보고 주변에도 널리 전해주길 바란다.

이 도구들을 직접 사용해본 뒤 다음과 같은 효과를 봤다는 이야기를 참으로 많이 들었다.

"선생님의 수업을 듣기 전에는 내 안에 잠재된 창조성과 동떨어진 채 살았습니다. 수년 동안 쓰디쓴 경험과 상실감에 시달렸는데, 점차 기적 같은 일이 벌어지더군요. 지금 저는 연극학 학위를 받으려고 다시 학교에 다니고 있습니다. 몇 년 만에 오디션도 보러 가고요. 글도 꾸준히 쓰고 있습니다. 무엇보다도 저 스스로 아티스트라고 불러도 전혀 어색하지 않게 되었습니다."

수강생들이 경험한 온갖 기적 같은 변화를, 강사로서 내가 느낀 벅찬 감동을 독자들에게 온전히 전할 수 있을지 모르겠다. 이 과정을 거치며 벌어지는 변화를 보면, '깨달음enlightenment'이라는 말이 정말 말 그대로 '빛'을 뜻하는 것 같다. 창조적 에너지와 접촉할 때 그들의 얼굴은 눈부시게 빛났다. 위대한 예술 작품에 깃든 영적인 분위기가 창조성 수업에서도 똑같이 흐른다. 진실로, 우리가 창조적 존재가 되어갈수록 우리 삶도 예술 작품이 되어간다.

Intro

〔길을 떠나기 전에〕

창조주가 우리의 창조성을 장려한다고 말하면 다들 위험한 발상이라고 생각한다. 사람들은 창조적인 꿈은 자아도취적이며, 신이 기뻐하지 않을 일이라고 생각하는 경향이 있다. 그러다 보니 우리 내면의 창조적 아티스트는 유아기에 머물게 마련이고, 그 꿈을 품는 일 자체를 철없는 것으로 여기기 쉽다. 어머니나 아버지가 우리의 창조적 꿈을 의심하거나 반대한 경험이 있다면, 우리는 신도 그렇게 할 거라고 믿기 쉽다. 하지만 이러한 생각을 버려야 한다.

지금 우리는 의식적으로 의도하여 초대한 영적 경험을 어떻게 이끌어낼 수 있을지에 관해 이야기하고 있다. 나는 이를 '영적 지압요법'이라고 부르는데, 우주의 창조적 에너지와 조화를 이루기 위한 특별한 영적 훈련을 실천하는 과정으로 보면 된다.

우리가 태어나고 또 살아가는 이 우주를 전류가 흐르는 방대한 바다라고 생각해보자. 창조성의 물꼬가 트이면 우리는 그 바다에 떠다니는 한낱 존재에서 벗어나 그 생태계의 더 기능적이고 신중한 협력자로 거듭날 것이다. 강사로서 나는 어떤 초월적 기운, 일종의 영적 전류를 자주 느낀다. 그리고 그것에 의지해서 내 한계를 넘어서곤 한다. 그래서 누군가 나를 "영감을 받은 선생inspireh teacher"이라고 부르면, 이를 그대로 받아들이고 있다. 나보다 더 높은 존재가 우리에게 임한다고 믿기 때문이다. 예수는 "두세 사람이 모인 곳에는 어디든 나도 그들 중에 있느니라"라고 말씀하셨다. 창조성의 신도 그렇지 않을까 싶다.

창조성의 본질은 신비로운 화합을 경험하는 것이고, 신비로운 화합의 본질은 창조성을 경험하는 것이다. 영적 용어를 사용하는 사람들은 흔히 '신'을 '창조주'라고 칭하지만, '아티스트'에게는 좀처럼 '창조자'라는 말을 쓰지 않는다. 창조하는 사람이라는 뜻의 창조자라는 단어를 글자 그대로 받아들여라. 지금 당신은 '위대한 창조주'와 아티스트 대 아티스트로서 창조적 동맹을 맺으려는 것이다. 이 개념을 받아들이면 당신의 창조적 가능성은 크게 확장될 것이다.

이 책에 나오는 도구를 숙지하고 매주 과제를 실천하다 보면 수많은 변화가 일어날 것이다. 이러한 변화 가운데 핵심은 동시성이 촉발된다는 점이다. 우리가 변하면 우주가 그 변화를 더 촉진하고 확장한다. 나는 이를 다소 발칙하게 표현해서 책상에 붙여놓았다.

일단 저질러라. 어디선가 도움의 손길이 나타날 테니까.

아티스트로서, 또 강사로서 경험한 바, 우리가 신념을 창조적 행

※
오페라 〈나비부인〉은 신이 내게 명하신 것이다. 나는 그 명을 종이에 옮겨 대중에게 알렸을 뿐이다.

지아코모 푸치니

※
아이디어가 신에게서 내게로 곧장 흘러들어온다.

요하네스 브람스

> *
> 신은 우리 의식 속에서
> 활발하게 작용한다.
>
> 조엘 S. 골드스미스

동으로 옮길 때 우주도 한층 발전할 수 있다는 걸 봐왔다. 이는 관개수로의 제일 위쪽 문을 여는 것과 흡사하다. 장애물을 다 치우면 물이 막힘없이 흐른다. 물론 이런 생각을 무조건 믿으라는 말은 아니다. 창조성을 발휘하고자 꼭 신을 믿어야 할 필요는 없다. 다만 이 과정이 진행되는 동안, 유심히 관찰하고 기록하기 바란다. 그래야 당신의 창조성이 꽃피는 과정을 촉진하고 제대로 목격하게 될 것이다.

창조성이란 경험, 특히 내가 볼 때는 영적 경험과 관계있다. 창조성이 영성을 이끈다고 생각하든, 영성이 창조성을 이끈다고 생각하든 상관없다. 사실 나는 이 둘을 구분하지 않는다. 그런 경험 앞에서 믿음이라는 문제는 큰 의미가 없다. 칼 융은 말년에 믿음의 문제와 관련해서 이렇게 말했다.

> *
> 인간의 창조적 잠재력은 바로
> 신의 이미지다.
>
> 메리 데일리

"나는 믿지 않는다. 다만 알 뿐이다."

아래 설명하는 영적 원칙은 창조성 회복과 발견에 토대가 되는 것들이다. 매일 한 번씩 읽으면서 자신의 태도나 믿음에 어떤 변화가 생기는지 살펴보라.

기본 원칙

❶ 창조성은 삶의 자연스러운 질서다. 삶은 에너지다. 순수하고도 창조적인 에너지다.

❷ 우리를 비롯한 모든 생명체의 기저에는 창조적 힘이 깔려 있다.

❸ 창조성에 마음을 여는 것은 우리와 우리 삶에 내재하는 창조주의 창조성에 마음을 여는 것이다.

❹ 우리는 모두 창조물이다. 우리는 창조적 존재가 되어 창조성을 이어나가야 한다.

❺ 창조성은 신이 우리에게 준 선물이다. 창조성을 발휘해 신에게 보답하자.

❻ 창조성을 거부하는 것은 자신의 의지이지만, 본성에 반하는 것이다.

❼ 창조성을 탐험하는 데 마음을 여는 것은 '신god', 즉 '유익하고 질서 있는 **방향**good orderly direction'으로 나아간다는 뜻이다.

❽ 창조주에게 우리의 창조적 통로를 열면, 온화하지만 강력한 변화가 계속 일어날 것이다.

❾ 더 크고 위대한 창조성에 마음을 열면 우리는 안전해진다.

❿ 창조적 꿈과 소망은 신성한 원천에서 비롯된다. 꿈을 향해 나아갈 때 우리는 신성에 다가가게 된다.

✻

풀잎마다 그 위에 몸을 수그리고서 "자라라, 자라라"라고 속삭이는 천사가 있다.

탈무드

✻

뛰어난 즉흥 연주자는 성직자와 같다. 그들은 오로지 그들의 신만 생각한다.

스테판 그라펠리

이 책을 어떻게 활용할 것인가

*
우리는 인생을 연주한다.
루이 암스트롱

이 책은 다양한 방법으로 활용할 수 있다. 최대한 창조적으로 활용하기 바란다. 지금부터 다룰 내용은 그 과정을 안내하는 일종의 로드맵으로, 구체적인 진행 방법에 대한 아이디어를 몇 가지 제시하고자 한다. 혼자서 실행하는 사람도 있고, 모임을 결성해 함께 진행하는 사람도 있을 것이다. 그룹과 관련된 지침은 책 뒷부분에 나와 있으니 참고하기 바란다. 어떤 방법을 선택하든 확실한 효과를 볼 것이다.

먼저, 이 책에서 다루는 내용을 전체적으로 훑어보고 싶을 것이다. 분명히 말하지만, 책을 훑어보는 것과 활용하는 것은 다르다. 이 책의 각 장(章)은 본문과 연습 문제, 과제, 점검으로 이루어져 있다. 할 일이 많아 보인다고 미리 겁먹을 필요는 없다. 많은 부분에 놀이처럼 접근할 수 있을 것이다. 시간도 하루에 한 시간 정도면 충분하다.

강의를 시작할 때 나는 수강생들에게 주간 계획을 만들어보라고 권한다. 가령 한 주의 시작을 일요일로 잡는다면, 일요일 밤에 해당 주차의 본문을 읽어라. 본문을 읽은 뒤엔 바로 연습 문제를 풀어라. 각 주의 연습 문제는 매우 중요하다. 다음 장에서 살펴볼 '모닝 페이지'와 '아티스트 데이트'도 물론 중요하다. 매주 할당된 과제를 다 해내기에 시간이 부족하다면, 절반 정도만 해도 된다. 나머지는 나중에 해도 괜찮다. 다만 어떤 과제를 할지 선택할 때는 딱 두 가지만 염두에 둬라. 매력적으로 느껴지는 과제와 거부감이 드는 과제를 먼저 수행하고, 어중간한 과제는 나중에 하라. 우리는 대체로 가장 필요한 것을 거부하려 드는 경향이 있다는 사실을 기억하라.

하루에 한 시간, 가능하다면 약간 더 투자해서 일주일에 총 일곱 시간에서 열 시간 정도 할애하라. 책에서 제시한 도구들을 실천하는 데 이 정도 시간을 꾸준히 투자하면 12주 과정을 모두 마치기 전에 엄청난 효과를 거둘 수 있을 것이다. 더 긴 시간 동안 이 도구들을 활용한다면 당신의 인생 궤적을 바꿀 수도 있다.

이 책을 읽고 실천할 때, '아티스트의 길'은 나선형 경로라는 점을 반드시 기억하라. 어떤 문제는 각기 다른 수준에서 거듭 마주하게 될 것이다. 아티스트의 삶에선 완성이라는 게 없다. 그 길을 걷는 동안 어느 단계에서든 좌절도 겪고 보람도 맛볼 것이다. 길을 찾고 발판을 세워서 힘차게 올라가는 게 우리의 목표다. 눈앞에 펼쳐지는 창조적 풍경에 당신은 금세 감탄할 것이다.

무엇을 기대할 것인가

누구나 더 창조적인 사람이 되고 싶어 한다. 다들 자기 안에 더 큰 창조성이 있다고 느끼면서도 그것을 제대로 발휘하지 못한다. 꿈은 교묘히 비껴가고 삶은 지루하기 짝이 없다. 괜찮은 아이디어와 멋진 꿈이 있는데도 우리는 스스로 그 아이디어나 꿈을 실현하지 못한다. 피아노를 배우거나 그림을 그리거나 연기 수업을 듣거나 글을 쓰는 등 구체적으로 실현하고 싶은 창조적 욕구가 있을 수 있다. 때로는 목표가 다소 모호할 수도 있다. 그런데 우리는 사업을 꾸릴 때도, 가족이나 친구들과 일상을 영위할 때도 창조적 삶이라 부를 만한 일에 늘 굶주려 있다.

아무런 어려움 없이 짧은 시간 안에 창조성을 키울 수는 없지만,

*
창조성은 보편성을 활용해
당신의 눈을 통해 흘러들게
하는 것이다.

피터 코스텐바움

> 나는 시각이 아닌 신앙으로 그림을 그린다. 신앙이 당신에게 시각을 선사한다.
>
> 아모스 퍼거슨

> 우리는 왜 창조력을 활용해야 하는가? 사람들을 이토록 너그럽고 즐겁고 생기 있고 대담하고 인정 넘치게 하는 것이 없기 때문이다. 그 덕에 다툼을 일삼으며 재물과 돈을 모으는 일에 관심을 쏟지 않게 된다.
>
> 브렌다 유랜드

창조성을 회복하거나 발견하는 방법은 충분히 배울 수 있다. 아울러 그 영적 과정을 단계별로 추적할 수도 있다. 개개인은 모두 복잡하고 독특하지만 창조성 회복 과정에는 누구나 쉽게 알 수 있는 공통분모가 있다.

이 과정이 진행되면 처음 몇 주 동안에는 상당한 저항과 혼란이 표출된다. 이 진입 단계를 넘어서면 엄청난 분노가 치미는 중간 단계가 바로 이어진다. 분노 다음으로는 비탄이 따르고, 곧이어 저항과 희망의 파도가 번갈아 나타난다. 이렇게 오르락내리락하는 성장 단계는 확장과 수축을 반복하는 일종의 탄생 과정으로, 우리는 이런 과정에서 강렬한 환희와 방어적 회의를 동시에 경험한다.

변덕스러운 성장 단계를 거친 다음엔 모든 것을 포기하고 예전의 삶으로 돌아가고 싶은 욕구가 강하게 일어난다. 협상 기간에 돌입하는 것이다. 이 시기에 이르면 우리는 그만두고 싶다는 유혹을 자주 받는다. 하지만 마음을 다잡고 다시 나아가다 보면 굴복하려던 자아도 정신을 번쩍 차린다. 나는 이를 '창조적 유턴'이라고 부른다. 곧이어 새롭게 인식된 자아 감각이 드러나는 마지막 단계가 이어진다. 이때는 더 높은 자율성, 회복 탄력성, 기대감, 흥분을 느끼게 된다. 아울러 창조적 계획을 구체적으로 수립하고 실행하는 역량도 강화된다.

감정적으로 엄청난 변동을 겪게 될 것 같다고? 실제로 그렇다. 창조성을 회복하는 과정에 들어가면, 우리가 아는 익숙한 삶에서 물러나는 과정, 즉 금단 상태에 들어서게 된다. 여기서 말하는 '금단'은 집착에서 벗어나거나 거리를 두는 것과 같다. 이는 모든 명상 수행에서 꾸준히 요구되는 중요한 자세이기도 하다. 영화에서 카메라 초점을 조정해서 주목할 대상을 바꾸는 풀 포커스 pull focus 기법처럼, 일상에 얽매인 상태에서 벗어나도록 초점을 점점 더 위로 올려 전체를 조망할 수 있게 된다. 위에서 내려다보면 좀 더 창조적으로 선택할 수 있다. 다소 힘들겠지만 변화무쌍하고 매력적인 곳을 여행한다고 생각하라. 당신은 점점 더 높은 곳으로 나아가고 있다. 일상에서 물러남으로써 하게 되는 경험은 분명 고통스러우면서도 짜릿하다. 이는 새로운 시각을 얻기 위한 여정의 일부이니 긍정적 과정으로 바라봐야 한다.

다른 사람들의 삶과 희망, 꿈과 계획에 지나치게 자신의 창조적 에너지를 낭비하는 사람이 많다. 주변을 챙기다 보면 우리 삶은 흐려지고 정도에서 벗어나게 된다. 분리 과정을 통해 본질을 강화하면, 우리는 자신의 한계와 꿈, 진정한 목표를 더 명확하게 표현할 수 있게 된다. 자연히 개인적 유연성은 강해지고, 타인의 변덕에 휘둘리는 순응성은 줄어든다. 아울러 더 강화된 자율성과 가능성을 경험하게 된다.

일반적으로 '금단'이라고 하면, 우리에게서 어떤 물질이 제거되는 상황을 떠올린다. 알코올, 약물, 설탕, 지방, 카페인, 니코틴 등을 끊을 때 우리는 고통스러운 금단 증상을 겪는다. 그러나 창조적 금단은 조금 다르게 바라봐야 한다. 이 경우, 우리는 제거되어야 할 대상이 아니라 오히려 돌아가야 할 존재다. 결국 창조적 금단이란, 지나치게 소모되거나 엉뚱한 방향으로 흩어졌던 창조적 에너지를 우리 존재의 본질, 즉 중심으로 다시 불러들이는 일이다.

자, 이제는 묻어두었던 꿈들을 파헤쳐보자. 이 과정은 상당히 까다롭다. 어떤 꿈은 매우 불안정해서 그것을 살짝 건드리는 것만으로도 억압의 벽을 뚫고 강렬한 에너지가 몰아친다. 그만큼 큰 슬픔과 상실감과 고통이 뒤따른다. 이 시점에서 우리는 그동안 저버렸던 자아를

*
예술의 목적은 정제된 지적 산물이 아니라 강렬하고도 생명력 넘치는 삶이다.

알랭 아리아스 미선

애도하고, 기나긴 전쟁을 치르고 돌아온 연인을 대하듯 그 자아를 반갑게 맞아들여야 한다.

창조성을 회복하려면 반드시 애도 과정을 거쳐야 한다. 지금껏 참고 견뎌왔던 '착한' 자아의 죽음을 마주하면, 어느 정도는 슬퍼할 수밖에 없다. 이때의 눈물은 미래의 성장을 위한 수분이 된다. 이런 창조적 수분이 없다면 우리는 계속 황폐한 상태로 머물 것이다. 벼락을 맞은 듯한 고통을 한 차례는 견뎌야 한다. 벼락이 치면 주변이 환해지듯, 이때 겪는 고통이 우리에게 유용하다는 사실을 기억하라.

그렇다면 창조성이 막혀 있다는 것을 어떻게 알 수 있을까? 질투가 중요한 단서로 작용한다. 평소에 분노를 느끼게 하는 아티스트가 있는가? 그들을 볼 때마다 "나도 저 정도는 할 수 있어. 여건만 허락한다면!"이라고 불평하지 않는가? 창조적 잠재력을 진지하게 받아들인다면, 당신은 다음과 같이 행동하게 될 것이다.

- "이젠 너무 늦었어"라고 말하지 않는다.
- 진짜로 좋아하는 일을 할 돈이 충분히 모일 때까지 기다리지 않는다.
- 더 창조적으로 살고 싶을 때마다 "괜히 객기 부리지 마"라고 말하지 않는다.
- 꿈은 중요하지 않다고, 꿈은 그저 잘 때만 꾸는 거라면서 좀 더 현실적으로 살아야 한다고 말하지 않는다.
- 가족과 친구들이 당신을 이상하게 생각할까 봐 걱정하지 않는다.
- 창조성은 사치일 뿐이니, 현실에 만족하며 살아야 한다고 말하지 않는다.

*
우리 뒤에 놓인 것과
우리 앞에 놓인 것은
우리 내면에 있는 것에 비하면
사소한 문제일 뿐이다.

랄프 왈도 에머슨

내면의 아티스트를 인식하고 양육하고 보호하는 법을 배우면서 당신은 고통을 이겨내고 억눌렸던 창조성을 끄집어낼 수 있다. 막연한 두려움에서 벗어나고 감정적 상처를 치유하며 자신감을 키워나감으로써 창조성에 관한 통념을 파헤치고 폐기할 것이다. 이 책을 활용하면서 당신은 당신의 창조성과 깊이 마주하게 된다. 차근차근 따라가다 보면 내면의 악당, 영웅, 소망, 두려움, 꿈, 희망, 성공을 두루 만날 것이다. 그 과정에서 흥분하고 좌절하고 분노하고 걱정하고 기뻐하고 희망에 부풀겠지만, 궁극적으로는 더 자유로워질 것이다.

Essential

〔창조성 회복을 위한 핵심 도구〕

The Artist's Way

창조성을 회복하는 데는 두 가지 핵심적인 도구가 필요하다. 바로 '모닝 페이지'와 '아티스트 데이트'다. 창조성을 지속적으로 일깨우려면 이 두 가지를 꾸준히 활용해야 한다. 나는 그 무엇보다 이 두 가지에 대해 조금이라도 빨리 알려주고 싶다. 아울러 당신이 품고 있는 온갖 의문에 답할 수 있을 만큼 자세히 소개하기 위해 노력할 것이다. 이 장에서 설명하는 내용을 찬찬히 읽고 두 가지 도구를 곧바로 활용해보기 바란다.

모닝 페이지

창조성을 되살리려면 일단 그게 어디에 있는지 찾아야 한다. 그 방법의 하나로 내가 '모닝 페이지'라고 부르는 과정을 거쳐야 한다. 얼핏 무의미해 보이기도 하지만 그 효과는 분명하다. 당신은 12주 동안 내내 날마다 모닝 페이지를 작성할 것이다. 물론, 이후로도 이 과정을 계속하기 바란다. 나는 지금까지 10년째 모닝 페이지를 쓰고 있다. 나만큼 열심히 해온 수강생들은 모닝 페이지를 숨 쉬는 것만큼이나 자연스럽게 여긴다.

작가이자 제작자인 지니는 모닝 페이지 덕분에 연이어 시나리오를 완성하고 특별 프로그램을 멋지게 연출할 수 있었다고 말한다. "이젠 모닝 페이지를 미신처럼 믿게 되었어요. 마지막 프로그램을 편집할 때는 모닝 페이지를 작성한 뒤 출근하려고 새벽 5시에 일어나곤 했다니까요."

모닝 페이지가 도대체 뭐기에? 간단히 말해서, 모닝 페이지는 의식의 흐름에 따라 세 쪽 분량으로 길게 자신의 생각을 적는 것이다. "아, 이런! 또 아침이네. 딱히 적을 말이 없는데. 커튼을 빨아야겠구나. 참, 어제 세탁물을 찾아왔던가? 어쩌고저쩌고……."

다소 억지스럽게 말하면, 두뇌 유출brain drain이라고 할 수 있다. 그게 모닝 페이지가 수행하는 주요 기능 가운데 하나이기 때문이다.

모닝 페이지를 쓰는 데 잘못된 방법은 없다. 아침마다 적는 이 두서없는 이야기는 남들에게 보여줄 작품이 아니다. 심지어 글쓰기라고 할 수도 없다. 이 책을 활용하는 분들 중 글쓰기를 두려워하는 사람들에게 이 점을 확실히 짚어주고 싶다. 글쓰기는 단지 도구 가운데 하나일 뿐이다. 페이지는 그저 손을 움직여서 떠오르는 온갖 생각을 적기 위한 것이라고 생각하라. 그러면 아무리 사소하거나 어리석거나 이상해 보이더라도 죄다 적을 수 있다.

*
말은 행동의 한 형태로, 변화를 일으킬 힘이 있다.

잉그리드 벤지스

모닝 페이지는 멋져 보일 필요가 없다. 물론 멋져 보일 때도 있지만 대부분 그렇지 않을 것이다. 기억하라. 당신 말고는 아무도 그 내용을 알 리 없다. 당신 말고는 누구도 당신의 모닝 페이지를 읽어서는 안 된다. 처음 8주 정도는 당신도 읽지 말기를 권한다. 그냥 세 쪽 정도의 모닝 페이지를 작성한 뒤 봉투에 넣어둬라. 아니면 스프링 노트에 세 쪽 정도 쓴 다음 앞 장을 절대로 넘겨보지 마라. 그냥 세 쪽을 작성하고, 다음 날에도 세 쪽을 더 작성하라.

1991년 9월 30일
주말에 도미니카의 생물학 프로젝트를 돕기 위해 둘이서 리오그란데강과 인근 포구 근처 하천으로 곤충 채집을 나갔다. 우리는 물 위에서 기어다니는 벌레와 나비를 채집했다. 나는 진홍색 나비 채를 만들었는데, 잠자리를 놓쳐서 아쉬웠지만 꽤 쓸모 있었다. 집에 오는 길에 타란툴라 거미를 발견했지만 굳이 잡지는 않았다. 그냥 본 것만으로도 즐거웠다.

가끔 이렇게 흥미진진한 내용도 있지만, 모닝 페이지의 내용은 대체로 부정적이거나 단편적이다. 자기연민에 빠지거나 반복적이거나 과장되거나 유치하기도 하다. 화가 나 있거나 밋밋하기도, 심지어 어리석게 들리기도 한다. 그래도 다 좋다!

1991년 10월 2일
잠에서 깼더니 머리가 지끈거린다. 아스피린을 먹으니 조금 나아졌

※
살면서 일어난 온갖 사건을 온전히 받아들여야 비로소 진정한 자아를 확립할 수 있다.

앤 윌슨 섀프

만, 여전히 어지럽다. 감기에 걸렸나 보다. 짐을 다 풀었는데도 로라에게 받은 찻주전자가 나오지 않았다. 로라가 몹시 그립다. 가슴이 미어질 만큼…….

그날 아침에 써 내려간 온갖 감정이 뒤섞인 내용들은 당신과 당신의 창조성 사이에 놓여 있는 장벽이다. 업무에 대한 부담감, 잔뜩 쌓인 빨랫거리, 자동차 엔진에서 나는 기이한 소리, 연인의 수상한 눈빛 등 잠재의식 속에서 요동치며 당신의 일상을 어지럽히는 것들을 죄다 모닝 페이지에 쏟아내라.

모닝 페이지는 창조성을 회복하기 위한 첫 번째 도구다. 우리는 창조성이 꽉 막혀 있을 때 걸핏하면 우리 자신을 가차 없이 비난한다. 남들 눈엔 괜찮아 보여도 우리는 여전히 스스로 부족하다고, 제대로 하는 일이 없다고 생각한다. 내면에 도사리고 있는 완벽주의자이자 고약한 비판자, 즉 우리 좌뇌에 거주하면서 진실을 가장해 독설을 쏟아내는 검열관에게 끊임없이 시달린다.

'이런 것도 글이라고 썼냐? 웃기지도 않네. 구두점도 제대로 못 찍었잖아. 맞춤법도 엉망이네. 지금까지 붙잡고 있었는데 이 정도인 걸 보면 앞으로도 뻔하지. 대체 뭘 믿고 네가 창조적일 수 있다고 생각하는 거야?'

비판의 목소리가 귓전에 울릴 때마다 검열관의 부정적 의견은 결코 진실이 아니라는 것을 기억하라! 물론 그런 목소리를 하루아침에 떨쳐내긴 어렵다. 그래도 아침에 눈 뜨자마자 모닝 페이지를 펼치다 보면 점차 검열관의 영향력에서 벗어날 수 있을 것이다. 모닝 페이

*
지나치게 분주한 생각은 사고가 아니다.

시어도어 로스케

> *
> 우리 삶의 온갖 사건은 시간의 흐름에 따라 일어나지만, 각각의 의미에 따라 고유한 방식으로 배열된다. 이는 끊임없는 깨달음의 실타래다.
>
> 유도라 웰티

지는 잘 쓰고 잘못 쓰고를 따질 필요가 없으니, 검열관의 의견 따위는 중요하지 않으니 말이다. 그냥 멋대로 떠들게 두자(실제로 떠들어댈 것이다). 당신은 그저 부지런히 손을 놀려서 페이지를 채워나가면 된다. 원한다면 검열관의 독설을 모닝 페이지에 쓰는 것도 괜찮다. 검열관은 당신의 급소를 호시탐탐 노리고 있다. 그러니 허점을 보이지 않도록 항상 주의하라. 검열관은 또한 더없이 교활하다. 당신이 영리하게 굴수록 검열관도 잔머리를 굴린다. 당신이 괜찮은 희곡을 한 편 썼다면, 검열관은 볼 것도 없다면서 무시할 것이다. 처음으로 스케치를 완성했다면, '그래봤자 피카소가 될 수 있겠냐?'라며 면박을 줄 것이다.

내면의 검열관을 당신의 창조적 에덴동산에서 혀를 날름거리는 뱀이라고 생각하라. 뱀의 비유가 마음에 들지 않으면 다른 이미지를 찾아봐도 좋다. 영화 〈조스〉에 나오는 상어는 어떤가? 적당한 이미지를 찾으면 그 위에 X 표시를 한 다음, 당신이 모닝 페이지를 쓰는 데 이용하는 노트의 표지 안쪽에 붙여둬라. 검열관을 작고 교활한 캐릭터로 표현하면 당신과 당신의 창조성에 미치는 그 사악한 힘이 조금씩 줄어들 것이다. 자신의 머릿속에 검열관을 심어준 부모의 사진을 붙이는 수강생도 몇 명 있었다. 뭐가 됐든 이젠 검열관을 이성의 목소리로 취급하지 말고 방해물로 인식해야 한다. 모닝 페이지가 그렇게 하도록 도와줄 것이다.

모닝 페이지는 협상의 대상이 아니다. 절대로 거르거나 줄이지 마라. 기분에 휘둘려서도 안 된다. 검열관이 뭐라고 지껄이든 상관하지 마라. 글을 쓰려면 뭔가 영감이 떠올라야 한다고들 하는데, 절대 그렇지 않다. 모닝 페이지를 쓰다 보면 기분이나 영감 따위는 중요하지 않다는 사실을 깨달을 것이다. 손대는 것마다 죄다 허접하다고 느껴질 때 오히려 가장 창조적인 작품이 나오기도 한다. 모닝 페이지는 당신이 판단하는 것을 멈추고 그냥 써 내려가도록 도와줄 것이다. 그런데 너무 피곤해서 만사 귀찮고 짜증 나고 집중도 안 된다면? 당신의 내면에 자리 잡은 아티스트는 아직 어린아이라서 그런 것이다. 잘 먹이고 잘 보살펴줘야 한다. 모닝 페이지가 당신의 어린 아티스트를 살뜰히 챙겨줄 것이다. 그러니 아침마다 모닝 페이지를 써라.

뭐가 됐든 떠오르는 대로 세 쪽을 채워라. 그게 전부다. 쓸 만한 내용이 떠오르지 않으면, 그냥 '쓸 만한 게 떠오르지 않는다. 떠오르지 않는다. 하나도 떠오르지 않는다…'라고 써라. 세 쪽을 다 채울 때까지 무슨 말이든 써라.

"모닝 페이지를 대체 왜 써야 하는 거죠?"라고 사람들이 물으면, 나는 웃으면서 "반대편으로 가기 위해서죠"라고 대답한다. 그들은 내가 우스갯소리를 하는 거라고 생각하지만, 그렇지 않다. 모닝 페이지는 우리를 반대편으로 데려다준다. 두려움의 반대편, 부정적 사고의 반대편, 우울한 기분의 반대편으로 안내한다. 무엇보다도 검열관의 힘이 미치지 못하는 곳으로 우리를 인도한다. 검열관의 목소리가 닿지 않는 곳에서 우리는 자신의 고요한 중심을 찾을 수 있다. 그리고 창조주의 목소리이자 우리 내면의 진정한 목소리인 평온하고 나직한 소리를 듣게 될 것이다.

여기서 논리적 뇌와 아티스트 뇌에 대해 몇 마디 덧붙이겠다. '논리적 뇌logic brain'는 서양에서 많이 이야기하는 뇌로, 굉장히 단정적이다. 논리적 뇌는 간결하고 직선적으로 생각한다. 세상을 기존의 범주

*
시는 종종 엉뚱한 창문을 통해 들어온다.

M. C. 리처즈

안에서만 이해한다. 논리적 뇌에 의하면 말(馬)은 말을 구성하는 여러 동물적 요소의 특정한 결합일 뿐이다. 가령 가을 숲은 그저 '가을 숲'을 떠올릴 때 연상되는 일련의 색으로 인식하고, '붉은색, 주황색, 노란색, 초록색, 황금색'이라고 적는다.

물론, 논리적 뇌는 예나 지금이나 생존하는 데 도움을 준다. 이 뇌는 기존의 검증된 원칙에 따라 작동하므로 알려지지 않은 것은 뭐든 다 잘못된 것이거나 위험한 것으로 인식한다. 그래서 줄을 딱딱 맞춰 행진하는 군인처럼 매사 질서정연하길 바란다. 우리가 신중해져야 할 때 귀를 기울이게 하는 것도 바로 이 뇌다. 반면 논리적 뇌는 우리 내면의 검열관이자 제2, 제3의 생각이기도 해서 떠오르는 대로 휘갈겨 쓴 문장과 구절을 보고 이렇게 소리친다. "대체 뭐라고 씨부렁댄 거야? 틀렸어, 틀렸다고!"

'아티스트 뇌'는 어떨까. 아티스트 뇌는 우리 내면에 숨어 있는 발명가이자 어린아이이자 괴짜 교수다. 틈만 나면, "와, 정말 멋진데!"라고 소리친다. 보트를 두고 "파도 위를 걷는 사람이다"라는 식으로 이상한 조합을 만들어내고, 고성능 레이싱 카를 보고 "검은 늑대가 굉음을 내면서 드라이브인에 도착했다"라고 말하는 식이다. 아티스트 뇌는 창조적 아이디어로 가득 차 있고, 세상 만물을 총체적으로 바라본다. 전체적인 패턴과 음영을 들여다볼 수 있기에 가을 숲을 보면 이렇게 말한다. "와! 나뭇잎 꽃다발이네. 정말 예쁘다! 지구의 맨살에 금가루를 흩뿌린 듯 반짝이는 임금님의 카펫이네!"

아티스트 뇌는 연상에 능하고 규칙에 얽매이지 않는다. 노르웨이 신화에서 보트를 '파도 타는 말'이라고 했듯, 그 의미를 연상할 수

＊
영감은 초의식의 한 형태일 수도 있고, 무의식의 한 형태일 수도 있다. 정확히 뭔지는 잘 모르지만, 자의식의 반대라는 것만은 확실하다.

에런 코플런드

있는 여러 이미지를 엮어서 새로운 의미를 창안한다. 영화 〈스타워즈〉의 주인공 이름 '스카이워커'는 하늘을 걷는 사람이라는 뜻이다. 아티스트 뇌의 재치가 번뜩이는 이름이 아닌가.

그런데 논리적 뇌니 아티스트 뇌니 하는 소리가 왜 나왔을까? 바로 모닝 페이지가 논리적 뇌를 한쪽으로 치우고 아티스트 뇌를 마음껏 뛰놀게 하기 때문이다.

검열관은 생존을 담당하는 뇌의 잔재다. 쉽게 말해, 숲을 벗어나 초원으로 나가도 안전한지 결정하는 역할을 담당하던 부분이다. 검열관은 우리의 창조적 초원에 위험한 짐승이 도사리고 있는지 살핀다. 검열관에게 기발한 생각은 그것이 무엇이든 상당히 위험해 보일 수 있다. 검열관이 좋아하는 문장, 그림, 조각, 사진은 예전에 여러 번 봤던 것들이다. 다시 말해, 안전한 문장이고 안전한 그림이다. 모험적인 말이나 낙서, 메모는 죄다 위험하다고 본다. 검열관의 말에 귀를 기울여 보라. 그러면 독창적인 것은 뭐든 나쁘고 위험하고 꺼림칙하다고 말할 것이다. 뭔가를 슬며시 내비칠 때마다 누가(즉, 당신의 검열관이) 사사건건 비웃는다면, 누군들 멈칫하지 않겠는가? 모닝 페이지는 그따위 조롱에 귀 기울이지 않는 법을 알려줄 것이다. 당신의 부정적 검열관에게서 벗어나게 해줄 것이다.

모닝 페이지를 명상으로 생각하면 유용하다. 하지만 당신이 익히 아는 명상과는 다를 수 있다. 어쩌면 당신은 명상 자체에 익숙하지 않을 수도 있다. 모닝 페이지가 영적이거나, 심지어 명상적인 것처럼 보이지 않을 수도 있다. 오히려 부정적이고 물질적인 것으로 보일 수도 있다. 하지만 실제로는 효과적인 명상의 한 형태로, 통찰력을 키워

*
아무리 단단해도 깊이깊이 파고들면 진정한 진리를 발견할 수 있다.

메이 사튼

주고 삶을 변화시키게 도와준다.

이제 명상으로 얻게 되는 것을 하나씩 살펴보자. 일단 명상을 바라보는 방식은 여러 가지가 있다. 과학자는 명상을 뇌 반구와 뇌 흐름 전환 기법의 관점에서 설명한다. 즉 논리적 뇌에서 아티스트 뇌로, 빠른 사고에서 느린 사고로, 얕은 곳에서 깊은 곳으로 전환되는 과정으로 보는 것이다. 기업의 건전성을 추구하는 경영 컨설턴트는 명상을 스트레스 관리 기법으로 여긴다. 종교인은 명상을 신에게 이르는 관문으로 바라본다. 아티스트와 창조성 전문가는 명상을 창조적 통찰을 높이는 통로라고 말한다. 다 어느 정도는 맞는 말이다. 하지만 충분하지 않다. 물론 우리는 명상으로 뇌 반구를 변화시키고, 스트레스를 낮추고, 내면의 창조적 원천과 접촉하며, 창조적 통찰을 얻을 수 있다. 그리고 이러한 이유만으로도 명상은 시도할 만한 가치가 있다. 그러나 이 모든 것을 하나로 묶더라도, 그것들은 여전히 본질적으로는 지적인 개념에 불과하다. 명상이 진정으로 제공하는 것은 온전함, 정당함, 그리고 내면의 힘이라는 경험 자체이기 때문이다.

우리는 자신의 정체성을 찾으려고, 방대한 우주에서 올바른 위치를 찾으려고 명상한다. 명상을 통해 우리는 외부 세계를 변화시킬 힘의 원천을 자신의 내부에서 찾아낸다. 다시 말해서, 명상은 '통찰의 빛'뿐만 아니라 '폭넓은 변화를 위한 힘'까지 제공한다. 통찰은 그 자체로 지적 위안을 주지만, 힘은 본질적으로 무차별적인 에너지라서 만들 수도 있지만 파괴할 수도 있다. 우리가 그 힘과 빛을 연결하는 법을 의식적으로 배울 때 비로소 창조적 존재로서 올바른 정체성을 파악할 수 있다. 모닝 페이지는 우리가 그 둘을 연결할 수 있게 해준다. '내면의

*
내면의 지혜를 듣는 힘은 근력처럼 훈련을 통해 강화된다.

로비 개스

창조자'와 접촉하기 위한 영적 무선 송수신기를 제공해준다. 그런 점에서 모닝 페이지는 영적 수행이다.

    오랫동안 모닝 페이지를 쓰다 보면 자연스레 예기치 못한 내면의 힘과 마주하게 된다. 나 역시 몇 년 동안 모닝 페이지를 쓰면서 결국 모닝 페이지가 강렬하고도 명확한 자의식으로 나아가는 경로임을, 우리 자신의 창조성과 창조자를 만나게 해주는 내면의 오솔길임을 깨달았다. 모닝 페이지는 우리 내면을 지도로 그려준다. 모닝 페이지가 없다면 우리 꿈은 영영 미개척지로 남아 있을 것이다. 확실히 내 꿈은 그랬을 것이다. 모닝 페이지를 쓰면 통찰의 빛이 폭넓은 변화를 위한 힘과 합체된다. 그렇게 되면 허구한 날 불평만 늘어놓기보다는 건설적인 행동을 하지 않을 수 없다. 모닝 페이지는 우리가 절망에서 벗어나 생각지도 못했던 해결책을 찾게 해준다.

    나는 뉴멕시코주 타오스에 머물 때 처음으로 모닝 페이지를 썼다. 뭔가를 정리하려고 그곳에 갔지만 무엇을 정리해야 할지 나도 정확히 알지 못했다. 당시 나는 영화사의 방침으로 시나리오가 영화화되는 것이 무산되는 일을 세 번 연속해서 겪었다. 시나리오 작가에게는 비일비재한 참사였지만, 나는 유산을 겪은 것처럼 괴로웠다. 계속 안 좋은 일이 겹치다 보니 처참한 기분이 들었고, 영화계를 아예 떠나고 싶은 마음까지 들었다. 더는 내 창작물이 폐기되는 것을 지켜볼 용기가 없었다. 그래서 괴로운 마음을 달래고, 뭐라도 하고 싶은 일이 생길까 싶어 뉴멕시코로 향했다. 북쪽으로 타오스산이 보이는 소박한 벽돌집에서 모닝 페이지를 쓰기 시작했다. 그렇게 하라고 시킨 사람은 없었다. 모닝 페이지를 쓴다는 이야기를 들어본 적도 없었다. 단지 모닝

※
우리는 삶의 진정한 조건을 알고, 그 안에서 살아갈 힘과 이유를 찾아야 한다.

시몬 드 보부아르

페이지를 써야겠다는 충동이 강하게 일었고, 그 충동을 따르기로 했다. 나는 북쪽으로 타오스산이 보이는 나무 탁자에 앉아 글을 써 내려갔다.

모닝 페이지는 노상 산만 쳐다보지 않고도 시간을 보낼 수 있는 훌륭한 소일거리였다. 타오스산의 혹처럼 툭툭 불거진 등성이는 날씨에 따라 변화무쌍한 모습을 드러내며 복잡한 내 마음보다 더 많은 의문을 제기했다. 구름에 감싸인 채 제 모습을 숨겼다가도 어느 순간 빗줄기 사이로 검푸른 자태를 드러내며 내 시선을 붙잡고 내 모닝 페이지를 지배했다. '그것은, 또 저것은 무슨 의미일까?' 모닝 페이지마다 계속 이런 질문을 던졌지만, 답을 얻을 수는 없었다.

그런데 아침부터 비가 내리던 어느 날, 조니라는 인물이 내 모닝 페이지로 걸어 들어왔다. 계획에 있었던 것은 아니었지만, 당시 나는 소설을 쓰고 있었다. 모닝 페이지가 내게 길을 안내해준 것이다.

모닝 페이지를 꾸준히 쓰는 사람은 내면에 있는 지혜의 원천으로 인도된다. 나는 대처 방법을 알 수 없는 상황이나 문제에 봉착하면 모닝 페이지를 열고 안내를 부탁한다. 주로 '어린 줄리Little Julie'의 약자인 'LJ'라고 쓰고 궁금한 점을 묻는다.

> LJ: 이 내면의 지혜를 사람들에게 뭐라고 설명하면 될까요?(답변에 귀를 기울인 후 그대로 적는다.)
> 답: 신에게 통하는 직통 번호라고 설명해. 교환원을 거칠 필요는 없지. 문제가 생기면 이 기법을 시도하라고 해봐. 열린 마음으로 묻고, 내면 깊은 곳에서 들려오는 말에 진심으로 귀를 기울인다면 다들 답을 얻을

수 있을 거야.

때로는 이처럼 답변이 가볍거나 너무 단순해 보일 수도 있다. 내 말의 요지는 단지 그렇게 보인다는 뜻이다. 내가 받은 조언대로 행동해보면, 그것이 정답인 경우가 많았다. 다른 어떤 복잡하고 계산된 방법보다 말이다. 그런 점에서 모닝 페이지는 나만의 명상 방식이라고 단언할 수 있다. 효과가 탁월하기에 계속 쓰고 있는 것이다.

한 가지 더 이야기하자면, 모닝 페이지는 화가, 조각가, 시인, 배우, 변호사, 가정주부 등 어떤 직업을 가졌든 창조성을 발휘하고 싶은 사람 모두에게 효과가 있다. 모닝 페이지는 절대로 작가만을 위해 고안되지 않았다. 모닝 페이지를 쓴 덕분에 법정에서 더 멋지게 활약할 수 있었다고 말한 변호사도 있다. 모닝 페이지를 쓰고 나서 감정 표현뿐만 아니라 균형감도 개선되었다고 주장하는 무용수도 있다. 오히려 모닝 페이지를 그냥 '하는' 게 아니라 애써 '쓰려고' 덤비는 작가들이야말로 그 효과를 제대로 파악하지 못할 수 있다. 하지만 그들조차도 다른 글쓰기를 할 때, 글이 더 자유롭게 펼쳐지며 어쩐지 신기할 정도로 술술 써진다는 사실을 금세 깨닫게 된다. 간단히 말해서, 어떤 의심을 품든, 어떤 직업에 종사하든, 모닝 페이지는 당신에게 유용할 것이다.

보수적이고 과묵한 백만장자 구두쇠 티모시는 그야말로 시큰둥한 태도로 모닝 페이지를 시작했다. 그는 효과가 있다는 확실한 증거 없이는 시작하고 싶지 않다고 했다. 모닝 페이지는 상표도 없고, 검증된 객관적 자료도 없기 때문에 그냥 유치하게 들릴 뿐이었다. 그는 어

※
그림 그리기는 일기 쓰기의
또 다른 방식이다.
파블로 피카소

※
경험은 화가에게조차
시각적인 것만으로
이루어지지 않는다.
월터 메이그스

리석은 행동을 그 무엇보다 싫어했다.

티모시는 시쳇말로 '고수 중의 고수'였다. 무표정한 얼굴이 어찌나 난해한지, 그의 차분한 표정에선 어떠한 감정도 읽을 수 없었다. 이사회 회의실에서 수년 동안 단련된 강인한 겉모습은 마호가니 가구처럼 웅장하고 세련되고 고급스러워 보였다. 한마디로, 남성적 신비주의를 온몸으로 구현한 듯한 인물이었다.

"음, 좋습니다."

티모시가 모닝 페이지를 쓰는 데 동의한 이유는, 그렇게 하라는 말을 듣는 데 상당한 돈을 냈기 때문이었다. 그런데 신중함과 부유함의 대명사 같은 티모시는 3주 만에 모닝 페이지의 열렬한 지지자가 됐다. 직접 써보면서 확신을 얻었던 것이다. 그는 심지어 창조적 즐거움을 추구하기에 이르렀다. 하루는 내게 이렇게 말했다.

"처박아둔 낡은 기타에 맬 줄을 새로 샀습니다."

또 어느 날엔 이렇게 보고했다.

"스테레오의 배선을 바꾸고 멋진 이탈리아 음반도 몇 장 샀습니다."

자신을 비롯해 그 누구에게도 인정하려 하지 않았지만, 티모시는 꽉 막혔던 창조성의 물꼬를 트고 있었다. 그는 새벽부터 일어나 스테레오에 그레고리오 성가 음반을 올려놓고 자유롭게 글을 써 내려갔다.

모든 사람이 이 정도로 반감을 표출하며 모닝 페이지를 시작하는 것은 아니다. 사교계 명사로 통하는 필리스는 수년째 빛나는 지성을 미모 뒤에 감추고 남편의 그늘에서 살았다. 그녀는 겉으론 흔쾌히 모닝 페이지를 시작하는 것처럼 보였지만, 속으론 특별한 효과가 있을 것이라 기대하지 않았다. 편지 등 일상에서 꼭 필요한 경우를 제외하면 뭔가를 써본 지 10년은 된 것 같았다. 모닝 페이지를 한 달쯤 썼을 무렵, 필리스는 엉겁결에 처음으로 시를 썼다. 그 뒤로 3년째 시와 연설문, 라디오 쇼 대본, 논픽션을 집필하고 있다.

배우 안톤은 까다로운 성미에도 선뜻 모닝 페이지를 쓰기 시작해서 막혔던 창조성을 끄집어냈다. 작가이자 화가이자 음악가인 로라는 재능을 발휘하지 못하던 중 모닝 페이지를 접하고서 피아노와 타자기와 화구(畵具)를 다시 가까이 두게 되었다.

모닝 페이지를 시작할 때 당신 나름대로 해결하고 싶은 영역이 있을 수도 있다. 모닝 페이지는 당신이 오랫동안 무시했거나 심지어 인식하지도 못했던 창조적 영역을 열어줄 수도 있다. 잉게보르그는 작가로서 막혔던 창조성을 풀어내려고 모닝 페이지를 활용했는데, 독일의 뛰어난 음악 평론가로 활동한 지 20년 만에 처음으로 작곡을 할 수 있었다. 자신이 만들어낸 결과물을 보고 그녀는 어찌나 놀랐는지 대서양 너머에서 여러 차례 전화를 걸어 이 기쁜 소식을 전했다.

처음에 꺼려했던 사람들이 별 저항 없이 시작한 사람들보다 나중에 모닝 페이지를 더 좋아하게 되는 경우도 꽤 많다. 실제로, 모닝 페이지에 대한 반감은 오히려 좋은 징조라고 할 수 있다. 물론 처음부터 호감을 가지고 시작하는 것도 좋은 징조다. 중간에 싫어지더라도 계속 쓴다면 말이다. 그런데 이것도 저것도 아닌 중립적 태도를 보이는 사람도 있다. 이는 지루함을 감추려는 방어 전략일 수 있다.

지루함은 달리 말해 '그게 무슨 소용 있겠어?'라는 뜻이다. 그리고 '그게 무슨 소용 있겠어?'라는 말은 곧 두려움을 뜻하고, 두려움은 곧 남몰래 절망에 빠져 있다는 뜻과 같다. 그렇다면 당신의 두려움을 모닝 페이지에 토로하라. 세 쪽 분량으로 뭐든 다 쏟아내라.

아티스트 데이트

> *
> 가장 강력한 뮤즈는
> 우리 내면의 어린아이다.
>
> 스티븐 나호마노비치
>
> *
> 우주는 웃음의 정점에서
> 새로운 가능성의 만화경 속으로
> 빠져든다.
>
> 진 휴스턴

두 번째로 소개할 기본적인 도구는 도구라기보단 기분 전환을 위한 놀이처럼 보인다. 모닝 페이지가 어떤 효과를 발휘하는지 명확히 이해하더라도 '아티스트 데이트'라고 불리는 이 방법은 상당히 미심쩍게 느껴질 것이다. 하지만 장담하건대, 아티스트 데이트도 분명 효과가 있다.

이 두 가지 도구의 조합을 라디오 수신기와 송신기라고 생각하라. 다시 말해, 쌍방향 과정인 것이다. 모닝 페이지를 하면서 당신은 자신과 온 우주에 당신의 꿈과 불만, 희망을 송신한다. 그리고 아티스트 데이트를 하면서 당신 안에 통찰과 영감, 방향을 수신하는 것이다.

그렇다면 아티스트 데이트가 정확히 무엇일까? 아티스트 데이트는 일종의 시간 블록으로, 매주 두 시간 정도 당신의 창조적 의식, 즉 내면의 아티스트를 키우기 위해 특별히 시간을 할애하는 것을 말한다. 미리 계획을 세우고 혼자 떠나는 가벼운 나들이라고 보면 된다. 여기엔 어떤 방해물도 허용되지 않는다. 아티스트 데이트는 당신과 아직 유아기 상태인 내면의 아티스트를 제외하고 그 누구도 대동하지 않는 것이 원칙이다. 연인이나 친구, 배우자, 자녀 등 그 누구도 당신을 방해할 수 없다. 이 말이 시답잖게 들리거나 그럴 시간을 낼 수 없다고 생각한다면, 그러한 반응을 저항이라고 규정하라. 당신은 아티스트 데이트를 위한 시간을 낼 수 없는 게 아니다.

갈등하는 부부가 상담사에게 가면 흔히 이런 질문을 받는다.

"두 분은 서로 오붓한 시간을 보내시나요?"

정서적으로 문제가 있는 아이들의 부모도 상담사로부터 같은 질문을 받는다. 그럴 때마다 돌아오는 답변은 비슷하다.

"글쎄요, '오붓한 시간'이라니 그게 무슨 뜻이죠? 우린 함께 많은 시간을 보내고 있어요."

"그렇군요. 그런데 그게 오붓한 시간인가요?"

상담사가 다시 묻는다.

"두 분은 그 시간을 즐겁게 보내시나요?"

"즐겁게 보내냐고요?"

꾹꾹 억눌렀지만 '이렇게 틀어진 관계에서 즐거울 일이 있겠어요?'라는 말이 입 밖으로 툭 튀어나올 것 같기만 하다.

또 묻는다.

"두 분이 데이트는 하세요? 대화는 나누세요? 상대가 하는 말을 귀담아들어주시나요?"

"데이트요? 음, 우린 부부예요. 너무 바쁘고 돈도 없고……."

이쯤, 상담사가 불쑥 끼어들 것이다.

"두려운 거군요."

상담사는 표정으로 "괜히 다른 말로 둘러대지 마세요"라고 이야기하고 있다.

자녀나 배우자와 오붓한 시간을 보내는 일이 실제로 두려울 수도 있다. 내면의 아티스트는 우리에게 그 둘과 같은 존재로 여겨질 수 있다. 매주 하는 아티스트 데이트는 대단히 두렵지만, 대단히 생산적

> 지성이 아니라 내적 필요에서 비롯된 놀이 본능이 새로운 것을 창조한다. 창조적인 마음은 좋아하는 대상과 함께 뛰논다.
>
> C. G. 융

이기도 하다.

데이트? 내면의 아티스트랑?

그렇다. 당신의 아티스트를 밖으로 꺼내서 소중히 보살피고 이야기를 들어줘야 한다. 하지만 이 책임을 모면할 핑곗거리는 수없이 많다. "돈이 없는데"라는 핑계가 가장 많이 등장한다. 그런데 아티스트 데이트에 돈이 많이 든다고 누가 말했던가?

당신의 아티스트는 아직 어린아이이다. 어린아이가 부모에게 그렇듯, 함께 보내는 시간의 양이 지출되는 돈의 양보다 중요하다. 골동품 상점에 가거나 혼자 해변을 산책하거나 옛날 영화를 보러 가라. 수족관이나 미술관에 들러도 좋다. 죄다 큰돈을 들이지 않고도 시간만 내면 얼마든지 할 수 있는 일이다. 그렇다, 시간만 내면 된다. 그게 중요하다.

비슷한 예로, 부모가 이혼해서 주말에만 한쪽 부모를 만나는 아이를 생각해보라(당신의 아티스트는 주중엔 주로 엄하고 따분한 어른의 보호를 받고 있다). 그 아이가 원하는 것은 호사스러운 외출이 아니라 관심이다. 모처럼 만난 엄마나 아빠를 그들의 새로운 배우자나 애인과 절대로 공유하고 싶지 않지 않은가.

> 어린아이는 누구나 예술가다. 다만 성장한 후에도 어떻게 예술가로 남아 있느냐가 문제다.
>
> 파블로 피카소

내면의 어린 아티스트를 키울 때도 단둘이 충분한 시간을 보내야 한다. 당신의 아티스트는 한적한 시골길을 산책하거나, 해가 뜨고 질 때 해변을 홀로 거닐거나, 복음 성가를 들으러 낯선 교회에 방문하거나, 이국적인 풍물을 구경하러 소수 민족 거주지를 방문하고 싶을 수도 있다. 아니면 혼자 볼링을 즐기고 싶을 수도 있다.

매주 아티스트 데이트 약속을 잡은 뒤, 그 약속을 어떻게든 회피하면서 흥을 깨려는 요인들이 있다면 면밀히 살펴보라. 이 성스러운 시간이 얼마나 쉽게 훼손되는지, 또 이 성스러운 시간에 제삼자가 얼마나 쉽게 끼어드는지 살펴보라. 그리고 이런 방해물을 차단하는 법을 익혀라. 무엇보다도 어린 아티스트가 이 동반 나들이에 대해 뭐라고 하는지 귀담아듣는 법을 익혀라.

교양을 쌓겠다고 이른바 어른들이 좋아할 만한 심각한 장소에만 어린 아티스트를 데리고 다닌다면, 당신의 아티스트는 "아, 이렇게 딱딱한 건 싫은데!"라고 소리칠 수 있다. 그 소리를 귀담아들어라! 이는 당신의 예술에 흥미로운 요소가 필요하다고 말하는 것이나 마찬가지다. 약간의 재미는 작업을 놀이처럼 느껴지게 해 성과를 높이는 유용한 효과가 있다. 그런데 우리는 상상력의 놀이터에서 뛰놀 때 훌륭한 작품이 탄생한다는 사실을 잊곤 한다. 훌륭하고도 창조적인 작품을 내놓기 위한 역량을 키우는 것이야말로 이 책의 주제다.

어쩌면 당신은 아티스트 데이트를 회피할 방법을 찾고 있을지도 모른다. 이러한 저항을 '친밀감에 대한 두려움', 특히 '자기 친밀감self-intimacy에 대한 두려움'으로 봐야 한다. 관계가 불편해지면 우리는 어떻게든 상대방을 회피하려고 든다. 상처받을까 봐 상대방의 의견을 들으려고도 하지 않는다. 말할 기회를 주면 상대방이 우리가 듣고 싶어 하지 않는 말을 쏟아낼 게 분명하니, 애초에 피하려는 것이다. 상대방은 어쩌면 우리가 갖고 있지도 않고 또 해줄 수도 없는 답변을 바랄지도 모른다. 어쩌면 우리도 그들에게 똑같은 기대를 가지고 있을지도 모른다. 그러다 서로 털어놓다가 "난 네가 그렇게 느끼는지 몰랐어!"라고 깜짝 놀라 소리칠지도 모른다.

두렵겠지만 이렇게 자기를 드러내야만 진정한 관계가 이루어진다. 그 관계 속에서 우리는 자신의 본래 모습으로, 또 자신이 바라는 대로 자유롭게 살아갈 수 있다. 바로 이런 가능성 덕분에 자기 고백(개방)과 자기 친밀감이라는 위험을 감수하는 것이다. 자신의 창조성과 진정한 관계를 수립하려면, 먼저 시간을 내서 공을 들여야 한다. 그러면 창조성은 그 시간 동안 우리와 대면하고 우리에게 비밀을 털어놓으면서 유대를 강화하고 새로운 계획을 수립할 것이다.

모닝 페이지는 우리가 무엇을 생각하는지, 또 우리가 필요하다고 생각하는 게 무엇인지 알게 해준다. 우리는 이를 통해 우리의 문제점과 걱정거리를 파악하게 된다. 또 온갖 불평거리를 늘어놓고 분석하기도 하고, 골방에 틀어박힌 채 애를 태우기도 한다. 그런 점에서 첫 번째 단계인 모닝 페이지는 어떤 의미에서 기도와도 같다. 두 번째 단계인 아티스트 데이트를 통해 일어나는 해방의 과정을 밟게 되면 해결책이 들리기 시작한다. 그리고 어쩌면 이만큼이나 중요한 사실은 앞으로 예술 활동을 해나가는 데 필요한 창조적 에너지의 예비 자원을 쌓아가기 시작한다는 점이다.

예술의 샘 채우기

예술은 이미지를 활용하는 시스템이라고 할 수 있다. 작품을 창작하려면 내면의 샘에서 물을 길어 와야 한다. 내면의 샘, 즉 예술성 저장고는 송어 떼가 뛰노는 연못 같다. 크고 작고, 통통하고 마른 온갖 예술적 물고기가 그곳에 풍부하게 있어야 한다. 예술가로서 우리는 이 예술적 생태계를 잘 보존해야 한다. 관리를 소홀히 한다면, 예술의 샘은 금세 마르거나 썩거나 막히고 말 것이다.

    오랜 시간이 소요되는 작업이나 작품은 예술의 샘에 크게 의존할 수밖에 없다. 연못에서 물고기를 마구 낚듯이 샘물을 지나치게 퍼 올리면 곧 자원이 고갈되어버리고 만다. 우리에게 필요한 이미지를 더 이상 끌어내지 못하게 되는 거다. 작품이 점점 고갈되면서 우리는 '지금껏 잘돼왔는데 왜 갑자기 이러지?'라고 의아해한다. 실은 너무 잘됐기 때문에 그랬을 수 있다. 우리는 아티스트로서 스스로 양육하는 법을 익혀야 한다. 연못에 송어를 더 채워 넣듯이, 창조적 자원을 끌어다 쓰면 새로 보충해 넣어야 한다. 나는 이 과정을 '예술의 샘 채우기'라고 부른다.

    예술의 샘 채우기는 예술성 저장고를 다시 채우고자 적극적으로 이미지를 찾는 일이다. 예술은 관심 속에서 태어난다. 예술의 산파는 디테일이다. 예술이 고통에서 비롯되는 것처럼 보일 수도 있는데, 그것은 아마도 고통이 우리의 주의를 (가령 떠나버린 연인의 고통스러울 정도로 아름다운 목선 같은) 세부적인 것에 집중시키기 때문일 것이다. 예술은 포괄적 접촉과 웅장한 계획, 대단한 구상이 수반되는 것처럼 보일 수 있다. 하지만 우리에게 남는 것은 결국 디테일에 대한 관심이다. 우리 뇌리에서 떠나지 않고 예술이 되는 것은 결국 하나의 강렬한 이미지다. 이 이미지는 설사 고통 속에 있더라도 기쁨을 선사한다. 이에 달리 말하는 아티스트가 있다면 거짓말을 하는 것이다.

    예술의 언어 속에서 뭐라도 하려면 그 안에서 평안하게 사는 법을 배워야 한다. 예술의 언어는 이미지요, 상징이다. 말로 추구해야 하

*

고도의 지적 활동 뒤 휴식을 취하는 동안 직관적 마음이 뜻밖의 통찰을 만들어내어 기쁨과 즐거움을 듬뿍 선사하기도 한다.

프리초프 카프라

*

세 살 아이처럼 까다롭고 고집 센 어린 자아는 말만으로 감동하지 않는다. 말보다는 행동과 증거를 앞세우는 미주리 사람들처럼 구체적으로 보여줘야 믿는다. 자아의 관심을 끌려면 예쁜 그림, 외식과 춤추기 같은 즐거운 감각으로 꾀어내야 한다. 이러한 방식으로만 깊숙한 자아에 도달할 수 있다.

스타호크

는 예술조차도 그 언어는 말없는 언어다. 아티스트의 언어는 감각적 언어요, 온몸으로 느껴지는 경험의 언어다. 예술 작업을 할 때 우리는 경험의 샘에 손을 집어넣고 이미지를 퍼 올린다. 그렇기에 우리는 이미지를 되돌려놓는 법을 배워야 한다. 그렇다면 예술의 샘을 대체 어떻게 채워야 할까?

우리는 예술의 샘에 이미지를 공급한다. 예술은 아티스트 뇌의 산물이다. 아티스트 뇌는 곧 이미지 뇌이며, 가장 뛰어난 창조적 충동의 고향이자 안식처다. 이 뇌는 감각적이어서 말만으론 제대로 자극할 수 없다. 시각, 청각, 후각, 미각, 촉각을 모두 동원해야 한다. 이러한 감각은 마법의 요소이며, 마법은 예술의 기본 재료이다.

예술의 샘을 채울 때는 마법을 생각하라. 기쁨과 즐거움을 생각하라. 의무 따위는 싹 잊어버려라. 마땅히 해야 한다고 생각되는 일, 가령 지루하지만 추천받은 비평서를 억지로 읽는 일 따위는 집어치워라. '마스터리(mastary, 숙달)'가 아니라 '미스터리(mystery, 신비)'를 생각하라.

미스터리는 우리를 끌어당기고 인도하고 유혹한다(반면에 의무는 우리를 마비시키고 통제하고 무시한다). 예술의 샘을 채울 때는 더 알아야 한다고 부추기는 이성을 따를 게 아니라 미스터리한 감각을 따라야 한다. 미스터리는 아주 간단할 수 있다. 평소 다니던 길이 아닌 새로운 길로 운전하면 무엇이 보일까? 익숙한 경로를 바꾸면, 지금 이 순간을 의식하게 된다. 눈앞에 펼쳐지는 시각적 세계에 다시 집중하게 된다. '시각'은 곧 '통찰'로 이어진다.

어쩌면 그보다 더 단순할 수도 있다. 예를 들어보자. 이 향을 태우면 어떤 느낌이 들까? 향기는 강력한 연상과 치유로 이어지는 경로이지만 흔히 간과되곤 한다. 1년 중 어느 때든 크리스마스의 추억을 연상시키는 향기, 갓 구운 빵 냄새, 집에서 만든 수프 냄새는 우리 내면의 배고픈 아티스트에게 자양분을 제공한다. 소리도 마찬가지다. 어떤 소리는 우리를 달래고, 어떤 소리는 우리를 자극한다. 아름다운 음악은 10분만 들어도 대단히 효과적인 명상이 될 수 있다. 북소리에 맞춰 맨발로 10분간 춤을 추면, 우리의 아티스트는 신나게 놀면서 활력을 되찾을 수 있다.

예술의 샘을 채우려고 굳이 색다른 경험을 추구할 필요는 없다. 요리를 하는 것으로도 샘을 채울 수 있다. 채소를 다듬고 다지면서 생각을 가다듬고 정리할 수 있다. 예술은 아티스트 뇌가 추구하는 활동이라는 사실을 기억하라. 이 뇌는 이성이 아니라 오직 리듬을 통해서 활발하게 살아난다. 당근 껍질을 벗기고 사과를 깎는 행동도 사색할 거리를 안겨준다.

규칙적이고 반복적인 행동은 그것이 무엇이든 샘을 가득 채울 수 있다. 작가라면 누구나 브론테 자매와 가엾은 제인 오스틴이 바느질감 아래 작품을 숨겨야 했다는 안타까운 이야기를 들은 적 있을 것이다. 그런데 바느질을 실험 삼아 살짝 해보기만 해도, 이 활동에 대한 새로운 시각이 열릴 수 있다. 일의 성격상, 규칙적이고 반복적인 바느질은 아티스트의 내면을 달래기도 하고 자극하기도 한다. 바느질을 하면서 우리는 전체적인 줄거리를 엮을 수도 있다. 예술가로서 우리는 뿌린 대로, 아니 '엮는 대로' 거둘 수 있는 것이다.

알버트 아인슈타인이 한번은 짜증 섞인 목소리로 이렇게 토로했다고 한다.

※

아무도 꽃을 제대로 보지 않는다. 꽃이 너무 작아서 보려면 시간이 걸린다. 하지만 우리는 시간이 없다. 친구를 사귀려면 시간이 걸리듯 꽃을 보는 데도 시간이 걸린다.

조지아 오키프

※

상상력을 발휘하려면 빈둥거릴 시간이 필요하다. 하는 일 없이 꾸물거리면서 행복하게 놀아야 한다.

브렌다 유랜드

"나는 왜 꼭 샤워 도중에 최고의 아이디어가 떠오르는 걸까?"

뇌 연구 결과에 따르면, 샤워가 아티스트 뇌의 활동이기 때문이다. 샤워, 수영, 설거지, 면도, 운전은 모두 규칙적이고 반복적인 활동으로, 죄다 논리적 뇌를 좀 더 창조적인 아티스트 뇌로 넘어가게 해준다. 그래서 설거지하다가, 또는 고속도로에서 차선을 변경하다가 까다로운 문제에 대한 해결책이 불쑥 떠오르는 것이다. 이 중 당신에게 가장 효과적인 방법을 찾아내서 잘 활용해보라. 자동차에 메모지나 녹음기를 가져다 놓았더니 유용했다고 말하는 아티스트가 꽤 많다. 스티븐 스필버그 감독은 고속도로에서 운전할 때 최고의 아이디어가 떠올랐다고 말했다. 이것은 우연이 아니다. 교통 흐름에 따라 차를 모는 동안 그는 끊임없이 바뀌는 주변 이미지의 흐름에 몰입했다. 이미지는 아티스트 뇌를 자극하고 예술의 샘을 채운다.

집중된 관심은 예술의 샘을 채우는 데 매우 중요하다. 삶의 경험을 회피하지 말고 대면하라. 우리는 의식을 차단하거나 회피하기 위해 강박적으로 독서에 몰두하기도 한다. 낯선 사람과 흥미로운 것으로 가득한 기차 안에서 우리는 자주 신문에 주의를 집중하느라 주변의 풍경과 소리를 놓치곤 한다. 하지만 바로 이런 것들이 예술의 샘을 채우는 데 필요한 이미지다.

'아티스트의 장애물'이라는 표현은 대단히 직설적이다. 이러한 장애물은 피하거나 억누를 게 아니라 인식하고 제거해야 한다. 예술의 샘 채우기는 이를 실천할 수 있는 가장 확실한 방법이다.

예술은 시간의 들판에서 상상력을 펼치는 놀이다. 마음껏 놀아보라.

※
세상의 진정한 미스터리는
보이지 않는 것이 아니라
보이는 것에 있다.

오스카 와일드

창조성 계약서

창조성을 가르칠 때, 나는 수강생들에게 미래의 계약서를 작성해서 이 과정을 충실히 밟겠다고 다짐하도록 한다. 당신도 그렇게 해보라. 어렵지 않다. 모닝 페이지를 작성할 괜찮은 노트를 하나 사고, 아티스트 데이트를 할 동안 아기를 돌봐줄 사람을 미리 구해둔다. 그리고 아래 계약서를 읽어보고 자신에게 맞게 적절히 수정한 다음, 계약서에 서명하고 날짜를 적는다. 앞으로 이 과정을 진행하면서 어려움을 겪을 때마다 계약서를 읽으면서 마음을 다잡기 바란다.

*
당신의 내면에는 당신이 모르는 아티스트가 있다. 당신이 알고 있다면, 우주가 시작 되기 전부터 존재했던 그것을 알고 있었다면, 얼른 그렇다고 말하라.

잘랄 우딘 루미

나 _____ 는 내 안의 창조성과 마주하는 집중적이고 체계적인 과정에 임하고 있음을 이해하며, 12주 과정을 충실히 이행한다.

나 _____ 는 매주 이 책을 읽고, 매일 모닝 페이지를 작성하며, 매주 아티스트 데이트를 실천하고, 주간 과제를 충실히 완수한다.

나 _____ 는 이 과정이 앞으로 내가 해결해야 할 문제와 감정을 유발한다는 점을 이해하며, 이 과정을 밟는 동안 충분한 수면, 균형 잡힌 식사, 운동, 나를 돌보는 시간을 통해 자기 관리를 충실히 이행한다.

서명 _____
날짜 _____

Week

첫 주에는 창조성 회복을 시작한다. 당신은 들뜨기도 하고, 반항하기도 하고, 희망을 품기도 하고, 회의에 빠지기도 할 것이다. 이번 주 본문 내용과 과제, 연습 문제는 당신이 안정감을 확립하도록 돕는 것을 목표로 하며, 결과적으로 당신이 두려움을 덜 느끼면서 창조성을 탐구할 수 있도록 해줄 것이다.

〔 안정감 회복하기 〕

그림자 아티스트

창조적 존재로서 우리는 타인의 지지가 절실히 필요하다. 하지만 안타깝게도 이러한 지지는 쉽게 얻을 수 없다. 이상적으로는, 우리는 가장 먼저 가족에게 보살핌과 격려를 받고 이후엔 친구와 선생님, 그리고 우리를 응원하는 지지자로 이뤄진 점차 확대되는 공동체의 지지를 받아야 한다. 어린 아티스트인 우리는 성과와 업적뿐만 아니라 시도와 노력으로도 인정받아야 하고 또 인정받을 필요가 있다. 애석하게도 초기에 이 같은 중요한 격려를 받지 못하는 아티스트가 많다. 그 결과, 자신이 아티스트인 줄도 모르고 성장하게 된다.

  부모는 아이의 예술적 충동을 놓고서 "일단 시도해서 어떻게 되는지 보자"라고 좀처럼 말하지 않는다. 지원이 더 필요한 상황에서 주의를 촉구하는 훈계만 늘어놓는다. 소심하고 어린 아티스트는 자신의 두려움에 부모의 두려움까지 얹어서 찬란한 예술의 꿈을 포기하고, 훗날 못 이룬 꿈을 못내 아쉬워한다. 결국 실현하고 싶은 꿈과 실패에 대한 두려움 사이에서 그림자 아티스트가 탄생한다.

문득 미술품을 수집하는 낙으로 산다는 에드윈이 떠오른다. 에드윈은 백만장자 트레이더이지만 전혀 행복하지 않았다. 시각예술적인 재능을 타고났는데도 어려서부터 금융 분야에 뛰어들도록 강요받았기 때문이다. 스물한 살 생일에 아버지가 생일 선물로 증권거래소 회원 자격을 사주었다. 그 뒤로 지금껏 에드윈은 트레이더로 일하고 있다. 30대 중반 나이에 엄청난 부자가 되었지만, 그는 별로 행복하지 않다. 돈으로는 창조적 성취감을 줄 수 없으니까.

예술가와 예술품에 둘러싸인 에드윈을 보면, 마치 사탕 가게 유리창에 코를 박고 있는 아이 같다. 더 창조적으로 살고 싶은 마음이 굴뚝같지만, 그것은 남들의 특권일 뿐 자기 몫이 아니라고 생각한다. 최근에 에드윈은 한 아티스트에게 1년 치 생활비를 선물하며 그녀가 계속 꿈을 좇을 수 있게 도와주었다. 하지만 그는 아티스트라는 말이 자신에게는 어울리지 않는다고 배워왔기에 스스로에게는 그렇게 하지 않았다.

에드윈의 사례는 전혀 특별하지 않다. 창조적인 재능이 있는 아이의 예술적 충동은 수시로 무시되거나 억눌린다. 부모는 흔히 좋은 의도에서 아이를 더 이성적이고 현실적인 사람으로 키우려고 애쓴다. 그래서 걸핏하면 이렇게 훈계한다.

"헛된 꿈은 버려!"

*
부모가 미처 살아보지 못한 삶만큼 그들의 환경에, 특히 자녀들에게 심리적으로 강력한 영향을 미치는 것은 없다.

C. G. 융

"그렇게 뜬구름 잡는 생각만 하다간 아무것도 못 할 거야!"

꼬마 아티스트는 꼬마 의사나 변호사처럼 생각하고 행동하라고 강요받는다. 배고픈 아티스트라는 통념에 맞서 예술 분야에 도전하는 아이들에게 흔쾌히 힘을 실어주는 부모는 드물다. 굳이 권한다면 예술은 그저 취미로, 창조적 소일거리로 삼으라고 한다.

'예술이 밥 먹여주냐'라는 인식이 팽배하다 보니, 예술 분야에 진출하는 건 마치 사회적·경제적 현실과 동떨어진 삶을 택하는 것처럼 여긴다. 그런 분위기 속에서 아이는 직업적인 아티스트가 되어보라는 권유를 받더라도 현실적으로 접근하게 된다.

뛰어난 아동 치료 전문가인 에린은 30대 중반에 이르면서 자꾸 업무에 불만을 느끼게 되었다. 하지만 어느 방향으로 나아가야 할지 갈피를 못 잡아서 일단 아동 도서를 영화 대본으로 각색하는 일을 시작했다. 그러던 차에 하루는 내면의 어린 아티스트를 저버렸다는 의미심장한 꿈을 꾸었다. 치료사가 되기 전, 에린은 탁월한 재능을 지닌 미술학도였다. 하지만 20년 동안이나 창조적 충동을 억누른 채 남을 돕는 일에만 매진했다. 마흔을 앞둔 시점에 에린은 자신이 좋아하는 일에 매진하고 싶다는 걸 깨달았다.

에린 같은 이야기는 주변에서 흔히 들을 수 있다. 풋내기 아티스트는 미술 선생님이 되라거나 전문 기술자가 되라는 권유를 받는다. 애송이 작가는 언변이 유창하니까 변호사 같은 법조계로 가거나 똑똑하니까 의대에 진학하라는 충고를 듣는다. 타고난 이야기꾼이었던 아이 에린은 그런 이유로 안정적인 치료사의 길로 접어들었고, 자신의 이야기를 간접적으로만 전하게 된 것이다.

주변의 지나친 압박에 아티스트가 되지 못한 사람들, 또 자신의 가치를 너무 낮게 보고 아티스트의 꿈을 인식하지도 못한 사람들은 흔히 그림자 아티스트가 된다. 자신의 진가를 모르는 그림자 아티스트는 잘나가는 아티스트의 뒤를 쫓곤 한다. 그토록 감탄하는 창조성이 자기에게 있다는 사실을 인식하지 못한 채, 아티스트의 길을 활발하게 밟아가는 사람과 데이트하거나 결혼한다.

제리가 아직 아티스트로서의 자신을 꺼내지 못한 채 살아가던 때에, 재능은 있지만 빈털터리 프리랜서 아티스트였던 리사와 데이트를 시작했다. 제리는 리사에게 "난 당신의 열렬한 팬이야"라고 자주 말하면서도 자신도 영화 제작자가 되고 싶다는 말은 좀처럼 털어놓지 않았다. 실제로 그는 서재에 영화 관련 서적을 잔뜩 쌓아두고, 영화 제작과 관련된 잡지를 닥치는 대로 읽었다. 하지만 그러한 관심과 열의를 실현할 엄두를 내지 못했다. 그 대신 자신의 시간과 열정을 리사와 그녀의 진로에 쏟아부었다. 그의 지도 덕분에 리사는 화려한 경력을 쌓아나갔다. 재정적으로도 안정되고 점점 더 유명해졌다. 하지만 제리 자신은 여전히 꽉 막힌 상태로 남아 있었다. 리사가 그에게 영화 제작 과정을 밟아보라고 권해도 선뜻 시작하지 못했다. 그러면서 리사에게, 그리고 자기 자신에게 이렇게 둘러댔다.

"아티스트는 아무나 하는 게 아니잖아."

아티스트는 다른 아티스트를 사랑하는 법이다. 그림자 아티스트는 자기와 어울리는 부족에게 끌리지만, 자신의 타고난 권리를 주장하지 못한다. 만지기만 해도 부서질까 봐 자신의 꿈을 꼭꼭 숨기기만 한다. 아티스트가 되느냐, 아니면 그늘에 숨어 그림자 아티스트에 머무

※
예술가들이 자신에게 붙을 꼬리표를 선택할 수 있다면, 대부분 아무것도 선택하지 않을 것이다.

벤 샨

> *
> 우리는 자라면서 부정적인 것은 현실적이고, 긍정적인 것은 비현실적이라고 생각하도록 배워왔다.
>
> 수전 제퍼스

느냐는 대체로 재능이 아니라 용기에 달려 있다.

그림자 아티스트는 흔히 그림자 경력, 즉 원하는 예술 분야와 가깝거나 매우 유사한 직업을 선택한다. 영화감독이자 비평가인 프랑수아 트뤼포는 일찍이 그 해악에 주목했다. 그래서 비평가를 창조성이 막힌 감독이라고 주장했다. 비평가 시절, 자신도 그랬기 때문이다. 그의 말이 옳을지도 모른다. 소설을 쓰고 싶은 사람은 꿈꾸던 소설을 집필하는 대신에 신문이나 광고 분야에 종사하면서 재능을 낭비한다. 아티스트가 되고 싶은 사람은 다른 아티스트의 매니저가 되어 자신의 꿈을 간접적으로 실현하는 데서 즐거움을 얻곤 한다.

캐럴린은 사진작가의 재능을 살리지 못하고 다른 작가의 대리인으로 살아가면서 아쉬움을 달랬다. 장편 시나리오를 쓰고 싶었던 진은 30초짜리 광고에 필요한 미니 대본을 썼다. 켈리는 작가가 되고 싶었으나 자신의 창조성을 진지하게 바라보지 못하고 돈이나 벌자면서 예술가의 뒤편에서 일을 하는 일종의 에이전트의 일을 선택했다. 이러한 그림자 아티스트는 자신과 자신의 꿈을 무대 중앙에 올려놔야 한다. 그들은 이 사실을 알면서도 감히 실행에 옮기지 못한다. 지금껏 그림자 아티스트의 역할을 하도록 길들여진 탓이다. 그 틀을 깨려면 의식적으로 노력해야 한다.

의도가 뭐든 강압적으로 구는 부모에게 "잠깐만요! 나는 아티스트 자질이 정말 넘쳐난다고요!"라고 말하려면 자아가 엄청나게 강해야 한다. 그런 말을 들으면 부모는 흔히 이렇게 반응한다.

"네가 그걸 어떻게 아니?"

풋내기 아티스트는 물론 그걸 알지 못한다. 그저 꿈과 느낌, 충동과 욕구가 있을 뿐, 실질적인 증거가 있을 리 만무하다.

경험상, 그림자 아티스트는 적극적으로 꿈을 좇지 않았다는 사실에 수년간 자책하면서 자신을 가혹하게 비판한다. 그러다 보면 그림자 아티스트라는 입지만 더 굳어진다. 아티스트가 되려면 적절한 양육을 받아야 하는데, 그림자 아티스트는 그러한 양육을 받지 못했다. 그런데도 그때 용기를 내서 도전하지 못했다며 자신을 책망한다.

우리는 다윈의 결정론을 곡해해서 진정한 아티스트라면 집비둘기처럼 어떤 혹독한 환경에서도 살아남아 결국 자신의 소명을 찾아낼 것이라 믿는다. 그야말로 헛소리다. 너무 이른 나이에 아이를 갖거나 아이를 너무 많이 낳아서, 너무 가난해서, 또는 문화적·경제적으로 예술성을 추구할 기회가 전혀 없어서 자신이 진짜 예술가임에도 그 길로 나아가지 못하는 사람이 참으로 많다. 이런 그림자 아티스트는 멀리서 희미하게 들려오는 꿈의 선율을 듣지만, 문화적 미로에서 끝내 헤쳐나가지 못한다.

모든 그림자 아티스트에게 삶은 놓쳐버린 목적과 충족되지 않는 약속으로 가득한 불만스러운 경험일 수 있다. 그들은 글을 쓰고 싶어 한다. 그림을 그리고 싶어 한다. 연기를 하고, 작곡을 하고, 춤을 추고 싶어 한다. 하지만 두려운 마음에 그런 욕구를 진지하게 받아들이지 못한다.

그림자 영역에서 찬란한 창조성의 빛으로 나아가려면 일단 자신을 진지하게 받아들여야 한다. 부드럽고도 신중하게 내면의 어린 아티스트를 양육해야 한다. 창조성은 놀이 같지만, 그림자 아티스트에게는 노는 법을 배우는 일은 고된 작업이다.

*
눈물을 흘리지도 말고,
화를 내지도 마라.
그냥 이해하라.

바뤼흐 스피노자

내면의 어린 아티스트 보호하기

> ✽
> 창조적으로 살고 싶으면 잘못될지도 모른다는 두려움을 버려야 한다.
>
> 조셉 칠턴 피어스

내면의 아티스트는 어린아이라는 사실을 기억하라. 그 아이를 찾아서 지키고 보호하라. 창조성을 발휘하도록 배우는 일은 걸음마를 떼는 과정과 같다. 아직 너무도 어린 당신의 아티스트 아이는 기는 것부터 해야 한다. 그런 다음에는 붙잡고 일어서서 한 발짝 뗄 테지만 넘어짐도 많을 것이다. 초반의 허접한 그림, 편집되지 않은 홈 비디오처럼 보이는 영화, 연하장에 옮기기도 부끄러운 시……. 일반적으로, 그림자 아티스트는 회복을 꾀하다가도 이러한 초기 작품을 보고 지속적으로 탐색하길 주저한다.

초기 결과물을 놓고 판단하는 것은 어린 아티스트를 향한 학대다. 이러한 학대는 다양한 방식으로 일어난다. 가령 초기 작품을 다른 아티스트의 걸작과 비교하거나, 지나치게 비판적인 친구들에게 어설픈 작품을 보여주고서 성급한 비판에 노출시킨다. 간단히 말해, 풋내기 아티스트는 숙련된 마조히스트처럼 행동한다. 오랜 세월 동안 자책하면서 자기 학대를 일삼는 것이다. 이러한 습관은 그림자 아티스트가 자신을 다시 그림자 속으로 내몰고 만다.

창조성이 막힌 상태에서 벗어나려면 천천히 나아가야 한다. 우리는 지금 새로운 상처를 내려는 게 아니라 오래된 상처를 치유하려는 것이다. 너무 성급하게 뛰지 마라. 천천히 가도 휘청거리거나 넘어질 수 있다. 지금은 걸음마를 떼는 단계다. 자신에게 요구해야 할 것은 완벽함이 아니라 꾸준한 전진이다.

너무 빨리, 너무 멀리 나아가면 일을 그르칠 수 있다. 창조성 회복은 마라톤 훈련과 같다. 1마일을 빨리 달리기 위해서는 10마일을 천천히 달려야 한다. 자아는 이런 과정을 참지 못할 수도 있다. 우리는 즉각적으로 위대해지고 싶지만, 창조성 회복은 순식간에 이루어지지 않는다. 처음엔 어색하고 모호하며, 심지어 당혹스럽기도 하다. 우리 자신에게나 다른 누구에게도 멋지게 보이지 않을 때가 많다. 하지만 멋지게 보여야 한다는 요구를 멈춰야 한다. 잘 걷지도 못하는데 뛰라고 하면 되겠는가!

아티스트로서 회복하려면 어설픈 아티스트로 시작할 각오를 해야 한다. 누구나 처음엔 초보자다. 어설픈 아티스트라는 사실을 기꺼이 받아들일 때 비로소 아티스트가 될 기회가 생기며, 시간이 지나면 훌륭한 아티스트가 될 가능성도 있다.

강의 중 이런 점을 언급하면, 꼭 이렇게 받아치는 수강생이 있다.

"하지만 내가 피아노를 잘 치게(연기를 잘하게, 그림을 잘 그리게, 대본을 멋지게 완성하게) 될 때쯤이면 몇 살이 되는지 아세요?"

물론 알고 있다. 당신이 그걸 전혀 못할 때의 나이와 같다는 사실을.

그러니 이젠 시작하자.

내면의 적, 부정적인 생각

삶의 한 영역이 꽉 막혀 있는 이유는 대체로 그렇게 두는 것이 더 안전하다고 느끼기 때문이다. 그 상태가 행복하지는 않겠지만, 적어도 그렇다는 사실은 알고 있다.

창조성에 대한 두려움은 대부분 잘 몰라서 생긴다. 내가 대단히 창조적인 사람이라고? 그래서 어쨌다는 거지? 그렇다고 나와 다른 사람들에게 어떤 영향을 줄까? 우리는 앞으로 무슨 일이 벌어질지 막연히 두려워하며 살아간다. 그래서 구체적으로 알아내려고 하기보다는 그냥 해보지 않기를 선택한다. 이는 의식적으로 내리는 결정이 아니라 내면화된 부정적 생각에 무의식적으로 나타나는 반응이다. 이번 주에는 이런 부정적 생각을 파악해서 없앨 것이다.

우리가 흔히 품고 있는 부정적인 생각은 다음과 같다.

내가 훌륭한 작품을 내놓는 창조적 아티스트로 승승장구할 수 없는 이유는,

1. 다들 나를 미워할 테니까.
2. 친구들과 가족에게 상처를 줄 테니까.
3. 미쳐버릴 테니까.
4. 친구들과 가족을 저버릴 테니까.
5. 맞춤법도 제대로 모르니까.
6. 좋은 아이디어가 별로 없으니까.

---

*
그림 그리기는 삶과 타협하려는 시도다. 세상에는 사람 수만큼이나 다양한 해결책이 존재한다.

조지 투커

7. 어머니 또는 아버지를 화나게 할 테니까.
8. 외톨이로 살아야 할 테니까.
9. (이성애자라면) 내가 동성애자라는 걸 알아차릴 테니까.
10. (동성애자라면) 이성애자인 척하며 살아야 할 테니까.
11. 허접한 작품을 내놓고 혼자만 모르는 바보처럼 보일 테니까.
12. 매일 화를 낼 테니까.
13. 돈을 잘 못 벌 테니까.
14. 자기 파괴적으로 술과 마약에 찌들어 살거나 문란한 성생활로 인생을 망칠 테니까.
15. 암이나 에이즈, 심장마비, 전염병 등에 걸릴 테니까.
16. 사랑하는 사람에게 버림받을 테니까.
17. 일찌감치 죽을 테니까.
18. 성공할 자격이 없어서 기분이 나쁠 테니까.
19. 괜찮은 작품을 단 하나밖에 내놓지 못할 테니까.
20. 너무 늦었으니까. 여태 성공하지 못했다면 앞으로도 아티스트로 성공하긴 글렀으니까.

이런 부정적인 생각은 대부분 진실이 아니다. 죄다 부모와 종교, 문화와 소심하고 비평적인 친구들에게서 비롯된 것들로, 아티스트라면 어떠해야 한다는 통념을 반영할 뿐이다.

문화적으로 광범위하게 퍼져 있는 부정적 생각을 다 없애더라도, 가족과 선생님, 친구들에게서 들은 부정적 말들은 우리의 머릿속에 끈질기게 남아 있다. 이런 고질적인 생각은 미묘하게 작동하여 제대로 맞서 싸우지 않으면 우리의 사기를 계속 꺾게 된다. 지금부터 할 일은 여기에 맞서 싸우는 것이다.

부정적 생각은 단지 생각일 뿐, 사실이 아니다. 지구는 절대로 평평하지 않았다. 다들 그렇게 믿었을 때도 지구는 둥글었다. 당신은 결코 멍청하거나 미치거나 자기중심적이거나 허황되지 않다. 당신이 그렇게 잘못 생각하고 있을 뿐이다.

당신은 본질적으로 두려움에 휩싸여 있다. 부정적 생각이 당신을 계속 두려움에 떨게 만드는 것이다. 개인적으로든 문화적으로든 부정적 생각은 늘 당신의 급소를 노린다. 성생활, 애정 관계, 지성 등에서 취약한 점을 포착해 마구 공격한다.

부정적 생각과 그에 대응하는 긍정적 대안을 몇 가지 살펴보자.

부정적 생각	긍정적 대안
아티스트는 이렇다:	아티스트는 이럴 수 있다:
술에 절어 산다.	술을 절제한다.
정신이 나갔다.	정신이 온전하다.
빈털터리다.	지불 능력이 있다.
책임감이 없다.	책임감이 있다.
혼자 있기를 좋아한다.	사람들과 잘 어울린다.
문란하다.	충실하다.
운이 없다.	운이 좋다.
불행하다.	행복하다.
타고난다.	발견되고 길러진다.

가령 여성 아티스트에게, "아티스트는 다들 문란해"라는 상투적 표현은 다음과 같은 부정적 생각을 주입할 수 있다. '아티스트가 되면 어떤 남자도 너를 사랑하지 않을 거야. 아티스트는 독신주의자 아니면 동성애자니까.' 어린 아티스트가 어머니나 교사에게 주워들은 이 부정적 생각은 강력한 방해물로 작용하게 된다.

이와 마찬가지로 젊은 남성 아티스트는 '동성애자 아니면 성불구자'라는 부정적 인식을 가질 수 있다. 교사에게 은연중에 들었거나 피츠제럴드와 헤밍웨이 작품을 탐닉하다 얻었을 수도 있다. 이 역시 심리적 저항을 만들어 표현을 막는 걸림돌이 된다.

동성애자 아티스트도 어려움에 부딪치기는 마찬가지다.

"이성애자의 예술만 진정으로 받아들여질 텐데, 내 성적 정체성을 애써 숨기거나 억지로 커밍아웃해야 한다면 굳이 예술을 추구할 필요가 있을까?"

이 모든 부정적인 생각을 벗겨보면 본질은 결국 한 가지로 귀결된다. 바로 한 가지 소중한 꿈을 이루기 위해선 다른 하나를 포기해야 한다는 것이다. 아티스트가 되는 일이 무척 좋아 보이지만 도저히 실현할 수 없다고 느껴지면, 우리는 그 꿈에 감당할 수 없는 가격표를 붙이게 된다. 그 결과로 우리는 꽉 막힌 채로 머물 수밖에 없게 된다.

창조성이 꽉 막힌 사람은 흔히 자기 자신과 일을 양자택일의 개념으로 본다.

"행복하게 연애하든가, 아티스트가 되든가 둘 중 하나를 선택해."

"경제적으로 성공하든가, 아티스트가 되든가 둘 중 하나를 선택해."

그 벽을 허물기 위해서는 먼저 이분법적으로 사고한다는 사실을

❋
신비로운 우주가 고통을 축으로 돌아간다고는 믿지 못하겠다. 세상의 묘한 아름다움은 분명 순수한 기쁨에 있다!

루이스 보건

인식해야 한다. 아티스트가 되고도 얼마든지 낭만을 추구할 수 있고, 경제적으로 성공할 수 있다. 창조성을 막는 장애물은 그 점을 못 보게 한다. 그리고 당신이 입 밖에도 낼 수 없는 끔찍한 결과를 상상하게 만들어 두려움을 심는다. 당신은 이성적으로는 글쓰기나 그림 그리기를 어떤 두려움 때문에 미루면 안 된다는 사실을 알고 있다. 그러나 그 두려움은 너무 하찮고 바보 같아서 꺼내놓지도 못하게 만든다. 결국 당신의 창조성은 여전히 막힌 채로 있게 된다. 이를테면, "넌 철자도 잘 모르잖아"라는 비아냥은 컴퓨터 철자 검사 프로그램을 무색하게 만들어버린다. 당신은 그것이 바보 같은 걱정임을 알면서도 전혀 언급하지 않는다. 겉으로 언급하지 않는 한, 당신은 그 장애물에 계속 가로막힐 수밖에 없다(맞춤법 대한 두려움은 상당히 흔한 장애물이다).

이제부터는 논리적 뇌와 아티스트 뇌의 학습 요령을 활용해 당신의 무의식적인 믿음을 파헤쳐볼 것이다. 이러한 노력이 진부하고 비생산적으로 보일 수 있지만, 그 또한 저항에 지나지 않는다. 내면화된 부정적 생각이 내면의 적이라면, 다음에 소개할 내용은 그에 맞서는 매우 효과적인 무기다. 망설이지 말고 일단 한번 시도해보자.

내면의 동맹, 긍정 선언의 힘

창조성이 막혀버린 우리는 무대 바깥에 앉아서 아티스트들을 비판한다. 한창 잘나가는 아티스트를 보고는 "저 사람은 재능이 없는 것 같아"라고 말하는 식이다. 물론 우리가 옳을 수도 있다. 아티스트들을 무대 중앙으로 이끄는 것은 대개 재능이 아니라 용기니까. 창조성이 막힌 우리는 그들이 무대에서 스포트라이트를 차지하는 모습을 보며 적대감을 느끼곤 한다. 진정한 천재에게는 경의를 표할 수 있지만, 자기 과시에만 천재적인 가짜 아티스트들에게는 거센 분노가 일게 마련이다. 이는 단순한 질투가 아니다. 창조성이 막힌 지금의 상태에 계속 머물도록 하는 핑계다. 그러면서 이런 말로 스스로를 속인다. "내가 마음만 먹으면 더 잘할 수 있을 텐데……."

그렇다, 당신이 더 잘할 수 있다. 정말 마음만 먹는다면 말이다!

긍정 선언은 당신이 그렇게 하도록 하는 데 유용하다. 긍정 선언은 쉽게 말해, 긍정적 생각을 담은 확언이다. 부정적 혼잣말을 하는 시간의 10퍼센트만 긍정적 혼잣말에 할애한다면 당신은 엄청난 변화를 경험하게 될 것이다.

긍정 선언은 안정감과 희망을 느끼게 해준다. 물론 처음엔 바보처럼 느껴질 수 있다. 너무 유치하고 진부하게 느껴지고 당혹스러울 수도 있다. 그런데 희한하게도, 부정적인 말은 아무 거리낌도 없이 술술 나온다.

"나는 재능이 부족해."

"나는 별로 똑똑하지 않아."

"나는 독창성이 부족해."

"난 젊은 나이도 아니지."

하지만 자신에 대해 좋게 말하는 일은 참으로 쉽지 않다. 처음엔 터무니없게 들리기도 한다. 다음과 같이 말해보고 닭살이 돋지 않나 살펴보라.

*
긍정 선언은 당신이 바꾸고 싶은 어떤 부분에 대한 처방전과 같다.

제리 프랭크하우저

*
두 개의 인격이 만나는 것은 두 개의 화학물질이 접촉하는 것과 같다. 어떤 반응이 일어나면서 둘 다 변하게 된다.

C. G. 융

"나는 사랑받을 자격이 있어."

"나는 높은 보수를 받을 가치가 있어."

"나는 창조적으로 살면서 보람을 느낄 자격이 있어."

"나는 창조적 재능이 풍부해."

"나는 창조적 작품을 만들 능력도 있고 자신도 있어."

내면의 고약한 검열관이 귀를 쫑긋 세우는가? 검열관은 당신의 자존감을 드러내는 말이라면 뭐든 싫어한다. 그래서 즉시 사기꾼 기질을 발휘해 속삭인다.

"너는 대체 네가 뭐라고 생각하냐?"

우리의 무의식이 오밤중에 월트 디즈니의 〈101마리 달마시안〉을 보다가 크루엘라 데빌의 표독스러운 말투를 흉내 내는 것만 같다.

그냥 긍정 선언을 하나 골라보라. 가령 '나는 작품 활동을 활발히 하는 뛰어난 도예가(화가, 시인, 또는 당신이 하는 다른 직업)이다'라는 표현을 고르고 열 번 정도 써보라. 당신이 분주히 써 내려가는 동안 아주 흥미로운 일이 생길 것이다. 즉, 당신의 검열관이 득달같이 이의를 제기할 것이다.

"잠깐만! 너는 내 앞에서 그런 긍정적인 말을 내뱉어선 안 돼."

토스터에서 다 구워진 빵이 툭 튀어 오르듯 온갖 독설이 쏟아진다. 검열관은 반사적으로 독설을 내뱉는다.

"작품 활동을 활발히 하겠다고? 뛰어난 작품을 만들어내겠다고? …… 그래, 그럴 수도 있지. 그런데 대체 언제부터? …… 맞춤법도 잘 모르면서. …… 절필을 선언해도 모자랄 판에 활발히 활동하겠다고? …… 웃기고 있네. …… 멍청이 …… 허풍쟁이 …… 대체 누굴 속이려는 거야? …… 너는 대체 네가 뭐라고 생각하냐?"

잠재의식이 무심코 내뱉는 독설에 당신은 깜짝 놀랄 것이다. 그 말들을 다 적어보라. 당신이 개인적으로 품고 있는 부정적 생각이 민낯을 드러낼 것이다. 추한 발톱으로 당신의 자유를 옭아매려 드는 온갖 독설을 정리해 목록을 만들어라.

잠시 탐정 노릇을 해보자. 이런 표현들은 어디에서 비롯됐는가? 어머니? 아버지? 선생님? 방금 작성한 목록을 활용해 당신의 과거를 돌아보며 출처를 찾아보라. 적어도 몇 가지는 어제 일인 양 생생하게 떠오를 것이다. 출처를 찾는 데는 시간 여행이 효과적이다. 당신의 삶을 5년 단위로 나누고 시기별로 당신에게 크나큰 영향을 미친 사건을 적어보라.

폴은 항상 작가가 되고 싶어 했다. 하지만 대학 시절 잠시 창조성을 발휘한 뒤로는 자신이 쓴 글을 그 누구에게도 보여준 적이 없다. 그는 쓰고 싶었던 단편소설 대신 허구한 날 일기만 썼다. 그 일기도 혹시나 누군가 볼세라 서랍 깊숙이 넣어뒀다. 왜 그러는지는 폴 자신도 몰랐다. 긍정 선언과 반사적 독설을 써보기 전까지는. 폴이 "나, 폴은 활발하게 활동하는 뛰어난 작가다"라고 긍정 선언을 적자마자, 잠재의식 깊은 곳에서 자기 학대와 자기 회의가 마구 솟구쳤다. 그 내용은 정신이 아득해질 정도로 구체적이었는데, 어쩐지 익숙하기도 했다. "웃기고 있네. 멍청이, 재능이라고는 없으면서 어디서 작가 행세야. 몇 자 끄적거린다고 작가라고 할 수 있냐? 농담 작작 해."

이런 생각은 대체 어디서 비롯됐을까? 누가 폴에게 이런 말을 했을까? 대체 언제? 폴은 그 악당을 찾아내려고 시간 여행을 떠났다. 그런데 악당을 찾은 뒤 그는 크게 당황했다. 그렇다. 너무 부끄러워서 털

*
긍정 선언은 뭔가 이미 그러하다는 강력하고도 긍정적인 진술이다.

삭티 거웨인S

어놓고 싶지도 않은 사건 속에 진짜로 악당이 있었다. 아직 성인이 되기 전의 일이다. 한 교사가 못된 꿍꿍이를 숨기고 그에게 접근했다. 처음에는 그의 작품을 칭찬하더니, 그 후 성적인 암시가 담긴 말로 그를 유인했다. 폴은 혹시라도 자신의 글이 그 선생님의 끔찍한 관심을 끌어들였을까 봐 두렵기도 하고 자신의 작품이 사실은 형편없었던 게 아닐까 부끄럽기도 해서, 그 사건을 잠재의식 속에 묻어버렸다. 그 기억은 결국 폴의 내면 깊숙한 곳에서 곪아갔다. 누가 칭찬할 때마다 숨은 의도가 있는 건 아닌지 의심하는 게 일상이 되어갔다. 칭찬에 의심과 경계심이 먼저 튀어나왔던 것도 그래서였다.

종합해보면, 폴의 부정적 생각의 핵심은 능력도 없으면서 글을 쓸 수 있다는 착각에 빠져 있다는 것이었다. 이러한 생각이 10년이나 폴을 지배했다. 사람들이 그의 글을 칭찬할 때마다 폴은 그들의 저의를 의심했다. 친구들이 그의 재능에 관심을 보이기만 하면 연락을 끊어버렸다. 심지어 그들을 더 이상 신뢰할 만한 사람이 아니라고 생각하기까지 했다. 여자친구 미미가 그의 재능에 관심을 보이자, 그녀마저 의심했다.

"나, 폴은 진짜 재능이 있다. 나, 폴은 긍정적 의견을 믿고 즐긴다. 나, 폴은 진짜로 글쓰기에 재능이 있다."

폴은 이런 긍정 선언을 하는 것이 처음엔 너무도 어색했지만, 이내 사람들 앞에서 작품을 공개할 수 있게 되었다. 그리고 쏟아지는 칭찬을 무시하지 않고 액면 그대로 받아들일 수 있게 되었다.

이제 조금 전에 당신이 써둔 반사적 독설 목록을 다시 살펴보라. 이 목록은 창조성을 회복하는 데 매우 중요하다. 거기에 적힌 독설들은 하나하나 당신을 지금껏 구속해온 것들이다. 이제 하나씩 풀어내야 한다. 가령 "나, 프레드는 재능이라곤 없는 가짜 아티스트야"라는 독설은 "나, 프레드는 진짜로 재능이 있다"라는 긍정 선언으로 바꿀 수 있다.

모닝 페이지를 쓴 다음 당신의 긍정 선언을 활용하라. 아울러 아래 열거한 창조적 긍정 선언도 두루 활용하라.

*
꿈을 향해 자신 있게 나아가라!
상상하던 삶을 살아라.
삶이 단순해질수록 우주의
법칙도 더 단순해질 것이다.

헨리 데이비드 소로

창조적 긍정 선언

❶ 나는 신의 창조성을 위한 통로이며, 내 작품은 좋은 결과를 가져올 것이다.
❷ 내 꿈은 신에게서 비롯되었고, 신은 내 꿈을 이루어줄 힘이 있다.
❸ 나는 작품을 창조하고 귀를 기울이는 동안 적절히 인도될 것이다.
❹ 창조성은 나를 위한 창조주의 의지다.
❺ 내 창조성은 나와 사람들을 치유한다.
❻ 나는 내 안의 아티스트를 양육할 수 있다.
❼ 몇 가지 간단한 도구를 활용하다 보면 내 창조성은 크게 발전할 것이다.
❽ 나는 창조성을 발휘함으로써 신을 섬긴다.
❾ 내 창조성은 나를 항상 진리와 사랑으로 이끈다.
❿ 내 창조성은 다른 사람들뿐만 아니라 나 자신도 용서하도록 이끈다.
⓫ 나를 위한 창조주의 계획이 있다.

> ⓬ 내 작품을 위한 창조주의 계획이 있다.
> ⓭ 내 안의 창조주에게 귀를 기울일 때 나는 적절히 인도된다.
> ⓮ 내 창조성에 귀를 기울일 때 나는 창조주에게 인도된다.
> ⓯ 나는 기꺼이 창조할 것이다.
> ⓰ 나는 기꺼이 창조적인 사람이 되기 위해 배울 것이다.
> ⓱ 나는 기꺼이 신이 나를 통해 창조할 수 있게 할 것이다.
> ⓲ 나는 기꺼이 내 창조성을 통해 봉사할 것이다.
> ⓳ 나는 기꺼이 내 창조적 에너지를 경험할 것이다.
> ⓴ 나는 기꺼이 내 창조적 재능을 발휘할 것이다.

과제

> ✳︎
> 당신의 회복을 인생의
> 1순위로 삼아라.
>
> 로빈 노드

1. 매일 아침 시계를 30분 일찍 울리게 맞춰놓자. 일어나자마자 의식의 흐름에 따라 세 쪽 분량으로 글을 쓴다. 뭐라고 썼는지 읽지도 말고 남에게 보여주지도 마라. 그냥 서류봉투에 담아 봉해두거나 안 보이는 곳에 숨겨둔다. 자, 모닝 페이지를 시작하게 된 것을 축하한다. 그게 당신을 바꿔줄 것이다. 이번 주에는 모닝 페이지 끝에 꼭 긍정 선언과 반사적 독설을 기록해보자. 무심코 내뱉은 독설을 모두 긍정 선언으로 바꾼다.

2. 아티스트 데이트를 한다. 이 과제는 12주 내내 매주 한 차례씩 해야 한다. 간단한 예를 하나 들어보자. 동네 문구점에 가서 별 모양 스티

커, 자잘한 공룡 모형, 엽서, 반짝이는 스팽글, 풀, 유아용 가위, 크레용 등 유치한 물건을 사라. 모닝 페이지를 작성할 때마다 재미로 봉투에 황금색 별 스티커를 붙여도 좋다.

3. 시간 여행: 당신의 창조적 자존감을 방해하는 적을 세 명 적어보자. 바로 그 괴물들이 당신의 부정적 생각을 불러왔다. 이곳은 당신을 괴롭힌 괴물들의 전당이다. 창조성을 회복하는 과정에서 더 많은 괴물이 생각날 것이다. 언제든 창조적 상처를 인정하고 마음 아파하라. 그러지 않으면 그것들이 창조적 흉터 조직으로 굳어서 당신의 성장을 방해할 것이다.

4. 시간 여행: 당신을 괴롭힌 괴물들의 전당에서 끔찍한 사건을 하나 골라 구체적으로 적어보자. 자세히 쓸 필요는 없지만 기억나는 것은 뭐든 적는다. 당신이 있었던 장소, 사람들이 당신을 바라보던 방식, 당신이 느꼈던 감정, 그 사실을 전했을 때 부모님이 보였던 반응 등, 그 일로 불편하게 느꼈던 점은 뭐든 적는다. 가령 이런 식이다. "그녀가 억지웃음을 지으며 내 머리를 쓰다듬던 게 기억난다." 당신을 괴롭히던 괴물을 스케치하거나 그 사건을 연상시키는 이미지를 오려내다 보면 카타르시스를 느낄 수 있을 것이다. 그 괴물을 때려잡는 모습을 그린 뒤 빨간펜으로 괴물에 × 표를 해두자.

5. 당신을 변호하는 편지를 쓴 다음, 당신 자신에게 보내보자. 상처받은 어린 아티스트의 목소리로 편지를 쓰는 것은 무척 재미있을 것이다. 가령 이런 식이다. "앤 리타 수녀님은 정말 멍청하고 돼지처럼 눈이 작아요. 나도 문법에 맞게 쓸 수 있다고요!"

6. 시간 여행: 당신의 창조적 자존감을 살려준 옹호자를 세 명 적어보

자. 이곳은 당신과 당신의 창조성이 번창하길 바라는 옹호자들의 전당이다. 아무리 사소한 것이라도 구체적으로 적어라. 격려하는 말은 그것이 무엇이든 다 중요하다. 칭찬의 말이 믿기지 않더라도 기록해 둔다. 나중에 사실이 될 수도 있을 것이다.

칭찬거리가 부족하면 시간 여행 일지를 들춰보면서 긍정적 기억을 찾는다. 언제, 어디서, 왜 기분이 좋다고 느꼈는가? 당신에게 긍정 선언을 해준 사람은 누구였는가? 칭찬의 말을 메모지에 적어 예쁘게 꾸미고 싶을 수 있다. 모닝 페이지를 쓰는 곳이나 자동차 계기판에 그 메모지를 붙여두자. 내 경우, 글을 쓸 때 힘을 얻기 위해 컴퓨터 본체에 붙여두었다.

7. **시간 여행**: 마음이 행복해지는 격려 문구를 골라 적어둔다. 감사 편지를 써서 당신 자신이나 오랫동안 잊고 지낸 멘토에게 부치자.

8. **가상의 인생을 상상해본다.** 당신이 다섯 가지 다른 인생을 살 수 있다면 어떻게 살고 싶은가? 나는 조종사, 소몰이꾼, 물리학자, 심령술사, 수도승으로 살아보고 싶다. 당신은 어떤가? 스쿠버다이버, 경찰, 동화 작가, 축구 선수, 벨리 댄서, 화가, 행위예술가, 역사 교사, 치유사, 운동 코치, 과학자, 의사, 평화봉사단 단원, 심리학자, 어부, 성직자, 자동차 수리공, 목수, 조각가, 변호사, 컴퓨터 해커, 배우, 컨트리 음악 가수, 드럼 연주자 무엇이든 될 수 있다. 뭐든 떠오르는 대로 다 적자. 다만 너무 깊이 고민하지는 않는다.

이 가상의 인생에서 핵심은 그 안에서 즐거움을, 현재 인생에서 느끼는 것보다 더 많은 즐거움을 맛보는 것이다. 방금 적은 다섯 가지 인생 가운데 하나를 고른 다음, 이번 주에 그렇게 살아본다. 가령 컨

---

*
우리가 어떤 형태로든 "그렇게 될지어다!"라고 말할 때마다 무슨 일이 일어난다.

스텔라 데릴 만

트리 음악 가수를 골랐다면 기타를 꺼내라. 소몰이꾼이 되고 싶다면 말이라도 타보라.

9. 긍정 선언과 반사적 독설을 다루는 과정에서 과거의 상처와 괴물이 다시 나타날 수도 있다. 만약 그렇다면 이 또한 목록에 적어두자. 각각에 적절히 대처하라. 이번에도 부정적 생각을 일일이 긍정 선언으로 바꿔본다.

10. 내면의 아티스트와 단둘이 산책하러 나간다. 상쾌한 바람을 맞으며 20분 정도만 걸어도 의식이 확 바뀔 수 있다.

점검

앞으로 매주 주간 점검을 시행한다. 한 주의 시작을 일요일로 잡았다면 매주 토요일이 주간 점검일이다. 이 여정은 당신의 창조성을 회복하기 위한 과정이니, 그 무엇보다 당신이 생각하는 바가 중요하다. 주간 점검을 하다 보면 시간이 갈수록 이 과정이 점점 더 소중하게 느껴질 것이다. 모닝 페이지 노트에 주간 점검을 작성해도 된다. 다만, 질문에 대한 답변은 손으로 쓰는 게 좋다. 그리고 20분 정도 시간을 들이는 것을 추천한다. 주간 점검의 목적은 당신의 창조성 여정을 일지로 남기는 것이다. 가령 "그래, 4주 차엔 정말 미치는 줄 알았어. 5주 차에 정말로 좋았던 점은……"이라는 식으로 작성하면 된다. 훗날 이러한 도구를 다른 사람들과 나눌 때 당신의 노트가 매우 소중한 자료로 활용되길 바란다.

*
우리는 틀림없이 우리가 상상하는 대로 된다.

클라우드 M. 브리스톨

1. 이번 주에 모닝 페이지를 며칠이나 썼는가? 7일 내내 썼기를 바란다. 모닝 페이지를 쓰니까 어떤 기분이 들었는가?

2. 이번 주에 아티스트 데이트를 했는가? 물론 했기를 바라지만, 막상 하려고 하면 상당히 어려울 수 있다. 무엇을 했고, 어떤 기분이 들었는가?

3. 이번 주에 창조성 회복을 위해서 중요하다고 생각한 다른 이슈가 있었는가? 그것을 기록해보자.

Week

이번 주에는 창조성 회복의 핵심 요소인 자기 인식을 다룬다. 개인적 니즈와 욕구와 관심사가 분명해지면서 당신은 새로운 경계를 설정하고 새로운 영역을 개척하게 될 것이다. 이번 주에 다룰 내용과 도구는 당신이 정체성을 찾아 당신다운 모습을 갖추도록 돕는 것을 목표로 한다.

〔 자기 정체성 회복하기 〕

정신 차리기

자신의 창조성을 믿고 따르는 일은 우리에게 새로운 행동 방식이다. 처음엔 우리뿐만 아니라 우리와 가까운 사람들에게도 상당히 위협적으로 느껴질 수 있다. 우리는 불안정함을 느끼고, 또 그렇게 보이기도 할 것이다. 이런 불안정성은 우리가 빠져 있던 진흙탕에서 벗어나 자유로워지기 시작했음을 보여주는 정상적인 현상이다. 처음엔 '정상적인 상태로 돌아오는 것(정신 차리기)'이 오히려 정신을 나가게 하는 과정처럼 느껴질 수도 있다.

창조적 자아를 회복하는 과정에는 밀물과 썰물처럼 뚜렷하게 회복과 침체가 반복된다. 우리가 힘을 얻을수록 자기 회의라는 공격이 강해질 것이다. 이런 공격을 회복 과정에서 으레 나타나는 증상으로 받아들인다면 우리는 더 강력한 공격에도 의연하게 대처할 수 있을 것이다.

자기 공격은 흔히 이런 양상을 보인다. '그래, 이번 주에는 어떻게든 해냈지만, 내가 언제까지 할 수 있겠어. …… 모닝 페이지를 쓰긴 했지만 제대로 했는지도 모르겠네. …… 자, 이젠 뭔가 그럴듯한 계획을 세워야 해. 그것도 당장! …… 내가 지금 뭐 하는 거지? …… 난 회복되지 않을 거야. 지금 당장도 그렇고, 앞으로도 영원히.'

이런 공격은 전혀 근거가 없지만, 우리에겐 꽤 그럴듯하게 들린다. 이런 말을 믿으면 진흙탕에 빠져 계속 허우적거리게 된다. 알코올 의존증 상태에서 회복되려는 사람이 '딱 한 잔'의 유혹을 뿌리쳐야 하듯, 창조성을 회복하려는 아티스트도 '딱 떠오르는 생각'을 물리쳐야 한다. 우리에게 딱 떠오르는 생각은 바로, '그래봤자 무슨 소용이 있겠어'라는 자기 회의다.

이러한 공격은 내부에서 올 수도 있고 밖에서 올 수도 있다. 어느 쪽이든 이를 창조성을 갉아먹는 바이러스로 인식한다면 무력화할 수 있다. 흔히 자기 회의라는 가면을 쓰고 나타나는 자기혐오는 긍정 선언이라는 강력한 해독제로 물리칠 수 있다.

창조성을 회복하는 초기 단계에서 자기 회의는 쉽게 자기 파괴로 이어진다. 누군가에게 모닝 페이지를 보여주면 그런 일이 일어나기 쉽다. 모닝 페이지는 은밀한 기록이라 선의로 돕겠다는 친구에게조차 보여주지 말아야 한다. 창조성을 막 회복한 어떤 작가가 자신의 모닝 페이지를 창조성이 여전히 막혀 있는 작가 친구에게 보여준 적이 있었다. 친구가 비판하자 그의 창조성은 다시 막혀버렸다.

자기 회의가 자기 파괴로 이어지지 않게 하라.

*
살갗에 닿는 열기를 느끼는 것이 즐거워야 하고, 살 속에서 뼈가 유연하게 움직인다는 사실을 알고 똑바로 서 있는 것이 즐거워야 한다. 정신의 안녕은 여기에 달려 있다.

도리스 레싱

해로운 친구들

> *
> 저격수는 불건전한 관계를 깨뜨리려는 당신의 노력을 은밀히 훼손시키려는 자들이다.
>
> 조디 헤이스

창조성은 안정감과 자기 수용을 거치면서 더 크게 번성한다. 내면의 아티스트는 어린아이와 같아서 안정감을 느낄 때 가장 행복해한다. 아티스트의 보호자로서 우리는 아이가 안전한 친구를 사귀도록 이끌어주어야 한다. 불량한 친구는 아티스트의 성장을 저해할 수 있기 때문이다. 창조성을 회복하려는 우리에게 가장 해로운 친구는 창조성이 '여전히' 막혀 있는 사람들이다. 그들은 우리의 회복을 위협으로 느낀다.

창조성이 막혀 있는 사람들은 스스로 '창조적 아티스트'라고 말하는 것을 오만 혹은 아집이라고 생각했다. 하지만 사실은 창조성을 인정하지 않는 것이야말로 진정한 아집이다. 이러한 거부에는 그 나름대로의 이점이 있었을 것이다.

우리는 두려움을 극복하고자 도움을 청하기보다는 그저 자신의 교만에 대해서만 고민하고 걱정한다. 실제로 작품을 만드는 대신 예술에 대한 환상만 품는다. 위대한 창조주에게 창조성을 펼칠 수 있게 도와달라고 청하지도 않고, 우리의 창조성 안에 담긴 그분의 손길을 보려 하지도 않으며, 자신의 창조성을 당연한 듯 외면한 채 그것을 실현할 어떤 모험도 감히 시도하지 않는다. 창조성이 막혀 있는 당신의 친구들은 여전히 이런 자기기만적 위안에 빠져 있을지도 모른다.

친구들이 창조성을 회복하는 당신을 보며 불편함을 느끼고 있다면, 그들은 창조성이 막힌 채로 살아가는 상태를 유지함으로써 얻는 심리적 보상을 느끼고 있는 것일 수도 있다. 어쩌면 그들은 그 상태에 머무르며 마치 자신을 순교자처럼 느끼는 데서 일종의 쾌감을 느낄지도 모른다. 혹은 동정을 얻고 자기 연민에 빠지는 데 익숙해졌을 수도 있다. 어쩌면 활발하게 활동하는 사람들보다 자신이 얼마나 더 창조적인지 생각하며 남몰래 우쭐거릴지도 모른다. 이 모든 것은 지금의 당신에게 죄다 해로운 행동이다.

창조성이 막힌 친구들이 당신의 회복을 환호해주리라 기대하지 마라. 이는 고주망태 친구들이 금주를 선언한 당신을 축하해주리라고 기대하는 것과 같다. 술 마시는 게 삶의 유일한 즐거움인 친구들이 어떻게 그럴 수 있겠는가.

창조성이 막힌 친구들은 당신이 회복되어가는 것을 보며 불안해할 수 있다. 당신이 창조성을 회복하는 것을 보면서 그들 자신도 진정한 창조적 도전에 나서야 한다는 부담을 느끼기 때문이다. 그러니 친구들의 교묘한 방해를 조심하라. 선의의 탈을 쓴 그들의 의심 섞인 말들을 당신은 아직 감당할 수 없다. 그들의 의심은 당신의 의심을 다시 부추긴다. 특히 '이기적으로 변했다'거나 '다른 사람이 되었다'는 식의 불평을 조심하라(이런 말은 경계경보나 마찬가지다. 자기들 편해지려고 우리를 예전으로 되돌려놓으려는 속셈이다).

막혀 있던 창조성은 죄책감에 의해 쉽사리 조작된다. 창조성이 꽉 막힌 사람들은 무리에서 벗어나려는 당신을 보며 버림받았다고 느끼고, 무의식적으로 죄책감을 유발해서 우리가 새롭게 익힌 건전한 습관을 포기하도록 유도할 것이다. 모닝 페이지에 투자하는 시간은 당신과 창조주가 교류하는 소중한 시간이라는 점을 명심하라. 당신의 답은 결국 당신이 가장 잘 안다. 당신이 스스로를 지지해야 새로운 지지자들이 당신에게 인도될 것이다.

*

무엇을 좋아해야 할지 세상이 가르쳐주는 대로 따르지 않고 자신이 좋아하는 일이 무엇인지 알기 위해서는 영혼이 항상 깨어 있어야 한다.

로버트 루이스 스티븐슨

> 내면이 이끄는 대로 따르지 않을 때마다 당신은 활기를 잃고 힘이 빠지며 영적 죽음을 느끼게 된다.
>
> 삭티 거웨인

이제 막 회복하기 시작한 당신 안의 아티스트를 지키기 위해선 각별히 주의해야 한다. 다른 사람이 우리를 위해 세워놓은 계획에 휘둘리다 보면 창조성은 금세 막히게 된다. 우리는 창조적 작업을 위한 시간을 내고 싶으면서도 뭔가 다른 일을 해야 한다고 느낀다. 창조성이 막혀 있으면, 자신에 대한 책임보다 다른 사람들에 대한 책임에 초점을 맞추기 쉽다. 그렇게 해야 좋은 사람이 될 수 있다고 생각되겠지만, 실상은 그렇지 않다. 오히려 좌절하게 될 뿐이다.

창조성을 키우는 핵심 요소는 우리 자신을 돌보는 것이다. 우리는 자신을 돌보면서 위대한 창조주와 연결된다. 이 연결을 통해 창조성이 펼쳐지고 앞으로 나아갈 길이 열린다. 우리는 위대한 창조주를 믿고 나아가면 된다. 거듭 말하지만, 위대한 창조주는 우리에게 창조성을 선물했다. 이를 잘 활용하는 것만이 보답하는 길이다. 친구들 말에 휘둘려 시간을 허투루 낭비하지 마라.

부드럽지만 단호하게 대처해야 한다. 친구들을 위해 할 수 있는 가장 좋은 일은 창조성을 회복해서 좋은 본보기가 되는 것이다. 그들의 두려움이 당신을 흔들도록 결코 놔두지 마라.

머지않아 당신은 그간에 익힌 기법을 다른 사람에게 가르칠 수 있게 될 것이다. 사람들을 자기 의심에서 자기표현의 길로 이끌어줄 다리가 될 것이다. 그러니 당분간 당신 내면의 아티스트를 보호하기 위해 호기심 어린 구경꾼들에게 모닝 페이지를 보여주지 마라. 아울러 아티스트 데이트에 친구를 대동하지도 마라. 창조성을 회복하는 초기에는 당신 주변에 신성한 울타리를 쳐라. 자신에게 믿음이라는 선물을 건네라. 당신이 올바른 길로 나아가고 있다고 믿어라. 당신은 실제로 나아가고 있다.

회복이 진행될수록 당신은 위대한 창조주와 내면의 창조자를 더 편안하게 믿고 따를 수 있을 것이다. 글을 쓰지 않는 것보다는 쓰는 게, 그림을 그리지 않는 것보다는 그리는 게 더 쉽다는 사실을 알아차릴 것이다. 창조적 통로가 되는 과정을 즐기고, 결과를 통제하려는 욕구를 내려놓는 법을 익히게 될 것이다. 창조성을 갈고닦는 즐거움을 발견하고, 결과물보다 과정에 초점을 맞추게 될 것이다.

당신의 치유가 다른 사람들을 위한 가장 큰 희망의 메시지다.

혼을 빼놓는 훼방꾼들

창조적인 사람이 그 창조성을 회피하기 위해 굳이 훼방꾼과 얽히는 경우가 있다. 훼방꾼은 끊임없이 갈등과 혼란을 유발하는 유형의 사람들이다. 대체로 카리스마가 있고 매력적이며 매우 독창적인 데다 설득력도 뛰어나다. 이런 이들은 주변의 창조적인 사람들을 들들 볶는다. 넘치는 카리스마로 제멋대로 굴고 온갖 문제를 일으키면서 해결책은 제시하지 못한다. 훼방꾼은 당신의 인생을 통째로 쥐고 흔들 수 있다. 남들의 문제를 고치고 돌봐주길 좋아하는 사람들에게 훼방꾼은 매력적인 대상이다. 손볼 것도 많고 신경 쓸 일도 넘쳐나기 때문이다.

만약 이런 훼방꾼과 얽혀 있다면, 당신은 이미 그 사실을 알고 있을 것이다. 앞서 묘사한 이야기만으로도 고개가 절로 끄덕여질 것이다. 훼방꾼은 극적인 드라마를 좋아한다. 상황이 맞아떨어지면 그들은

*
내면의 침묵과 소통하는 법을 배우고, 세상 만물에 목적이 있음을 이해하라.

엘리자베스 퀴블러 로스

늘 주인공을 차지한다. 주변 사람들은 죄다 조연으로 전락해서 그들의 변덕에 휘둘리고 그들의 큐 사인에 맞춰 등장했다가 퇴장한다.

내가 만난 대단히 파괴적인 훼방꾼들 가운데는 유명한 아티스트도 여러 명 있었다. 그들은 다른 아티스트들에게 손해를 입히기 일쑤였다. 얼핏 대단한 존재처럼 보이지만, 사실은 주변 사람들의 생기와 에너지를 빨아먹으면서 그 위치에 올라선 사람들이다. 훼방꾼 가운데 상당수는 그들만큼이나 재능 있는 추종자들에 둘러싸여 있는데, 이 추종자들은 훼방꾼을 제왕처럼 떠받드느라 자신들의 뛰어난 재능을 허비하고 있다.

몇 년 전 방문했던 영화 세트장이 떠오른다. 감독은 미국 영화계의 거물 가운데 한 명으로, 그의 위상은 누가 봐도 대단했다. 훼방꾼인 것도 명확했다. 영화를 만드는 게 원래 만만한 일은 아니지만, 그의 촬영장은 상당히 고된 편이었다. 촬영 시간도 길고, 사람들 사이에서 신경질적인 반응도 유난히 많이 불거져 나왔으며, 음모와 내부 갈등도 끊이지 않았다. 촬영장이 도청되고 있다는 소문이 도는 가운데, 이 훼방꾼 제왕은 오즈의 마법사처럼 호화로운 장비를 갖춘 널찍한 트레일러에 숨어서 배우들에게 스피커로 지시를 내렸다.

지난 20년 동안 나는 작업 현장에서 많은 감독들을 만났다. 그러다가 대단히 뛰어난 감독과 결혼하기도 했고, 장편영화를 한 편 감독하기도 했다. 나는 영화 제작진이 대가족과 무척 비슷하다는 이야기를 자주 한다. 그런데 이 훼방꾼 제왕이 군림하는 촬영장은 알코올의존증 환자를 가족 구성원으로 둔 집과 다를 바 없었다. 다들 눈치만 보면서 알코올의존자의 과도한 자아와 요구를 당연하게 받아들이는 가족들처럼, 훼방꾼을 떠받들고 있었다.

    이 감독의 촬영장에선 온갖 불합리한 요구로 일정이 늘어지고 제작비가 치솟았다. 영화 제작진은 본래 전문가들로 구성된 팀이다. 나는 이 유능한 전문가들이 점점 낙담하는 모습을 지켜보면서 훼방꾼의 고약한 권력이 얼마나 해로운 영향을 미치는지 뼈저리게 깨달았다. 영화 제작이 파국으로 치달으면서 배우들은 말할 것도 없고 뛰어난 세트 디자이너, 의상 디자이너, 음향 엔지니어들까지 점점 더 상처를 받았다. 스크린에 공개될 드라마를 제작하는 데 들인 그들의 노력은 한마디로 훼방꾼 감독의 개인적 드라마와 맞서 싸우는 과정이었다. 다른 여느 제작진과 마찬가지로 이 제작진도 좋은 작품을 만들려고 오랜 시간 고군분투했다. 그런데 작품이 아니라 한 개인의 오만함을 충족시키기 위해 그 시간을 허비한다는 사실에 좌절할 수밖에 없었다.

    남의 혼을 빼놓는 훼방꾼의 원동력은 권력에 기반을 두고 있다. 그들은 자신이 속한 집단에서 타인의 에너지를 착취하고 고갈시키는 방식으로 권력을 행사한다. 예술 분야 외에 어떤 상황과 환경에서도 이들은 존재한다. 명성이 그들을 그렇게 되도록 만들었을 수도 있지만, 그들은 본래 권력을 먹고 자라기 때문에 힘이 있고 통제할 수 있는 구조만 있다면 조종하려 든다. 훼방꾼은 주로 부유하고 유명한 사람들에게서 흔히 발견되지만, 평범한 사람들 가운데에서도 쉽게 찾아볼 수 있다. 식구가 몇 명 없는 한 가정에서도 훼방꾼은 가족들 간에 불화를 조장하고, 자신의 욕구를 채우느라 다른 가족의 계획을 다 망쳐버린다(내가 이 예를 드는 데는 그만한 이유가 있다).

    모성애를 그야말로 파괴적으로 휘두르는 한 여성이 떠오른다.

*
직관이 우리를 이끌게 하고,
그 인도를 과감히 따라야 한다.

삭티 거웨인

그녀는 자녀들의 창조성을 파괴하는 데 남다른 재주를 발휘하며 온 힘을 쏟았다. 가장 큰 파괴력을 발휘할 만한 순간을 기가 막히게 골라서 자녀들이 성공에 다가가기 직전에 폭탄을 터뜨렸다. 뒤늦게나마 대학 학위를 따려고 애쓰던 딸은 기말시험 전날 밤에 엄마의 폭풍 같은 잔소리에 시달려야 했다.

"동네 사람들이 너에 대해 뭐라고 수군대는지 아니?"

아이를 키우면서 짬짬이 공부하느라 힘들었던 딸은 끔찍한 소문을 듣고 상처를 받았다. 결국 시험 기간 내내 '이게 다 무슨 소용이 있겠어'라는 생각에 시달렸다.

중요한 취업 면접을 앞둔 아들은 가장 집중해야 할 시점에 엄마의 방문을 받았다.

"새 직장에 들어갈 수 있을지 없을지 확실하지도 않은데, 거기에 얽매여 있느라 네 가정을 망칠 작정이니?"

새로운 회사로 이직할 희망에 가슴이 부풀어 올랐던 아들은 결국 아무것도 해보지 못하고 무릎을 꿇어야만 했다. 이러한 훼방꾼은 강압적인 어머니로, 변덕이 죽 끓듯 하는 상사로, 형편이 좋지 않아 매사 의존하는 친구로, 고집불통이라 말 한마디 통하지 않는 배우자로 당신 인생에 끊임없이 나타나 당신의 창조적 작업에 해를 끼칠 것이다.

훼방꾼은 약속을 깨뜨리고 계획을 엉망으로 망쳐놓는다. 그들은 당신의 결혼식에 이틀이나 먼저 와서 온갖 시중을 들라고 한다. 또 계획한 것보다 더 크고 비싼 장소를 빌리고는 당신에게 비용을 떠넘긴다.

훼방꾼은 특별 대우를 바란다. 그들은 종잡을 수 없는 이유로 자꾸

*
걸음을 늦추고 인생을 즐겨라.
너무 빨리 걸으면 풍경만
놓치는 게 아니라 당신이
어디로 왜 가는지도
놓치게 된다.

에디 캔터

아프다면서 원고 마감일을 앞둔 당신의 관심과 주의를 끌려고 한다. 배고픈 아이들에게 눈길도 주지 않고 자기가 먹을 특별한 음식을 준비한다. 운전대를 잡을 수 없을 정도로 잔뜩 흥분해서는 자식에게 온갖 막말을 퍼붓는다. 그러나 피해자가 된 자녀는 '이 괴물을 내 집에서 어떻게 몰아내지?'라고 생각하는 대신 '아버지가 심장마비라도 일으키면 어떡하지?'라고 걱정한다.

훼방꾼은 당신의 사정 따위는 무시한다. 당신이 마감 기한이 촉박하거나 업무 일정이 아무리 바쁘다고 호소해도 훼방꾼에게는 전혀 먹히지 않는다. 그들은 당신의 말을 듣고 존중해줄 것처럼 대꾸하고는 엉뚱하게 행동한다. 오밤중이나 새벽에 전화해서 "네가 이 시간에 연락하지 말라고 했지만……"이라고 말하며 말끝을 흐린다. 불쑥 찾아와서는 찾기 어렵거나 빌려주고 싶지 않은 물건을 빌려달라고 조른다. 심지어 갑자기 연락해서 어떤 물건을 찾아달라고 부탁하고는 가지러 오지도 않는다. "마감 때문에 바쁜 건 알지만, 이건 정말 잠깐이면 되는 일이야"라며 당신의 소중한 시간을 빼앗는다.

훼방꾼은 당신의 시간과 돈을 잡아먹는다. 차를 빌려 가서 뒤늦게 연료가 바닥난 채 돌려준다. 그들은 자신의 여행 일정에 당신의 시간과 돈을 요구한다. 당신이 한창 일하고 있는 시간인데도 몇 킬로미터나 떨어진 공항으로 마중 나오라고 재촉한다. 근무 중이라고 말하면 택시비가 없다면서 얼른 오라고 채근한다.

훼방꾼은 사람들을 이간질한다. 에너지, 특히 주변 사람들의 에너지를 빼앗아 번창하는 이들은 사람들 사이를 멀어지게 해서 자신의 입지를 확고히 다진다. 가령 "아무개가 그러던데 너 오늘 현장에 늦었다며?"라는 식으로 말을 옮긴다. 당신은 그 아무개에게 화가 잔뜩 난 나머지, 훼방꾼이 소문을 이용해서 당신의 감정을 쥐고 흔들었다는 사실을 간과한다.

훼방꾼은 남 탓을 잘한다. 일이 틀어져도 절대로 자신의 잘못이 아니라고 우긴다. 그들의 해명을 들어보라. 죄다 당신 탓이라고 몰아붙이는 말들뿐이다. 한 훼방꾼 남성은 어떻게든 정신줄을 붙잡으려고 애쓰는 전 부인에게 이렇게 말했다. "당신이 그 양육비 수표를 현금으로 바꾸지만 않았어도 부도가 안 났을 거야."

훼방꾼은 극적인 드라마를 연출하는 데 선수이지만, 정작 자기 문제에는 손을 대지 않는다. 이들은 대체로 창조성이 막혀 있다. 자신의 창조성을 제대로 발휘할 엄두를 내지 못할 뿐만 아니라 다른 사람의 창조성마저 억누르려고 한다. 남들이 잘되면 질투와 위협을 느껴서 극적인 장면을 연출하지만, 뒷감당은 죄다 당신 몫이다. 또 자기 일이 가장 급선무라서 남들에게 자기 일을 떠맡기는 데에 선수다. 이러한 훼방꾼을 상대하다 보면 언제나 주객이 전도된 듯한 느낌을 받는다. 다시 말해, 당신에게 무척 중요한 일도 훼방꾼의 개인적 문제에 비하면 하찮은 일로 여겨지게 되는 거다. 당신이 변호사 시험을 준비하느라 바쁘거나 병원에 입원한 남편을 퇴원시키느라 바쁜 와중에 연락해서 고작 "그 사람이 나를 사랑하는 게 맞니?"라고 묻는 식이다.

훼방꾼은 자기 스케줄만 중요하다. 남들 스케줄 따위는 나 몰라라 한다. 훼방꾼에게 시간은 그저 자기들 마음대로 주무를 수 있는 도구에 불과할 뿐이다. 당신이 특정한 시간에는 방해하지 말라고 하면 그들은 그 시간에 당신을 방해할 묘책을 기어이 찾아낸다. 당신이 혼자 있고 싶을 때나 당면한 과제에 집중해야 할 때 기어코 당신 손을 빌리려고 한다. 가령 상사와 조식 미팅이 잡혀 있는 날, 아침에 남편이 당신을 붙들고 늘어진다. "간밤에 3시까지 잠을 못 자서 애들을 학교에 데려다줄 수 없어. 오늘은 당신이 좀 태워다줘."

훼방꾼은 질서를 싫어한다. 혼돈이야말로 그들의 목적에 딱 들어맞는다. 당신이 창조성을 회복하는 데 도움이 되도록 주변을 정리하려고 하면, 그들은 정리된 공간에 갑자기 자신들의 일거리를 산만하게 늘어놓는다. "이 서류는 다 뭐야? 내 작업대에 왜 빨랫감이 쌓여 있는 거야?"라고 따지면, 그들은 이렇게 둘러댄다. "옛날 자료를 좀 정리할까 싶어서……." "양말 짝을 맞추려다 보니……."

훼방꾼은 자신이 훼방꾼이라는 사실을 부인한다. 그들은 당신의 약점을 공략한다. 약속을 어기거나 방해한 일을 지적하면, 훼방꾼은 이런 식으로 반격한다. "당신을 돌게 하는 건 내가 아니야. 우린 그저 속궁합이 안 맞을 뿐이야."

훼방꾼이 이렇게 파괴적인데도 우리는 왜 그들과의 관계를 끊어내지 못하는 것일까? 간단하지만 냉혹하게 말하자면, 우리 자신이 그만큼 훼방을 일삼고 자기 파괴적이기 때문이다.

정말로 그럴까?

그렇다. 창조성이 막힌 우리는 그렇게 막힌 상태를 유지하기 위해 온갖 수단을 동원한다. 훼방꾼과 함께하는 삶이 힘들고 두렵지만, 창조적인 삶에 도전하는 것보다는 훨씬 수월하다고 생각한다. '앞으로 무슨 일이 일어날까? 나는 어떻게 살아가게 될까?' 우리는 대부분 창

*
인간에 대한 신의 뜻이 무엇이든 인간이 협조하지 않으면 확실히 실현될 수 없다.

스텔라 테릴 만

*
누군가 강요해서 신이나 어떤 인도자를 믿는다면 그야말로 어리석은 짓이다. 우리 모두는 정보를 얻을 수 있는 감각이 있다. 눈으로 보고 피부로 느끼며 지성으로 이해할 수 있다. 다만 각자 스스로 고민해서 답을 찾아야 한다.

소피 버넘

조성을 발휘하면서 살게 된다면 우리 자신도 훼방꾼이 되어 주변 사람들을 괴롭힐까 봐 두려워할 것이라고 생각한다. 이러한 두려움을 이유로 우리는 남들이 계속 우리를 괴롭히게 놔둔다.

만약 지금 훼방꾼과 얽혀 있다면, 일단 그 사실을 인정하라. 당신은 그들에게 이용당하고 있을 뿐만 아니라 그들을 역이용하고 있다는 사실을 인정해야 한다. 훼방꾼은 당신이 창조적 과정에서 멀어지기 위해 스스로 선택한 장애물에 불과하다. 당신이 훼방꾼에게 이용당하고 있는 만큼 당신도 그 사람을 이용해서 창조적 흐름을 차단하고 있는 것이다.

더 이상 훼방꾼의 장단에 맞춰 고통스러운 탱고를 추지 마라. "저 인간 때문에 정말 미치겠어!"라는 말이 절로 튀어나온다면, 그 사람과 얽혀서 당신 스스로 창조적 작업을 방해하고 있지는 않나 자문해 보라.

내면의 적, 회의주의

지금껏 남들이 제시하는 회복의 걸림돌을 살펴봤으니, 이제는 우리가 품고 있는 내면의 적을 살펴보자. 더 폭넓게 살아가려는 우리에게 가장 큰 걸림돌은 아마도 우리 내면 깊숙이 자리 잡은 회의주의일 것이다. 이는 '은밀한 의심'이라고도 부를 수 있는데, 신의 존재를 믿든 안 믿든 작용하는 것 같다. 우리는 창조주와 창조성에 얽힌 온갖 것들을 의심한다. 이러한 의심은 워낙 강력해서 밖으로 털어놓지 않으면 우리를 계속 방해한다. 남들에게 좋은 태도를 보이려고 애쓰면서 우리는 자꾸 내면의 의심을 억누른다. 이제는 그런 감정을 모른 체하지 말고 제대로 들여다봐야 한다.

핵심만 간추리면 의심은 대략 이런 식으로 싹튼다.

'그래, 모닝 페이지를 쓰고부터 정신이 더 맑고 또렷해진 것 같아. 그래서 어떻다는 거지? 그냥 우연일 뿐이야. …… 그래, 예술의 샘 채우기와 아티스트 데이트를 하니까 기분이 조금 좋아지긴 했어. 그래서 뭐? 그냥 우연일 뿐이라고. …… 그래, 선한 힘이 존재할 가능성을 탐구할수록 내 삶에 행운이 깃드는 것 같긴 해. 하지만 그래서 어떻다는 거야? 내가 진짜로 무언가에 인도되고 있다는 건 도저히 믿을 수 없어. 너무 황당하잖아.'

보이지 않는 손이 우리를 돕고 있다는 생각이 아직도 너무나 황당하게 들린다면 우리 스스로 자신이 창조적인 사람이 되어도 괜찮은지에 대해 여전히 의심하기 때문일 거다. 이러한 태도가 굳어지면 우리는 호의나 선물에 이러쿵저러쿵 트집을 잡으려고 애쓸 뿐만 아니라 우리 삶에서 이런 것들을 조금이라도 빨리 몰아내려고 하는 태도를 보이게 된다.

창조성이 회복되기 시작했을 때 마이크는 자신이 영화를 제작하고 싶어 한다는 점을 인정했다. 2주 뒤, 이런저런 우연이 이어져 그는 결국 영화 학교에 다니게 되었다. 비용은 회사에서 다 대줬다. 마이크는 이 기회를 마음 편히 누렸을까? 천만에. 그는 영화 학교에 다니느라 다른 일자리를 찾지 못하게 되었다고 불평했다. 그러다 급기야 다른 일자리를 찾느라 영화 학교를 그만두었다. 2년 뒤, 마이크는 그때 일을

*
당신은 그 자체로 눈부시게 빛나는 존재다. 신과 신의 사자들은 당신을 항상 주목하고 당신과 대화를 나누고 싶어 한다.

브렌다 유랜드

떠올리며 고개를 저었다. 자신이 원하던 것을 우주가 선물했는데, 정작 자신은 그 선물을 망쳐버리고 말았다. 결국 나중에 영화 제작을 다시 배우긴 했지만, 우주가 의도했던 것보다 훨씬 더 힘겹게 이뤄냈다.

창조성을 회복하는 과정에서 반드시 주목해야 할 점이 있다. 우주는 새롭게 확장된 우리 계획에 협력하고 있을지도 모르는데, 우리가 그 가능성을 진지하게 받아들이지 않으려 한다는 점이다. 우리는 용기를 내어 회복을 시도해보지만, 여전히 우주가 우리에게 진지하게 관심을 기울이길 원치 않는다. 모든 게 사기처럼 느껴져서 그에 따른 성공을 감당할 자신이 없다. 그래서 기회가 왔을 때 어떻게든 도망치고 싶어 한다.

그리고 실제로 도망친다! 창조성을 키우는 아주 간단한 실험조차도 두려워한다. 그 간단한 실험으로 우주의 문이 한두 개 열리면 우리는 손사래를 치면서 도망친다.

'어이, 너! 뭐가 됐든 아직은 아냐!'

나는 우리 마음을 방처럼 생각하는 것을 좋아한다. 그 방에다 삶, 신, 무엇이 가능하고 무엇이 불가능한지 등에 대한 일반적인 생각을 모두 담아둔다. 그 방에는 문이 하나 달려 있는데 아주 살짝 열려 있어서 문틈으로 바깥세상의 눈부신 빛이 보인다. 그 눈부신 빛 속에는 낯설게 느껴지는 새로운 생각들이 가득하다. 우리는 그 생각들을 밖에 그대로 두고, 편안하게 받아들일 수 있는 생각들만 방에 들인다. 그리고 창조성을 회복하기 전에는 새로워서 황당하거나 위험하게 느껴지는 소리를 들으면, 그냥 손잡이를 잡고 문을 닫아버린다. 아주 잽싸게.

내면의 활동이 외부의 변화를 촉발한다고? 어림없는 소리! (쾅!)

신이 내 창조적 회복을 도와준다고? (쾅!) 우연의 일치로 동시성이 내 아티스트를 도와준다고? (쾅, 쾅, 쾅!)

이제 우리의 창조성이 회복의 길에 들어섰으니 다른 방식으로 접근해야 한다. 그러려면 일단 회의주의는 한쪽에 내려놔야 한다.(나중에 필요할 수도 있으니 아예 내버리지는 마라.) 그러다가 뜬금없는 생각이나 우연한 기회가 스쳐 지나갈 때마다 조심스럽게 문을 살짝 더 열어가는 것이다.

회의주의를 잠시라도 제쳐두면 매우 흥미로운 탐색을 할 수 있다. 창조성을 회복하는 과정에서 우리의 믿음을 바꿀 필요는 없다. 다만, 그 믿음을 꼼꼼하게 살펴보라. 창조성을 회복하는 과정은 무엇보다도 열린 마음으로 해야 하는 훈련이다. 다시 말하지만, 당신의 마음을 문이 살짝 열린 방이라고 상상하라. 마음을 여는 것은 그 문을 조금 더 여는 것과 같다. 이번 주에는 의식적으로 마음을 여는 연습을 시작한다.

창조적 삶은 관심에서 시작된다

막혀 있는 창조성은 흔히 환상에 대한 집착으로 그 모습을 드러낸다. 우리는 현재를 충실히 살기보단 이럴 수 있었는데, 이러려고 했는데, 이랬어야 했는데, 라며 공상에 빠져들곤 한다. 예술적 삶에 대한 커다란 오해 중 하나는 아무런 목적 없이 살아간다는 것이다. 실상은 그렇지 않다. 창조적 삶에는 엄청난 관심이 수반된다. 관심은 더 넓은 세상과 연결되고 살아남는 방식이다.

*
당신이 바라보는 삶에,
사람들에게, 사물에, 문학에,
음악에 관심을 기울여라. 세상
은 풍부한 보물과 아름다운
영혼과 흥미로운 사람들로
가득 차 있다. 그러니 당신
자신을 잊어라.

헨리 밀러

어렸을 때 나는 할머니가 보내준 긴 편지를 '동식물 보고서'라고 부르곤 했다.

"개나리가 노랗게 피어나고 아침엔 개똥지빠귀가 처음으로 보이더구나. …… 장미는 이 무더운 날씨에도 시들지 않았단다. …… 수수꽃다리와 우편함 옆에 있는 작은 단풍나무는 색이 점점 변하고 있어. …… 크리스마스선인장은 조만간……."

일상생활을 담은 담담한 영상을 보듯 나는 할머니의 삶을 천천히 따라갔다. 특별히 연결되는 패턴도 없이 다양한 장면이 이어졌다.

"할아버지는 기침이 점점 심해지고 있어. …… 셰틀랜드가 예정보다 일찍 새끼를 낳을 것 같아. …… 조앤은 다시 병원으로 돌아갔단다. …… 우리는 새로 태어난 강아지에게 '트릭시'라는 이름을 지어줬어. …… 녀석은 내 선인장 침대에서 자는 걸 좋아해. 그 모습을 상상할 수 있겠니?"

물론 상상할 수 있었다. 할머니의 편지는 뭐든 쉽게 상상할 수 있게 해줬다. 할머니의 눈으로 바라본 삶은 언제나 작은 기적의 연속이었다. 6월이면 미루나무 아래에서 야생 참나리가 활짝 피어났다. 강가의 회색 돌멩이 밑으로 순식간에 숨어버리는 도마뱀의 날쌘 모습도 할머니의 감탄을 자아냈다. 할머니의 편지에는 계절의 변화와 할머니의 삶이 고스란히 녹아 있었다. 할머니는 여든 살을 일기로 세상을 떠날 때까지 편지를 보내셨다. 할머니의 죽음은 너무나 갑작스러웠다. 오늘까지도 곱게 피어 있다가 다음 날 떨어지는 크리스마스선인장 같았다. 할머니가 떠나신 자리에는 편지 뭉치와 함께 62년을 해로한 할아버지가 남았다. 할머니의 남편, 그러니까 내 할아버지는 여유로운 미소에도 불운을 피하지 못한 매력적인 사기꾼이었다. 몇 번인가 엄청난 돈을 벌었지만 금세 다 날려버리고 늘그막엔 무일푼으로 전락했다. 할머니가 새들에게 먹이를 던져주듯 할아버지는 술과 도박으로 전 재산을 날려버렸다. 할머니가 살아가면서 마주치는 자잘한 행운을 만끽할 때 할아버지는 인생의 크나큰 기회를 함부로 허비했다.

"아버지는 진짜…….'' 엄마는 매번 말을 잇지 못했다.

할머니는 할아버지와 함께 타일로 장식된 스페인풍 저택에서 살다가 트레일러로, 산 중턱 작은 오두막, 철길 옆 연립주택으로 이사를 갔다. 그러다 마지막엔 고만고만해 보이는 싸구려 판잣집에서 살았다.

"할머니가 그 세월을 어떻게 견디셨는지 모르겠다."

엄마는 할아버지가 사고를 칠 때마다 분노하며 이렇게 말했다. 엄마는 그 모든 것을 도저히 이해할 수 없다고 했다. 사실 우리는 할머니가 그 세월을 어떻게 견뎌내셨는지 다 알았다. 할머니는 삶의 물살에 무릎까지 잠긴 채 주변 세상 모두에 세심하게 관심을 기울이며 버텨내셨다.

할머니의 편지를 보면서 살아남으려면 정신이 온전해야 하고 정신이 온전하려면 관심을 기울여야 한다는 교훈을 배우기도 전에 할머니는 돌아가셨다. 그렇다. 할머니의 편지는 내게 온갖 이야기를 들려주었다. 할아버지의 기침이 심해졌고 우리가 집을 잃었으며 돈도 없고 일자리도 없지만, 참나리는 때맞춰 피어나고 도마뱀은 햇볕 따뜻한 곳을 찾아내며 장미는 더위에도 시들지 않는다는 사실을.

성공하든 실패하든 그것만으로는 삶의 진정한 가치를 가늠할 수 없다. 삶의 질은 기쁨을 느끼는 능력에 비례한다. 그리고 기쁨을 느끼는 능력은 관심을 기울이는 데서 시작된다. 할머니는 고통 속에서도 삶의 진정한 가치를 찾아냈다.

작가 메이 사튼은 오랜 시간 뜨겁게 사랑했던 연인이 어색하게 멀어져가는 시간을 보내면서 『혼자 산다는 것A Journal of a Solitude』을 썼다. 연인과 유난히 힘든 주말을 보내고 텅 빈 집으로 돌아온 날을 그녀는 이렇게 기록했다.

"서재 문턱에 들어서다 한 줄기 빛에 우뚝 멈춰서고 말았다. 그 빛은 마치 스포트라이트처럼 구절초의 진분홍 꽃잎과 샛노란 중심을 환하게 비추고 있었다. …… 그 모습을 보니 가을빛을 수혈받은 것만 같았다."

메이 사튼이 '수혈'이라는 단어를 쓴 것은 결코 우연이 아니다. 떠나버린 연인에게 상처를 받았으나 그녀는 구절초를 바라보면서, 거기에 관심을 기울이면서 치유되기 시작했다. 관심에 따른 보상은 언제나 치유다. 관심을 기울이면 떠나버린 연인, 아픈 아이, 산산이 부서진 꿈 등으로 인한 고통이 치유되기 시작한다. 그러다 궁극적으로는 온갖 고통의 기저에 있는 근본적인 아픔마저 치유된다. 라이너 마리아 릴케의 표현처럼 "말로 다할 수 없이 고독하다"라고 했던 고통마저 치유된다. 관심은 다른 무엇보다도 서로 연결되는 행동이다. 다른 것도 다 그랬지만 이 사실도 나는 아주 우연히 배웠다.

첫 번째 결혼이 파탄 났을 때 나는 인적이 드문 할리우드 힐스에 집을 구했다. 계획은 간단했다. 상실감을 홀로 이겨내려는 계획이었다. 아무도 만나지 않는 상태에서 상처가 아물기를 기다릴 생각이었다. 혼자 오랫동안 산책하면서 아픔을 달래볼 작정이었다. 그런데 실제로 산책을 하러 나가봤지만 공교롭게도 상황이 계획대로 흘러가진 않았다.

우리 집 뒤로 난 길을 따라 모퉁이를 두 번 돌아가면 매번 회색 줄무늬 고양이와 마주쳤다. 이 암고양이는 밝은 파란색 집에서 커다란 양치기 개와 함께 살았는데, 둘 사이가 썩 좋아 보이지 않았다. 산책을 시작한 지 일주일 만에 이런 사실을 알게 되었다. 나는 고양이와 조금씩 가까워졌고, 결국 외로운 암컷이라는 공통점을 바탕으로 친구가 되었다. 우리는 둘 다 이웃집 담장을 따라 길고도 화려하게 피어 있는 연분홍색 장미에 감탄했다. 둘 다 자카란다나무의 보랏빛 꽃잎이 바람에 흩날리는 모습을 넋 놓고 쳐다봤다. 엘리스(주인이 그렇게 부르는 소리를 들었다)는 떨어지는 꽃잎을 앞발로 툭툭 치곤 했다.

자카란다 꽃잎이 다 떨어질 무렵, 장미 정원 둘레에 볼품없는 슬레이트 울타리가 쳐졌다. 그즈음 나는 산책길을 1.5킬로미터 정도 늘려서 산책길에서 만난 개와 고양이, 아이들과도 어울리게 되었다. 연분홍색 장미가 울타리 뒤로 사라질 무렵, 나는 높은 언덕 위에 있는 저택을 자주 찾아갔다. 담장 너머로 이슬람 건축물의 영향을 받은 아름다운 무어식 정원이 보이는 집이었다. 나는 그 집에 사는 성질 고약한 앵무새에게 정이 들었다. 화려하고 고집 세고 호들갑스러운 그 앵무새는 묘하게도 전남편을 떠올리게 했다. 고통은 어느새 소중한 경험으로 변해가고 있었다.

관심에 관해서 쓰다 보니 자꾸 고통을 언급하게 된다. 이는 결코 우연이 아니다. 사람마다 다르겠지만, 나는 고통을 겪으면서 현재에 더 관심을 기울이게 되었다. 고통 속에 있으면 미래는 너무 두려워 생

*
'자아'라는 명사가 동사로 바뀐다. 창조가 시작되는 이 순간, 일과 놀이는 하나가 된다.

스티븐 나흐마노비치

각하기 괴롭고 과거는 너무 힘들어 떠올리기 괴로우니, 지금 이 순간에 관심을 기울일 수밖에 없다. 내가 존재하는 바로 그 순간만이 언제나 안전한 장소였다. 혼자만의 시간은 언제나 견딜 만했다. 지금 이 순간은 다 괜찮다. 어제는 결혼 생활이 끝장났을 수 있다. 내일은 고양이가 죽을지도 모른다. 아무리 기다린들 연인의 전화는 절대로 오지 않을 것이다. 하지만 지금 바로 이 순간에는 다 괜찮다. 나는 숨을 쉬고 있다. 이 사실을 깨닫자 내가 숨 쉬는 매 순간이 아름다움으로 가득 차 있다는 사실을 깨닫게 되었다.

어머니가 돌아가신 날, 밤늦게 연락을 받은 나는 스웨터를 걸치고 집 뒤쪽 언덕으로 올라갔다. 길쭉길쭉 늘어선 종려나무 뒤로 눈처럼 하얀 보름달이 떠오르고 있었다. 그날 밤 내내 정원 위로 둥실 떠오른 보름달은 선인장을 은빛으로 물들였다. 어머니의 죽음을 떠올릴 때면 어김없이 그 새하얀 달이 생각난다.

시인 윌리엄 메러디스는 "그는 무엇에도 관심이 없다"라는 말이 사람에 대한 가장 나쁜 평가라고 말했다. 할머니를 생각하면 언제나 여름날 정원을 가꾸던 모습이 떠오른다. 그럴 때면 할머니는 손수 만든 헐렁한 원피스를 입고 있었다. 조만간 남의 손에 넘어갈 집에서 할머니가 가파른 경사면 아래 서 있는 미루나무를 가리키며 했던 말도 생각난다. "조랑말들이 저 그늘을 정말 좋아한단다. 물론 나도 좋아하지. 푸르른 잎사귀가 은빛으로 반짝이는 모습이 참으로 멋지거든."

*
그림에는 고유한 삶이 있다.
나는 그림이 그 삶을 살아갈 수 있게 애쓸 뿐이다.

잭슨 폴록

행동 지침

❶ 모닝 페이지를 쓰면서 쉬고, 꿈꾸고, 도전한다.
❷ 내 안의 아티스트를 돌보며 예술의 샘물을 채운다.
❸ 세세한 목표를 정하고 이를 성취한다.
❹ 인도해달라고, 용기를 달라고, 겸손하게 해달라고 기도다.
❺ 뭐라도 하는 것보다 창조성이 막혀버린 아티스트로 사는 것이 훨씬 더 힘들고 고통스럽다는 사실을 기억한다.
❻ 위대한 창조주가 내 안의 아티스트를 인도하고 돕는다는 사실을 언제나 명심한다.
❼ 독촉하거나 꾸짖는 게 아니라 내가 창조적 일을 해낼 수 있도록 진심으로 격려해주는 동반자를 선택한다.
❽ 위대한 창조주는 창조성을 지극히 좋아한다는 사실을 기억한다.
❾ 작업을 '평가'하는 게 아니라 그 작업을 '실천'하는 게 내가 할 일이다.
❿ 작업실에 이 쪽지를 붙여둔다. "위대한 창조주여, 양은 제가 책임질 테니 질은 당신이 책임지소서!"

과제

> ※
> 나는 보기 위해서 눈을 감는다.
>
> 폴 고갱

1. 매일 아침저녁 시간을 내서 29쪽의 '기본 원칙'을 읽는다. 태도에 변화가 일어나는지 면밀히 살펴보자. 회의주의를 조금이라도 떨쳐낼 수 있는가?

2. 시간을 어디에 쓰고 있는가? 이번 주에 한 일들 중 중요한 활동을 다섯 가지 적어보자. 각각의 활동에 시간을 얼마나 할애했는가? 어떤 활동을 하고 싶었고 어떤 활동을 억지로 했는가? 당신의 욕구를 억누른 채 다른 사람들을 돕는 데 시간을 얼마나 썼는가? 창조성이 막힌 친구 때문에 애써 억눌렀던 의심이 솟구치지는 않았는가?

   종이 한 장을 꺼내 커다랗게 원을 그린다. 원 안에 당신이 지켜야 할 것과 당신을 지지해줄 사람들의 이름을 적어보자. 원 밖에는 경계해야 할 사람들의 이름을 적는다. 모닝 페이지를 쓰는 곳 근처에 이 안전 지도를 붙여두고 당신의 자율성을 지키는 데 활용하자. 필요할 때마다 원 안팎에 수시로 이름을 추가한다("당분간 데릭하고는 이 문제를 논의하지 말아야겠어!").

3. 당신이 즐겨 하는 활동을 스무 가지 적어보자. 암벽 등반, 롤러스케이팅, 파이 굽기, 수프 끓이기, 다시 사랑하기, 자전거 타기, 말타기, 공놀이, 농구 슛하기, 달리기, 시 읽기 등. 이런 활동을 마지막으로 한 게 언제인가? 각각의 항목 옆에 날짜를 적어둔다. 몇 년 전에 하고 손을 놓았더라도 놀라지 마라. 이젠 바뀔 것이다. 이 목록은 아티스트 데이트에도 요긴하게 활용할 수 있다.

4. 위의 목록에서 그동안 멀리했으나 이번 주의 목표로 삼을 만한 활동

을 두 가지 고른다. '필름을 한 통 사서 사진을 찍는다'같이 작은 목표도 괜찮다. 지금은 당신의 시간에 대한 자율성을 확보하고자 애써야 할 때다. 당신을 위해 쓸 시간을 확보해서 사소하지만 창조적인 활동을 하는 데 활용하라. 점심시간에 단 15분 만이라도 레코드 가게에 가보자. 자유 시간을 길게 마련하려 하지 말고 자투리 시간을 잘 활용하라.

5. 1주 차로 돌아가서 '창조적 긍정 선언'을 다시 읽어본다. 가장 크게 반발심이 생기는 항목에 주목해보자. 흔히 가장 터무니없게 들리는 것이 가장 중요한 법이다. 날마다 세 가지 긍정 선언을 골라서 모닝 페이지에 다섯 번씩 적는다. 반사적으로 떠오른 긍정 선언도 잊지 말고 적어둔다.

6. 지난주에 쓴 '가상의 인생 목록'으로 돌아가서 다섯 가지 인생을 추가한다. 당신의 현재 삶에서 이러한 활동을 조금이라도 실천할 수 있는지 살펴보자. 댄서의 삶을 목록에 적었다면 춤추러 가겠는가? 수도자의 삶을 적었다면 명상 수련회에 참석할 의향이 있는가? 스쿠버다이버를 적었다면 잠수용품 상점에 갈 수 있는가? 하루 정도 호수나 바다로 여행할 계획을 세울 수 있는가?

7. 인생 파이 그리기: 원을 하나 그린 뒤 파이처럼 여섯 조각으로 나눈다. 각각의 조각에 영성, 운동, 놀이, 일, 친구, 연애, 모험 등의 이름을 붙이고 당신이 그 영역에서 성취한 정도를 점으로 표시한다(바깥쪽으로 갈수록 많이 하고 안쪽으로 갈수록 적게 했다는 뜻이다). 각각의 점을 선으로 연결해보면 어느 쪽 활동에 치우쳐 있는지 알 수 있다.

이 활동을 막 시작했을 때 당신의 인생 파이는 거미줄처럼 조각의 크기가 제각각일 것이다. 하지만 회복이 진행되면서 거미줄은 점차 불교의 만다라 문양처럼 완벽한 대칭을 이루게 된다. 이 도구를 활용하면 당신의 삶에서 무엇이 부족한지, 어느 영역에 시간을 덜 쓰거나 아예 안 쓰고 있는지 한눈에 확인할 수 있다. 확보한 자투리 시간을 활용해 부족한 영역을 보완하자.

영적인 면이 부족하다고 느낀다면 교회 같은 종교적 장소에 5분만 머물러도 경이감을 회복할 수 있다. 신나는 드럼 소리를 5분간 듣거나 잠시 온실에 들러도 그런 경험을 할 수 있다. 관심을 조금만 기울이면 부족한 영역을 얼마든지 성장시킬 수 있다.

8. 바꾸고 싶은 것들을 열 가지 적는다. 중요한 것부터 사소한 것으로, 또는 그 반대로 목록을 작성한다. 새 침구 세트를 사고 싶다, 중국 여행을 떠나고 싶다, 주방에 새로 페인트칠을 하고 싶다, 성가신 엘리스와 거리를 두고 싶다 등 어떤 내용도 좋다.

　　나는 _____를 하고 싶다.

　　나는 _____를 하고 싶다.

모닝 페이지를 쓰면서 우리는 점차 현재에 머물게 되고 현재의 삶에 관심을 기울이게 되므로, 욕실에 새로 페인트칠을 하는 작은 변화로도 자신을 돌본다는 느낌을 풍성하게 느낄 수 있다.

9. 위의 열 가지 목록 중 하나를 골라 이번 주 목표로 삼는다.
10. 그 항목을 실천한다.

> 점검

1. 이번 주에 모닝 페이지를 몇 번 썼는가?(매일 쓰는 것을 목표로 하자.) 모닝 페이지를 쓰는 동안 어떤 기분이 들었는가? 모닝 페이지는 당신에게 어떤 영향을 미쳤는가? 그 점을 자세히 적어보자. 예를 들면, 이런 식이다. "이런 걸 왜 쓰나 싶었다. 토막토막 단절된 이야기를 잔뜩 늘어놓곤 했는데, 모든 게 다른 어떤 것과도 관련이 없어 보였다." 모닝 페이지를 쓰는 것 자체가 당신에게 분명히 도움이 된다는 것을 기억하라. 어떤 점에 관해서 쓰다가 스스로 놀랐던 적이 있는가? 그 부분을 자세히 적어보자. 주간 점검은 매주 당신의 기분이 어떻게 변하는지 스스로 진단하기 위한 활동이지, 얼마나 발전했는지 파악하기 위한 활동이 아니다. 당신의 모닝 페이지가 온갖 불평과 진부한 이야기로 가득 채워져도 걱정하지 마라. 때로는 그게 당신에게 최선일 수 있다.

2. 이번 주에 아티스트 데이트를 했는가? 아티스트 데이트가 하찮아 보일 수도 있지만, 당신에게 꼭 필요한 활동임을 기억하라. 무엇을 했고, 어떤 기분이 들었는가?

3. 이번 주 창조성 회복 과정에서 중요하다고 생각한 다른 이슈가 있었는가? 그것을 기록해보자.

Week

이번 주에는 이전에 경험하지 않은 에너지의 폭발, 극심한 분노, 기쁨, 슬픔의 감정을 마주해본다. 당신이 한계라고 여겼던 것들이 뒤흔들리면서 내면의 힘을 회복하게 될 것이다. 아울러 마음을 열고 의식적으로 탐구하라는 요청을 받을 것이다.

〔 내면의 힘 회복하기 〕

행동을 촉구하는 초대장, 분노

분노는 곧 연료다. 분노를 느끼면, 우리는 누군가를 때리고 무언가를 깨부수고 울분을 토하고 주먹으로 벽을 치고 욕설을 퍼붓고 싶어진다. 하지만 우리는 '교양 있는' 사람이기에 분노를 애써 억누르고 부정하는가 하면 차단하고 숨긴다. 또 그 감정을 약물로 누르거나 아예 분노하지 않은 척하기도 한다. 그 분노에 귀 기울이는 것만 빼고 뭐든 다 하는 셈이다.

  그런데 분노는 우리가 귀를 기울여야 하는 목소리이자 외침이요, 간청이자 요구다. 분노는 존중받아야 한다. 왜냐고? 분노는 지도이기 때문이다. 우리의 한계를 알려주고, 우리가 가고 싶어 하는 곳을 보여준다. 아울러 우리가 어디에 있는지 보게 하고, 어디에 있을 때 싫어

했는지 알게 한다. 손가락만 길을 가리키는 게 아니라 분노도 길을 가리킨다. 창조성을 회복하려는 아티스트에게 분노는 건전한 신호다. 분노는 터뜨려야 하는 감정이 아니라 적절히 대응해야 하는 감정이다. 분노는 방향을 가리킨다. 우리는 분노를 연료 삼아 분노가 가리키는 방향으로 나아가야 한다. 조금만 생각해보면 누구나 분노가 보내는 메시지를 해석할 수 있다.

"망할 자식! 내가 영화를 만들어도 그것보단 더 잘 만들었겠다!"(이런 분노는 '너도 영화를 만들고 싶지? 그럼 방법을 배우라니까'라고 말하는 것이다.)

"어떻게 이런 일이! 내가 3년 전에 구상했던 연극인데, 그녀가 먼저 써버렸어."(이런 분노는 '아이디어만으론 무대에 올릴 수 없으니, 그만 미루고 대본을 쓰라니까'라고 말하는 것이다.)

"내 전략을 저 사람이 써먹다니! 말도 안 돼! 다 빼앗겼어. 자료를 모아서 진작 저작권을 확보해뒀어야 했어."(이런 분노는 '이제는 아이디어를 소중히 여기고 진지하게 다뤄야 한다니까'라고 말하는 것이다.)

분노가 느껴질 때면 우리는 흔히 분노를 느낀다는 사실 자체에 더욱 분개한다. 빌어먹을 분노! 분노는 우리가 예전의 삶으론 더 이상 버틸 수 없음을, 예전의 삶이 끝나가고 있음을 알려준다. 우리는 다시 태어나고 있다. 탄생에는 고통이 따르는 법인데, 그 고통이 우리를 화나게 한다.

분노는 활활 타오르는 불처럼 예전 삶이 끝나가고 있음을 확실히 알려준다. 분노는 우리를 새로운 삶으로 나아가게 하는 연료다. 분노는 도구일 뿐, 절대 주인이 아니다. 분노를 끄집어내서 활용해야 한

※
나는 그저 입을 삐죽거리는 데 드는 힘만으로 블루스를 몇 곡 작곡했다.

듀크 엘링턴

다. 적절히 활용하면 분노는 매우 유용한 수단이다. 게으름, 무관심, 절망은 우리의 적이지만, 분노는 적이 아니다. 오히려 친구에 가깝다. 물론 착하고 점잖은 친구는 아니다. 하지만 굉장히 충실한 친구다. 분노는 우리가 배신당할 때마다, 또 우리가 스스로 배신할 때마다 즉시 알려준다. 분노는 언제나 우리에게, 이제 우리의 이익을 위해 행동해야 할 때라고 알려준다.

분노는 그 자체로 행동이 아니라 다른 행동을 촉구하는 초대장이다.

보이지 않는 도움의 손길

기도에 응답을 받고 나면 어쩐지 두렵기도 하다. 거기엔 책임이 뒤따르기 때문이다. 당신이 바라던 바를 얻었으니, 이젠 어떻게 할 것인가? "무언가를 원한다고 기도할 때는 조심해야 한다. 정말로 이루어질 수 있으니까"라는 경고의 말이 왜 있겠는가? 기도에 응답을 받으면 그 책임이 우리 자신에게 돌아온다. 마음이 편할 리 없다. 어떤 일이 일어나면 기도에 대한 응답이 아니라 그냥 동시성에서 비롯된 결과라고 생각하는 게 더 편하다. 몇 가지 예를 살펴보자.

- 어떤 여성이 연기에 대한 꿈을 묻어두었다고 고백한다. 다음 날 저녁 식사 자리에서 그녀는 초보 연기자를 지도하는 남자 옆에 앉게 된다.
- 어떤 작가가 영화 학교에 가고 싶은 꿈을 인정한다. 시험 삼아 전화

---

*
인간이 신에게 한 걸음 다가가면, 신은 모래시계 속의 모래알보다 더 많은 걸음으로 인간에게 다가온다.

『전차의 일』 중에서

를 걸었는데, 그의 작품을 높이 평가하는 교수와 연결된다. 그 교수는 영화 학교에 마지막으로 한 자리가 남아 있다며 그에게 주겠다고 약속한다.

- 어떤 여성이 학교에 돌아가고 싶다는 생각을 하면서 우편함을 열었는데, 그녀가 마음에 두었던 바로 그 학교에서 지원서를 내라는 편지를 발견한다.
- 어떤 여성이 희귀본 영화를 볼 수 있는 방법을 고민한다. 그런데 이틀 뒤 동네 서점에서 그걸 발견한다.
- 오랫동안 남몰래 글을 써온 한 사업가가 자신이 글재주가 있는지 전문 작가에게 물어보겠다고 다짐한다. 그런데 다음 날 저녁 우연히 당구장에서 한 작가를 만나게 되고, 그 작가는 그의 스승이 되어줄 뿐 아니라 훗날 여러 책을 공동 집필하게 된다.

내가 겪은 바로는, 우리는 신이 존재하지 않을까 봐 두려워하기보다는 신이 정말로 존재할까 봐 훨씬 더 많이 두려워한다. 위와 같은 사건이 일어나도 우리는 그것을 그저 단순한 우연으로 치부해버린다. 사람들은 신이 존재하지 않는다면 얼마나 끔찍하겠냐고 떠들어대지만, 다 허튼 소리다. 사람들 대부분 누군가가 자신을 지켜본다고 느끼지 않는 편을 훨씬 더 편안해한다.

여기서 말하는 신은 특정 종교에서 말하는 절대자가 아니라, 전지전능한 어떤 힘을 의미한다. 그런데 만약 그런 신이 존재하지 않는다면, 우리는 훨씬 더 홀가분해지는 게 아닐까? 하늘에서 내리는 심판도 없고 축복도 없을 테니까. 그리고 만약 이 모든 경험이 결국 허무하

※
우주는 자신을 대신해 위험을 감수한 당신에게 보상해줄 것이다.

삭티 거웨인

> *
> 발견은 준비된 사람이 맞닥뜨린 우연이다.
>
> 알베르트 센트 죄르지

> *
> 누구에게 사고가 발생하는지 관찰한 적 있는가? 기회는 준비된 사람에게만 온다.
>
> 루이 파스퇴르

고 무의미하다면, 대체 뭘 더 기대할 수 있을까?

기대라는 말이 나오니까 왠지 흥미로운 생각이 든다. 신이 존재하지 않거나 있다 해도 우리의 사소한 일상에 관심이 없다면, 세상만사는 항상 변함없이 굴러갈 것이다. 우리는 어떤 건 불가능하고 어떤 건 불공정하다고 말해도 매우 정당하다고 느낄 수 있다. 신이, 또는 신의 부재가 세상의 상태를 책임진다면 우리는 쉽사리 냉소적으로 변하고 무관심에 굴복할 것이다. "그래봤자 무슨 소용이 있겠어? 왜 굳이 바꾸려는 거야?"라고 말하면서.

그런데 이 사실이 핵심이다. 우리에게 귀를 기울이고 우리를 위해 대신 행동해주는 창조적 힘이 있다면, 우리는 실제로 어떤 일을 해낼 수도 있다는 점이다. 아니, 가능성이 무한하기에 우리는 무엇이든 할 수 있을 것이다. 한마디로 신은 우리가 하늘까지도 닿을 수 있도록 해준다. 자기 안의 두려움을 직시할 수 있는 사람이라면 가능성이 불가능성보다 훨씬 더 두렵고, 자유가 감옥보다 훨씬 더 끔찍하다고 말할 것이다. 만약 우리가 실제로 우리 삶에 개입하는 어떤 초월적 존재와 마주해야 한다면, 이제까지 불가능하다고 여겨왔던 꿈을 실천에 옮겨야 할지도 모른다.

인생은 우리가 그것을 어떻게 만들 것인지에 달려 있다. 우리 내면의 신적인 힘을 상상하느냐, 외부에 존재하는 신을 떠올리느냐는 전혀 중요하지 않다. 그 힘에 의존하는 것이 중요하다.

"구하라, 그리하면 얻을 것이요, 두드려라, 그리하면 열릴 것이다." 이 구절은 예수 그리스도가 남긴 말들 중에서도 꽤나 불편한 말로 전해진다. 그러나 이 말은 마치 과학적 방법을 암시하기도 한다. 구하라(실험하라), 그리고 무슨 일이 일어나는지 보라(결과를 기록하라).

그래서일까, 우리는 응답받은 기도를 가볍게 여겨서 우연이라고 부르거나 운으로 치부한다. 하지만 그것은 사실 우연도, 운도 아니다. 그것은 바로 우리 자신의 가장 진실한 꿈을 위해 행동하고 우리 영혼에 대고 굳게 다짐할 때 활성화되는 신의 손길 혹은 선한 힘이다.

지극히 평범한 일상에도 이런 다짐의 순간이 있다. 예를 들면 이런 식이다. "난 2인용 소파를 꼭 사겠다고 마음먹었어. 그런데 곧 이런 일이 벌어지더라고. 내가 원하는 딱 그 소파를 찾았지 뭐야. 정말 신기했어. 버니스 이모 집에 놀러 갔는데 이웃집에서 창고 세일을 하는 거야. 재혼한 남편이 이 멋진 소파에 알레르기를 일으킨다면서 내놨더라니까!"

좀 더 광범위한 삶에선 그러한 순간이 러시모어산의 대통령 조각상처럼 크고 두드러지게 나타난다. 메리웨더 루이스와 윌리엄 클라크는 미개척지인 미국 서부를 탐험하는 원정에 나서 서부 개척의 문을 열었고, 덴마크 작가 이자크 디네센은 아프리카로 떠나 일생의 역작을 남겼다('이자크 디네센'은 카렌 블릭센의 필명이다. 작가는 아프리카에서 17년간 커피 농장을 운영하면서 몸소 체험한 모험과 깨달음을 담아 대표작 『아웃 오브 아프리카』을 써냈다 – 옮긴이). 우리는 모두 가슴속에 자신만의 아프리카를 품고 산다. 즉, 마음 가장 깊은 곳에 자리한 자아를 불러내는 은밀하고도 낭만적인 생각을 품고 산다. 그 부름에 답할 때, 굳게 다짐하고 전념할 때, 우리는 심리학자 칼 융이 '동시성'이라고 말한 원리를 작동시킨다. 쉽게 말해, 동시성은 사건들이 우연히 얽히는 것을 뜻한다. 1960년대에는 '뜻밖의 행운이나 발견'이라는 뜻으로 '세렌디

피티Serendipity'라는 말을 사용했다. 뭐라고 말하든, 일단 창조성이 회복되기 시작하면 그런 일이 사방에서 불쑥불쑥 일어나는 통에 깜짝 놀라게 될 것이다.

당신이 그걸 애써 무시하려 들더라도 놀라지 마라. 실제로 동시성은 매우 두려운 개념이기도 하다. 동시성에 관한 융의 논문은 그의 사상의 밑바탕이 되는 초석이지만, 융의 추종자들조차 이를 부수적 문제로 취급하려 한다. 그들은 유교 경전인 『주역』에 대한 융의 관심을 괴벽으로 여기듯, 동시성도 진지하게 생각할 필요가 없다며 무시했다. 그렇지만 융은 그들과 달랐다. 융은 자신의 직관에 따라 일부 사람들이 외면하고 싶어 하는 현상, 즉 우리의 이익에 부합하기도 하고 반발하기도 하는 우주의 가능성을 경험하고 이를 묘사했다.

나는 그간의 경험으로 그것을 실제로 믿게 되었다. 그래서 나는 이제 '내가 이걸 할 수 있을까?'라고 질문하지 않고 '이걸 하고 있다'라고 말한다. 그런 다음 단단히 안전벨트를 맨다. 곧 놀라운 일이 펼쳐질 테니까.

"신은 참 유능하다니까." 내 친구인 배우 줄리아나 매카시가 입버릇처럼 하는 말이다. 나 역시 우주가 선물을 전달하는 교묘한 방식에 감탄한 적이 많다. 6년 전쯤, 내 희곡이 덴버 공연예술센터 무대에 올랐다. 그녀를 염두에 두고 희곡을 썼기에 줄리아나가 주연을 맡아주기를 내심 바랐다. 그런데 덴버에 도착해보니 배역 선정이 이미 끝나 있었다. 주연 배우를 만나자마자 나는 째깍거리는 시한폭탄 옆에 있는 것만 같은 느낌을 지울 수 없었다. 감독에게 말했지만, 완벽한 프로에게 배역을 맡겼을 뿐이라는 대답이 돌아왔다. 그런데도 찜찜한 느낌이

가시지 않았다.

아니나 다를까, 공연이 시작되기 일주일 전쯤 여주인공이 갑자기 그만두겠다고 선언했다. 그녀는 내 연극뿐만 아니라 한창 공연 중이던 〈처치 부부의 초상화 그리기Painting Churches〉마저 그만두었다. 예술단 측에선 쩔쩔매면서 사과했다. 그들은 여주인공의 갑작스러운 하차로 내 연극에 손해를 끼치게 됐다는 사실에 어쩔 줄 몰라 했다. 그러면서 그제야 내게 물었다.

"선생님이라면 누구를 캐스팅하시겠습니까?"

말이 떨어지기 무섭게 나는 대답했다.

"당연히 줄리아나 매카시죠."

줄리아나는 연락을 받자마자 로스앤젤레스에서 덴버로 곧장 날아왔다. 예술센터 감독들은 그녀의 연기를 보더니, 내 연극뿐만 아니라 〈처치 부부의 초상화 그리기〉의 남은 공연까지 맡아달라고 부탁했다. 참으로 훌륭한 캐스팅이었다. 나는 그녀가 마땅히 맡았어야 할 배역을 따내서 무척 기뻤다. 그래서 이렇게 말했다.

"신의 유능함이 제대로 드러났네!"

경험상 우주는 가치 있는 계획, 특히 흥겹고 광범위한 계획에 선뜻 힘을 실어준다. 나는 멋진 계획을 세우고 나서 그것을 달성할 수단을 얻지 못한 적이 없었다. 그런 경험이 쌓이면서 나는 '어떻게'보다 '무엇'이 앞선다는 사실을 절감했다. 그러니 명심하라. '무엇'을 할지 결정하면 '어떻게' 할지는 자연스럽게 따라온다는 사실을.

사람들은 흔히 창조적 작업에 대해 이야기할 때면 전략을 강조한다. 초보자들은 자기 분야에서 남보다 앞서려면 권모술수에 능해야

*
기회는 언제나 강력하다.
낚싯대를 항상 드리우고 있어라.
가장 기대하지 않은 연못에도
물고기는 있게 마련이다.

오비디우스

한다는 충고를 듣기도 한다. 이런 건 다 헛소리다. 아티스트에게 어떻게 현재의 위치에 서게 되었는지 묻는다면, 그는 어떤 방법을 썼는지가 아니라 어떤 행운을 누렸는지 들려줄 것이다. 신화학자 조지프 캠벨은 이러한 행운을 "보이지 않는 수많은 도움의 손길"이라고 불렀다. 나는 이것을 동시성이라고 부르며, 누구든 여기에 의지해도 된다고 조언하고 싶다.

창조성은 공동체적 경험이다. 공동체에서 연장자들은 눈에 확 띄는 유능한 젊은이들을 이끌어주고 가르친다. 그저 듣기 좋은 소리처럼 들릴 수 있지만 실제로 그렇다. 중견 아티스트들은 때로 자신의 의지와 상관없이 젊은 아티스트에게 도움의 손길을 내밀기도 한다. "내가 당신을 위해 왜 이렇게 하는지 모르겠지만……." 그렇다. 어떤 도움의 손길은 인간의 영역을 초월한다.

우리는 마음속에 품고 있는 꿈을 따르는 게 지극히 어려운 일이라고 말한다. 그러나 사실 우리 앞에 열려 있는 수많은 문을 피해서 지나가는 게 더 어려운 일이다. 꿈은 외면해도 결국 당신에게 돌아오게 마련이다. 늦게라도 꿈을 좇으면 신비한 문이 또 하나 열린다. 이처럼 우주는 지원을 아끼지 않는데, 우리는 선뜻 이를 받아들이려고 하지 않는다. 공짜로 받은 선물을 자꾸 흠잡아서 돌려보내곤 한다. 실패할까 봐 두렵다고 말하지만, 우리를 더 두렵게 하는 것은 바로 성공 가능성이다.

꿈을 향해 작은 걸음을 내딛은 뒤 동시성의 문이 활짝 열리는 모습을 지켜보라. 자꾸 보다 보면 결국 믿게 된다. 당신이 직접 실험하고 그 결과를 본다면 절로 받아들이게 될 것이다. "일단 저질러라. 어디선

*
열망하고, 구하고,
믿고, 받아라.

스텔라 테릴 만

가 도움의 손길이 나타날 테니까"라는 격언을 기억하라. 탐험가 W. H. 머리는 『스코틀랜드 히말라야 원정대The Scottish Himalayan Expedition』에서 자신의 탐험 경험을 이렇게 들려주었다.

> 굳게 다짐하기 전까지는 주저하고, 뒤로 물러설 기회를 엿보며, 무력감에 시달리게 마련이다. 모든 주도적 혹은 창조적 행동에는 한 가지 기본적인 진실이 존재한다. 이 같은 진실을 모르기 때문에 수많은 아이디어와 멋진 계획이 사장된다. 그것은 바로 굳게 다짐하고 헌신하는 순간, 신의 섭리도 같이 움직인다는 것이다.
> 그러지 않았더라면 절대 일어나지 않았을 온갖 일이 일어난다. 이 모든 일련의 사건은 결단과 함께 시작된다. 그렇게 되리라고 전혀 꿈꾸지 못했던 온갖 우연과 만남, 물질적 지원이 이뤄지는 것이다.

머리로 나의 말이 믿어지지 않더라도 정치인이자 학자, 아티스트로서 세상만사에 통달했던 괴테는 신뢰할 수 있을 것이다. 괴테는 우리의 노력을 돕는 신의 섭리를 이렇게 표현했다.

> 당신이 할 수 있다고 생각하거나 믿는 일은 무엇이든 시작하라. 행동에는 마법과 은총과 힘이 담겨 있다.

행동의 걸림돌, 수치심

> 외부에서 오는 기회에 관심을 기울이더라도 진정한 시작은 우리 내부에서 비롯된다.
>
> 윌리엄 브리지스

"행동에 옮기는 게 그렇게 쉽다면 내가 지금 이 책을 읽고 있겠는가?"라고 말할 사람도 있을 것이다. 두려움에 발목이 잡혀 행동하지 못하는 사람들은 흔히 이들을 괴롭혀온 오래된 적인 수치심에 시달리고 있다. 수치심은 일종의 제어 장치다. 누군가에게 창피를 주는 이유는 그 사람이 당신을 불편하게 만들지 못하도록 막기 위함이다.

> 어떤 것에 드는 비용은 그것을 얻기 위해 지금이든 나중이든 교환해야 하는 삶의 분량과 같다.
>
> 헨리 데이비드 소로

예술 작품을 만드는 일은 가족의 비밀을 밝히는 것과 비슷하게 느껴진다. 타인의 비밀을 누설하는 데는 대개 수치심과 두려움이 수반된다. "사람들이 이 사실을 알게 되면 나를 어떻게 생각할까?" 이는 참으로 두려운 질문이다. 특히 사회적, 성적, 영적 호기심이나 탐구 때문에 창피당한 적이 있다면 더욱 그렇다. 어른들은 우연히 가족의 비밀을 알게 된 순진한 어린아이에게 "어떻게 네가 감히?"라고 버럭 소리를 친다.(감히 엄마의 보석함을 열다니! 감히 아버지의 책상 서랍을 열다니! 감히 침실 문을 열다니! 감히 지하실로 내려가다니! 감히 다락에 올라가다니! 네가 보면 안 되는 물건을 숨겨둔 어두운 장소에 감히 들어가다니!) 다시 한 번 강조하지만, 예술 행위는 사회에 자신을 드러내는 것이다. 따라서 예술은 숨겨진 것을 드러내고 우리를 밝히는 역할을 한다. 예술은 우리 주변에 감도는 어둠에 빛을 비춘다. 우리 자신의 어두운 내면에 빛을 비추면서 이렇게 말한다. "봤지?"

사람들은 감추고 싶은 것을 보여주는 사람에게 화를 낸다. 한 예로, 알코올의존증 환자의 가정에서 자라난 아이가 학업적으로나 성적으로 문제를 일으키면, 그 가정은 '문제 있는 집안'으로 낙인찍힌다. 아이는 가족을 수치스럽게 만들었다는 것에 자책감에 시달리게 된다. 하지만 과연 아이가 가족에게 수치심을 안겨준 것일까? 천만에. 그 아이는 단지 수치스러운 진실을 드러냈을 뿐이다. 그 가정에는 이미 문제가 있었고, 그로 인해 아이가 고통받아온 것이다. "동네 사람들이 뭐라고 생각하겠어?" 같은 말은 문제를 숨기고 병든 상태를 유지하려는 수치심 유발 장치에 불과하다.

  예술은 단단히 잠겨 있던 벽장의 문을 열고, 지하실과 다락의 퀴퀴한 공기를 환기시킨다. 예술은 상처를 치유한다. 그런데 상처를 치유하기 위해선 상처를 먼저 드러내야 한다. 상처를 공기와 빛에 노출하는 행위, 즉 아티스트의 창조적 행위는 흔히 수치심을 불러일으킨다. 아티스트에게 수치심을 유발하는 가장 대표적인 방아쇠는 바로 나쁜 비평이다. 실제로 아티스트를 수치스럽게 하려는 속셈으로 비평을 하는 경우도 많다. "창피한 줄 알아야지! 어떻게 그런 형편없는 작품을 만들 생각을 했니? 어떻게 네가 감히 예술이라는 단어를 입에 올리니?"

  온갖 형태의 결핍, 별의별 탐험, 수많은 기대감에 대한 어린 시절의 수치심을 참고 이겨낸 아티스트는 수치심을 유발하는 비평이 없더라도 수치심에 빠질 수 있다. 자기에게 재능이 있다고 믿었다가 창피당한 적이 있다면 예술적 작업을 하는 내내 내면의 수치심과 싸울지도 모른다. 누가 뭐라 하지 않더라도, 아티스트 중에는 작업을 잘 진행하다가도 완성 단계에서 갑자기 그 작품이 형편없어 보여 수치심에 휩싸이는 경우가 많다. 애쓰고 발버둥쳐봤자 무슨 소용일까 싶은 생각에 빠진다. 정신분석학적 관점에서 이런 생각은 고통을 거부하고 상처를 받지 않으려는 대표적인 대응 장치다.

> *
> 남들의 기준에 맞추려고 하지 말고 자기 자신이 되는 법을 배우고 자신의 타고난 통로를 열어둔다면 자신의 특별한 천재성을 발견할 수 있다.
>
> 삭티 거웨인

> 당신은 유사 이래 창조된 어떤 존재와도 같지 않기 때문에 누구와도 비교할 수 없다.
>
> 브렌다 유랜드

결손 가정에서 자라난 사람들은 이 같은 대응 장치를 능숙하게 다룬다. 그들은 그것을 '무관심'이라고 부르지만, 사실 '무감각'이라 하는 것이 적절하다. '그이가 내 생일을 잊어버렸네. 뭐, 그게 뭐라고.'

창조성을 회복하기 위해 노력하던 한 아티스트는 가족에게 인정받기 위해 기울인 헛된 노력을 이렇게 표현했다. "개가 주인을 기쁘게 하려고 뼈다귀를 물고 오듯 나도 가족의 인정을 받고자 성과를 안고 돌아갔지만, 아무도 알아주지 않더군요. 내가 아무리 대단한 일을 해도 가족들은 별로 알아주는 것 같지 않았어요. 항상 뭔가 잘못된 것이 없는지 트집을 잡았죠. B는 딱 하나뿐이고 나머지는 전부 A인 성적표를 내밀면 다들 그 B에만 관심을 보이는 식이었지요."

어린 아티스트가 긍정적이든 부정적이든 성과를 통해 부모의 관심을 끌려고 시도하는 것은 지극히 자연스러운 일이다. 그런데 그에 대한 반응이 매번 무관심이나 꾸지람으로 돌아오면, 어린 아티스트는 어떤 성과를 이뤄도 부모에게 인정받지 못할 거라며 체념하게 된다.

우리는 종종 창작자라는 이유만으로 수모를 경험한다. 그러다 보면 부끄러운 마음에 앞으론 창작 활동을 하면 안 되겠다고 생각하게 된다. 이러한 생각은 금세 잊히는 듯하지만, 사실은 그렇지 않다. 무관심을 가장한 감정 속에 살아남아 우리가 다시 새로운 시도를 할 때마다 다시 우리에게 달라붙을 기회를 노린다. 그래서 예술을 창작하겠다고 다시 나서는 순간 수치심이 밀려드는 것이다.

바로 이런 이유로 학생들이 만든 뛰어난 영화가 영화제에 출품되지 못하고, 좋은 소설이 파기되거나 책상 서랍에 처박혀 빛을 보지 못하는 것이다. 바로 이런 이유로 흥미로운 대본이 무대에 오르지 못하고, 유능한 배우가 오디션에 나서지 못하는 것이다. 바로 이런 이유로 아티스트가 자신의 꿈을 인정하는 데 수치심을 느끼는 것이다. 어떤 비판을 받을지 매번 염두에 두고 작품을 쓰는 창작자는 없다. 그렇기에 '어떻게 네가 감히?'라는 식의 비판을 받으면 아티스트는 창피당한 어린아이처럼 움츠러든다. 초보 작가라면 좋은 의도로 쓴 건설적인 비평으로도 펜을 꺾어버릴 수 있다.

그런데 비평이라고 해서 다 수치심을 유발하지는 않는다는 점을 확실히 짚고 넘어가야겠다. 사실 대단히 혹독한 비평이라도 아티스트에게 새롭고 타당한 방향을 제시한다면, 깨달음과 함께 '아하!'라는 감탄사를 불러일으킬 수 있다. 아티스트에게 해로운 비평은 깎아내리거나 조롱하거나 비난하는 비평이다. 흔히 악의적 속내를 대놓고 드러내지 않기에 반박하기도 쉽지 않다. 그런 비평에 수치심을 느낀 아티스트는 창조성이 막히거나 작품을 세상에 내놓지 않으려 한다. 쉼표 몇 개 빼먹었다고 닦달하는 부모처럼 완벽주의자 친구나 교사, 비평가는 이제 막 피어나기 시작한 어린 아티스트의 열정을 꺾어버리기 쉽다. 그러니 창조성을 회복하는 과정에 있는 아티스트로서 우리는 자신을 보호하는 법을 배워야 한다.

그렇다면 비평에 눈도 감고 귀도 막아야 한다는 말인가? 천만에. 올바른 비평을 언제 어디에서 구할지 제대로 배워야 한다는 뜻이다. 이를 위해선 출처뿐만 아니라 시점도 매우 중요하다. 처음 쓴 원고는 보통 부드러우면서도 안목이 뛰어난 사람에게 보여줘야 한다. 싹을 틔우려는 초기 작품을 알아보는 것도 대체로 다른 아티스트의 몫이다. 그런데 미숙하거나 냉혹한 비판은 막 피어나는 싹을 키워주는 게 아니라 밟아버린다. 그렇다고 아티스트로서 받는 모든 비판을 우리가 다 통제할 수 있는 것은 아니다. 전문적인 비평가들에게 평소보다 더 다정하고 온건한 태도로 건설적인 비판을 해달라고 다그칠 수는 없다. 하지만 부당한 비판에 시달리는 우리 안의 어린 아티스트를 위로하는 법은 배울 수 있다. 고통을 안전하게 분출할 수 있도록 이끌어줄 친구를 찾아낼 수도 있다. 예술적으로 혹독한 비난에 처했을 때 감정을 부정하거나 억누르지 않는 법을 익힐 수도 있다.

우리에게는 내면의 예술을 안전하게 부화시킬 장소가 필요하다. 이상적인 장소는 처음엔 가정에서, 다음엔 학교에서, 마지막엔 친구와 지지자들 속에서 찾는 게 좋다. 그런데 이상은 현실과 다르다. 이상이 그대로 실현되는 경우는 극히 드물다. 아티스트로서 우리는 자신만의 안전한 환경을 조성하는 법을 스스로 배워야 한다. 또, 내면의 어린 아이와 같은 창조성이 수치심의 수렁에 빠지지 않도록 보호하는 법을 터득해야 한다. 그러려면 어린 시절에 느꼈던 수치심을 모닝 페이지에 쏟아낸 뒤 없애거나 믿을 만한 사람에게 털어놓으며 약화시켜야 한다.

우리는 예술 활동을 통해 자신의 부끄러운 비밀을 드러냄으로써 자신과 다른 사람들을 어둠으로부터 해방시킨다. 그렇지만 이러한 해방이 매번 환영받는 것은 아니다. 특히 인간의 내면 깊숙이 감춰져 있던 비밀이나 진실을 드러낼 때, 사람들은 불편하거나 당황해서 그 작품을 창조해낸 우리를 수치심에 빠뜨리려고 한다. 이들은 당신의 작품을 보고 "정말 형편없군!"이라며 빈정거린다. 작품 자체가 괜찮아도 이렇게 공격할 수 있다. 이런 공격을 받으면 우리는 혼란에 빠진다. 심지어 "당신이 그런 작품을 만들다니, 창피한 줄 아세요!"라는 말을 들을

*
나는 나만의 세상을 만들었다.
그것이 내가 바깥에서 본 어떤
세상보다 훨씬 더 좋다.

루이스 네벨슨

수도 있다. 그때 이 감정이 사실은 어린 시절 겪었던 수치심의 재현임을 알아야 한다. 그걸 알아차리지 않으면 우리는 점점 더 수치심의 수렁으로 빠져 들어갈 수밖에 없다. '내가 만들어낸 작품이 꽤 괜찮다고 생각했는데…… 순전히 내 착각이었나? ……어쩌면 그 비평가의 말이 옳을지도 몰라. 내가 어쩌다 그렇게 가당치 않은 생각을 했을까?'

이럴 때 우리는 마음을 단단히 먹고 첫 번째 의심부터 차단해야 한다. 부정적 생각이 애초에 자리 잡도록 놔둬서는 안 된다. 첫 번째 의심을 받아들이는 것은 알코올의존자가 첫 잔에 입을 대는 것과 다를 바 없다. 일단 마음속에 들어온 의심은 꼬리에 꼬리를 물고 이어진다. 점점 자라나는 의심을 막기 위해서는 경계심이 필요하다. '어쩌면 그 비평가의 말이 옳을지도 몰라'라는 의심이 들면, 즉시 행동에 나서라. "아니야, 난 훌륭하고 용감한 아티스트야. 난 잘하고 있어. 작품을 창조한 것만으로도 충분히 잘한 거야"라고 큰 소리로 말하며 마음을 다잡아라.

내가 직접 감독한 로맨틱 코미디 영화 〈신의 뜻God's Will〉을 워싱턴에서 개봉했을 때, 『워싱턴 포스트』에서 기자 생활로 사회에 첫발을 내디뎠던 나는 마치 고향에 돌아온 것만 같았다. 성공해서 돌아왔다며 크게 환대해주리라 기대했지만, 개봉 전 나온 비평은 내 기대를 한방에 무너뜨렸다. 특히 『워싱턴 포스트』의 젊은 여기자는 연극계 사람들을 다룬 내 영화를 보고선 "영화계 사람들에 관한 이야기"라고 썼다. 게다가 '대부분'의 대사를 〈카사블랑카〉에서 베꼈다고 비방하기까지 했다. 그 기자가 대체 어떤 영화를 본 것인지 의아할 지경이었다. 확실히 내 영화는 아닐 것이다. 내 영화에는 연극계에서 흔히 쓰는 특이

>*
> 나를 죽이지 못하는 고통은
> 결국 나를 더 강하게 만든다.
>
> 알베르 카뮈

한 농담 40개 정도와 〈카사블랑카〉에 대한 짧은 농담이 딱 하나 들어 있을 뿐이었다. 하지만 그런 사실은 내게 아무런 도움이 되지 않았다.

나는 굴욕적인 기사를 보며 수치심을 느꼈다. 죽고 싶었다. 수치심의 해독제는 자기애와 자화자찬이라는 것을 떠올린 나는 바로 행동에 나섰다. 나는 롤 크리크 공원을 산책하면 계속 기도했다. 그러면서 예전에 들었던 찬사와 좋은 비평들을 떠올렸다. "이게 뭐라고!"라는 말 따위는 하지 않았다. 오히려 내면의 아티스트에게 이렇게 말했다. "괜찮아. 다 치유될 거야."

그런 다음 상영관으로 향했다. 혹독한 비평을 쓴 기자가 민망할 정도로 관객들의 반응은 좋았다. 3개월 뒤, 내 영화는 유럽의 권위 있는 영화제에 초청됐다. 주최 측은 항공편과 경비를 지원해주면서 내 영화를 특별 공개하고 싶다고 청했다. 물론 감사한 일이었지만, 나는 선뜻 받아들일 수 없었다. 워싱턴에서 겪은 수모가 독처럼 퍼져서 나를 머뭇거리게 했다. 유럽까지 날아가는 게 두려웠다. 하지만 가지 않으면 후회할 게 뻔했다. 창조적 아티스트로서 노력해온 시간들이 나를 일으켜 세웠다. 유럽에서 내 영화는 높은 가격에 팔렸다. 『버라이어티』에 다음과 같은 제목으로 특집 기사가 실리기도 했다.

'〈신의 뜻〉, 뮌헨을 강타하다!'

여기에 기사 제목을 소개하는 이유는, 그 안에 담긴 아이러니를 무시할 수 없기 때문이다. 우리가 창조적인 것은 바로 '신의 뜻'이다.

비평에 대처하기

유용한 비평과 그렇지 않은 비평을 구별할 줄 알아야 한다. 남들의 인정이나 지지 없이 스스로 판단하는 능력을 기르기 위해서는 이런 능력을 반드시 갖춰야 한다. 아티스트로서 우리는 사람들이 생각하는 것보다 그런 선별을 훨씬 잘해낼 수 있다.

날카로운 비평일지라도 정곡을 찌르는 비평은 아티스트에게 안도감을 주는 법이다. 이런 비평을 들었을 때 아티스트로서 우리는 '아하, 그 부분이 잘못되었구나!' 하는 깨달음을 얻으며 우리 작품에서 빠진 퍼즐 조각 하나를 채우게 된다. 반면에 무익한 비평은 우리에게 고통만 안겨줄 뿐이다. 내용이 모호하거나 매우 포괄적이고, 개인적인 면을 비판하기 일색이거나 부정확한 비평은 우리의 기를 죽이고 수치심을 유발한다. 이렇게 무책임한 비평에서는 얻을 게 단 하나도 없다.

당신은 지금 내면의 아이와 마주하고 있다. 창조적 아이를 학대하면 저항을 낳고, 이는 다시 창작의 통로를 막히게 한다. 학대나 다름없는 비평에 대처하는 유일한 방법은 그로 인한 상처를 치유하는 것이다. 어떤 형태의 비평에도 흔들리지 않을 규칙을 몇 가지 살펴보자.

1. 비평을 피하지 않고 있는 그대로 수용한 다음, 완전히 털어낸다.
2. 당신을 괴롭히는 개념이나 구절을 적어본다.
3. 유용할 것 같은 개념이나 구절을 적어본다.
4. 좋은 비평을 읽거나 찬사를 떠올리는 등 스스로를 격려할 만한 일을 한다.

*
만사에 완벽을 추구하는
아티스트는 그 어떤 것에서도
완벽을 얻지 못한다.

외젠 들라크루아

5. 정말로 형편없는 작품을 만들었다 해도 다음 작품에 필요한 디딤돌이 될 수 있다는 점을 기억한다. 예술은 불규칙적으로 성장하며, 못생긴 새끼 오리 같은 성장 단계를 거치게 마련이다.
6. 비평을 다시 읽어본다. 과거의 비평, 특히 어린 시절에 수치심을 느끼게 했던 비평을 떠올리게 하는가? 현재의 비평이 오래된 상처에 대한 슬픔을 자극한다는 사실을 인정한다.
7. 비평가에게 편지를 쓴다. 굳이 보내지 않아도 된다. 당신의 작품을 옹호하고, 혹시라도 그 비평에서 유익한 점이 있다면 받아들인다.
8. 다시 도전한다. 뭐든 당장 창조적인 활동을 하겠다고 굳게 다짐한다.
9. 그 일을 시작한다. 비평에 대한 치료제는 창조성밖에 없다.

잃어버린 자아 찾기

영혼을 밝히는 말은 보석보다 더 소중하다.

하즈라트 이나야트 칸

창조성이 막혀버려서 자신의 강점과 재능을 발휘하지 못해 자책하는 사람이 많다. 그들은 인정받지 못한 채 가족이나 친구들에게 에너지를 빼앗기고, 때로는 비하당하기도 한다. 이런 역기능적 시스템에서 벗어나려고 하면 엉뚱하게도 현명하게 행동하라는 조언이 돌아온다. 안 그래도 타고난 재능을 발휘하지 못해 죄책감을 느끼던 그들은 남에게 상처를 줄까 봐 자신의 재능을 아예 감춰버린다. 그러다가 결국 자신에게 상처를 주고 만다.

이렇게 우리가 방치했던 존재, 즉 우리 자신을 되찾으려면 잠시 탐정처럼 행동해야 한다. 다음 문장을 완성하는 과정에서 기억과 잃어버린 자아의 조각을 되찾고 강렬한 감정을 느낄 수 있다. 자유롭게 연상하고 자신을 표현하면서 각각의 문장을 완성해보라.

> ＊
> 인생을 스스로 책임지면 어떻게 될까? 끔찍한 일이 일어난다. 탓할 사람이 사라지는 것이다.
>
> 에리카 종

1. 어린 시절 좋아했던 장난감은 ＿＿＿＿＿＿였다.
2. 어린 시절 좋아했던 게임은 ＿＿＿＿＿＿였다.
3. 어렸을 때 본 최고의 영화는 ＿＿＿＿＿＿였다.
4. 자주 하지는 않지만 즐기는 활동은 ＿＿＿＿＿＿였다.
5. 기분이 조금 좋아지면, 나는 나 자신에게 ＿＿＿＿＿＿할 것이다.
6. 지금이라도 늦지 않다면, 나는 ＿＿＿＿＿＿를 할 것이다.
7. 가장 좋아하는 악기는 ＿＿＿＿＿＿이다.
8. 매달 여가 생활에 쓰는 비용은 ＿＿＿＿＿＿이다.
9. 내 안의 아티스트에게 인색하지 않다면, 나는 이 아티스트에게 ＿＿＿＿＿＿를 사주겠다.
10. 오직 나를 위해 시간을 내는 것은 ＿＿＿＿＿＿일이다.
11. 내가 꿈을 꾸게 된다면 ＿＿＿＿＿＿할까 봐 걱정된다.
12. 남몰래 즐겨 읽는 것은 ＿＿＿＿＿＿이다.
13. 완벽한 어린 시절을 보냈더라면 지금쯤 ＿＿＿＿＿＿가 됐을 것이다.
14. 정신 나간 소리가 아니라, 나는 ＿＿＿＿＿＿를 쓰거나 만들 것이다.
15. 나의 부모님은 아티스트를 ＿＿＿＿＿＿라고 생각한다.
16. 나의 신은 아티스트를 ＿＿＿＿＿＿라고 생각한다.

17. 창조성 회복 과정에서 _____ 때문에 묘한 기분이 든다.
18. 자신을 신뢰하는 법을 배우는 것은 아마도 _____일 것이다.
19. 나를 가장 신나게 하는 음악은 _____이다.
20. 좋아하는 옷차림은 _____이다.

성장과 치유

> 당신을 통해 행동으로 구체화되는 생명력, 에너지, 활력이 존재한다. 세상에 당신은 단 한 사람뿐이니, 이런 표현은 유일무이한 것이다. 당신이 그것을 막아버린다면, 그것은 다른 어떤 매체를 통해서도 존재하지 못하고 사라질 것이다.
>
> 마사 그레이엄

성장은 두 걸음 나아갔다가 한 걸음 물러서는 것 같은 불규칙한 전진이다. 이 점을 기억하고 자신을 아주 너그럽게 대하라. 창조성 회복은 치유 과정이다. 화요일엔 뭐든 해낼 수 있을 것 같더니 수요일엔 만사가 귀찮을 수 있다. 이 모든 게 다 정상이다. 순식간에 훌쩍 성장할 수도 있지만, 때로는 겨울잠 자듯 멈추기도 한다. 그럴 땐 낙심하지 말고 푹 쉰다고 생각하라.

일이 술술 풀리는 한 주가 지나면 흔히 뭘 해도 답답한 한 주가 찾아오곤 한다. 모닝 페이지가 무의미하게 느껴질 수도 있다. 하지만 그렇지 않다. 피곤하고 지루해 보일 때도 모닝 페이지를 계속 쓰면서 당신은 글 속에서 쉬는 법을 배우고 있는 것이다. 이 점은 매우 중요하다. 마라톤 선수들은 1마일을 빠르게 달리려면 10마일을 천천히 달리라고 조언한다. 창조성도 마찬가지다.

이런 의미에서 '급할수록 돌아가라'는 매우 적절한 대응 방법이다. 이 말은 서두르지 않고 차분하게 진행하면 더 좋은 성과를 얻을 수 있다는 뜻이다. 매일 아침 모닝 페이지를 세 쪽 정도 쓰고 매일 자신을 위해 친절한 일을 한 가지 한다면, 마음이 한결 가벼워질 것이다. 소소하지만 구체적인 방법으로 자신에게 친절을 베푸는 연습을 해보자. 냉장고를 열어보라. 골고루 잘 챙겨 먹고 있는가? 양말은 충분한가? 매트리스 시트는 여유분이 있는가? 화분을 새로 들이는 건 어떤가? 장시간 운전하는 출근길에 쓸 보온병은? 헌 옷은 좀 버려라. 모든 걸 갖고 있을 필요는 없다.

　'하늘은 스스로 노력하는 자를 돕는다'라는 말은 이제 색다른 의미로 받아들여질 것이다. 예전엔 '하늘은 도움받을 자격이 있는 사람만 돕는다'라는 의미로 해석됐지만, 이젠 스스로 조금씩 풍요를 누리는 사람들에게 창조주가 놀랍도록 많은 선물을 베푼다는 의미로 해석될 것이다. 당신이 자신에게 하루에 한 가지씩 친절을 베푼다면 신은 두 가지를 더 베풀 것이다. 그러니 예상치 못한 곳에서 주어지는 지원과 격려를 주의 깊게 살펴보자. 낯선 경로를 통해 공짜 표, 공짜 여행, 저녁 식사 대접, 멋진 중고 소파 같은 선물을 받을 수 있도록 마음을 열어라. 생각지도 못했던 도움에 선뜻 "좋아요"라고 대답할 수 있도록 연습하라.

　과학적 사고를 좋아한다면 평소 입고 싶었던 옷 목록을 정성껏 작성해보자. 놀라울 정도로 빠르게 그 옷들이 당신 옷장에 걸리게 되는 것을 보게 될지도 모른다. 무엇보다도 고독에 도전해보자. 혼자 조용히 시간을 보내겠다고 다짐할 필요는 없다. 당신 자신에게 집중하는 습관을 들여라. 하던 일을 다 내려놓고 자신의 기분이 어떤지 수시로 물어보자. 당신의 답변에 귀를 기울이고 다정하게 반응해라. 아주 힘든 일을 하고 있다면 휴식과 특식을 약속해라. 당신 자신을 아기처럼 소중히 다루라는 뜻이다. 흔히 아티스트가 되려면 강인하고 냉소적이며 지적이고 냉철해야 한다고 생각한다. 그런 성향은 비평가에게나 맡겨라. 창조적 존재로서 당신은 괴롭힘을 당할 때보다 살살 달래줄 때 생산성을 더 발휘할 수 있다.

> ✽
> 두 가지 악 중에 하나를 골라야 할 때 나는 전에 해보지 않은 쪽을 고른다.
> 메이 웨스트

> ✽
> 창조적 작업은 놀이 같다. 자신이 선택한 재료를 활용해 자유롭게 탐구하는 것이다.
> 스티븐 나흐마노비치

과제

1. 어렸을 때 방을 묘사해보자. 그림으로 그려도 좋다. 그 방의 어떤 점이 좋았는가? 지금 지내는 방의 어떤 점이 좋은가? 좋은 점이 하나도 없다고? 그러면 좋아할 만한 것을 구해보라. 어린 시절 좋아했던 것을 가져다 둬도 괜찮다.

2. 어린 시절 당신의 특성 가운데 좋았던 점 다섯 가지를 적어보자.

3. 어린 시절 거둔 성과를 다섯 가지 나열해보자(중학교 1학년 때 전 과목 A를 받았다, 강아지를 훈련시켰다, 친구를 괴롭히는 아이에게 주먹을 날렸다). 어린 시절 좋아하던 음식을 다섯 가지 적어보고, 그중 하나를 이번 주 당신에게 대접하라. 바나나맛 젤리는 어떨까?

4. 습관을 점검해본다. 자신을 돌보는 데 방해되거나 수치심을 유발하는 습관, 자기 파괴적인 습관도 간혹 있을 수 있다. 좋아하지도 않는 TV 프로그램을 무심코 보는 습관이 있는가? 따분한 친구와 어울리며 시간을 죽이는 습관이 있는가?

   누가 봐도 나쁜 습관(술을 너무 많이 마신다, 담배를 피운다, 글은 안 쓰고 자꾸 먹는다)을 세 가지 적어보자. 이 습관을 고치지 않으면 어떤 대가를 치르게 될까?

미묘하게 해로운 습관(운동할 시간이 없다, 기도할 시간이 부족하다, 남들 일에 자꾸 나선다, 자신을 잘 돌보지 않는다, 당신의 꿈을 깎아내리는 사람들과 어울린다)도 세 가지 적어보자. 이런 요소들이 당신에게 어떤 영향을 끼치는가?

5. 당신을 성장시키는 친구 목록을 작성해보자. 여기서 '성장시킨다'라는 말은 당신의 능력과 가능성을 느끼게 해준다는 뜻이지, 그들의 도움 없이는 아무것도 못할 것이라는 생각을 심어주는 친구를 의미하는 게 아니다. 도움을 받는 것과 무력한 사람으로 취급받는 것에는 큰 차이가 있다. 성장에 도움을 주는 친구를 세 명 적는다. 그들의 성향 중 특히 당신에게 도움이 되는 측면은 무엇인가?

6. 당신을 뭐든 해낼 수 있는 똑똑하고 멋진 사람으로 대하는 친구에게 연락하라. 창조성을 회복하려면 도움을 받아야 한다. 특히 새로운 도전에 나설 때는 주변의 지원이 매우 중요하다.

7. 우리 각자에게는 내면의 나침반이 있다. 이는 건강한 삶을 향한 본능으로, 우리가 위험한 상황에 부닥칠 때 경고해주고, 무엇이 안전하고 유익한지 알려준다. 모닝 페이지는 내면의 나침반과 접촉하는 하나의 방식이다. 그림 그리기, 운전, 산책, 청소, 달리기 등 아티스트 뇌의 활동도 마찬가지다. 이번 주에는 한 시간 정도 아티스트 뇌의 활동을 해보고 어떤 통찰이 떠오르는지 귀를 기울이는 식으로 내면의 나침반을 따라가라.

8. 존경하는 사람 다섯 명을 적어보자. 그리고 남몰래 존경하는 사람 다

섯 명을 적어본다. 이들은 어떤 특성이 있으며, 당신은 그런 특성을 어떻게 개발할 수 있겠는가?

9. 이미 돌아가신 분들 가운데 개인적으로 만나고 싶은 사람 다섯 명을 적어보자. 그런 다음, 돌아가신 분들 가운데 영원 속에서 잠시 어울리고 싶은 사람을 다섯 명 적어본다. 이들은 어떤 특성이 있으며, 당신은 그런 특성을 어떻게 개발할 수 있겠는가?

10. 앞의 두 가지 명단을 비교해보라. 당신이 정말로 좋아하고 존경하는 사람을 살펴보고, 또 당신이 마땅히 좋아하고 존경해야 한다고 생각하는 사람을 살펴보라. 마음은 전설의 탈출 마술사인 해리 후디니에게 향하는데, 머리는 토머스 에디슨을 존경한다고 말하고 있지 않은가? 후디니에게 향하는 마음을 잠시 따라가보라.

점검

1. 이번 주에 모닝 페이지를 몇 번 썼는가? 모닝 페이지를 쓰니까 어떤 기분이 들었는가? 하루라도 건너뛴 적이 있다면 그 이유는 무엇인가?
2. 이번 주에 아티스트 데이트를 했는가? 무엇을 했고, 어떤 기분이 들었는가?
3. 이번 주에 동시성을 경험했는가? 어떤 것이었나?
4. 이번 주 창조성 회복 과정에서 중요하다고 생각한 다른 이슈가 있었는가? 그것을 기록해보자.

✳
창조성이란, 아직 존재하지 않는 무언가를 보는 것이다. 그것을 현실로 가져오는 방법을 찾아야 한다. 그 과정에서 우리는 신과 놀이 친구가 될 수 있다.

미셸 쉬어

Week

이번 주에는 변화하는 자기 인식과 씨름하게 될 것이다. 앞으로 읽을 내용과 과제, 연습 문제는 자신을 생산적으로 돌아보고 새로운 자기 인식을 갖추도록 도울 것이다. 특히 '독서 금지'라는 도구는 건너뛰지 말고 꼭 실천하기 바란다.

〔진실성 회복하기〕

The Artist's Way

정직한 변화

모닝 페이지를 쓰다 보면, 남들에게 보여주지 않는 진짜 감정과 겉으로 드러내는 대외적 감정의 차이를 깨닫게 된다. 대외적 감정은 흔히 "괜찮아"라는 표현으로 나타난다. 실직을 당해도 괜찮고, 여자친구가 다른 남자를 만나도 괜찮고, 아버지가 돌아가셨어도 괜찮다. 그런데 '괜찮다'라는 말의 진짜 의미는 뭘까?

  모닝 페이지는 우리에게 구체적으로 쓰라고 요구한다. '괜찮다'라는 말은 과연 체념, 수용, 편안함, 초연함, 무감각, 거리 두기, 관용, 기쁨, 만족감 중 무엇에 속하는 말일까? 도대체 무슨 의도로 하는 말일까?

  다들 '괜찮다'라는 말을 아주 포괄적으로 사용한다. 온갖 종류의 복잡한 감정을 이 한마디로 표현한다. 심지어 상실감을 느낄 때도 사용한다. 공식적으로는 괜찮지만, 실제로도 괜찮은 것일까? 창조성을 회복하려면, 속내와 달리 '괜찮다'라고 말하는 습관을 버려야 한다. 모닝 페이지는 우리에게 그 다른 속내가 무엇인지 대답하라고 압박한다.

　사람들이 모닝 페이지와 씨름하는 모습을 수년간 지켜본 결과, 불편한 진실이 드러나려고 할 때마다 상당수의 사람들이 모닝 페이지를 소홀히 하거나 아예 중단하려고 한다는 사실을 알게 되었다. 우리는 가령 어떤 일에 몹시 화가 났지만 이를 인정하지 않을 때, "괜찮아"라고 말하고 싶은 유혹을 느낀다. 모닝 페이지는 이러한 회피를 허용하지 않는다. 그래서 우리는 아예 모닝 페이지를 접어버리는 것이다.

　연인이 뭔가 속이고 있다는 찜찜한 기분에 시달릴 때 모닝 페이지는 이 불쾌한 가능성을 드러내고 그 감정과 마주하게 한다. 이런 상황에서 우리는 이 혼란스러운 상황에 직면하기보다는 모닝 페이지를 그만 쓰는 것을 선택한다. 반대로, 갑자기 누군가를 뜨겁게 사랑하게 되더라도 모닝 페이지가 위협적으로 보일 수 있다. 우리는 행복의 거품이 꺼지길 원치 않는다. '우리'라는 행복한 바다에 계속 빠져 있고 싶을 뿐, 사랑에 눈이 멀어 있는 '나'의 존재를 직시하고 싶지 않기 때문이다. 간단히 말해, 우리는 모닝 페이지가 잘 처리하는 온갖 극단적인 감정을 느낄 때마다 아예 모닝 페이지를 회피하고 싶어지는 것이다.

　달리기가 익숙한 육상 선수가 제대로 달릴 수 없을 때 짜증이 나듯, 모닝 페이지에 익숙해진 사람은 그것을 손에서 놓으면 신경이 날카로워진다. 그런데 우리는 걸핏하면 원인과 결과를 뒤집으려고 한다. "모닝 페이지를 안 쓰니까 신경이 날카로워졌어"라고 말하지 않고 "신경이 너무 날카로워서 모닝 페이지를 못 쓰겠어"라고 말한다.

※
모든 그림엔 고유한 전개 방식이 있다. 그림이 완성되면 주제는 저절로 드러난다.

윌리엄 바지오테스

> 당신의 인생에서 불필요한 것을 제거하라. 습관을 버려라. 당신을 불안하게 하는 일을 하라.
>
> 피에로 페루치

오랜 시간 지속할수록 모닝 페이지는 정신을 자극해 우리의 가치를 조정해준다. 우리가 진실의 어느 한쪽 측면에 치우쳐 있으면 코스를 조정할 필요가 있다고 알려주는 식이다. 모닝 페이지를 손에서 놓지 않는다면, 우리는 코스에서 이탈했다는 사실을 깨닫고 방향을 바로잡을 수 있다. "너 자신에게 진실하라!" 모닝 페이지는 끊임없이 이렇게 말하면서 우리의 본성을 일깨워준다.

화가인 미키가 희극을 쓰고 싶다는 사실을 처음으로 깨닫게 된 것도 모닝 페이지 덕분이었다. 그러고 보니 그녀가 끌려 했던 친구들은 모두 작가였다. 그녀 역시 작가가 될 운명이었던 것이다!

안톤 체호프는 "예술을 하고 싶다면 충실히 살아라"라고 충고했다. 이 말은 자아를 표현하기 위해선 먼저 표현할 자아가 있어야 한다는 뜻이다. 모닝 페이지가 하는 일이 바로 그거다. "나는 이런 식으로 느끼고 …… 그런 식으로 생각하고 …… 저런 식으로 바라본다. 아무도 동의하지 않아도 된다. 다만 나는 이렇게 느낀다."

자아를 확인하는 과정에는 얻는 것도 있지만 부득이하게 잃는 것도 있다. 자신을 이해하게 되면서 우리는 경계를 발견하고, 이 경계는 본질적으로 우리를 타인과 구분 짓는다. 인식을 명확히 하면 오해가 없어지고, 모호함을 없애면 환상이 떨어져 나간다. 그러면서 우리는 명료함에 이르는데, 명료함은 곧 변화를 가져온다.

"이 일로는 더 이상 배울 게 없어." 모닝 페이지에 이런 말이 쓰일 수도 있다. 이러한 인식 때문에 처음엔 골치가 아플 수도 있지만, 시간이 지나면서 이 말은 행동을 촉구하고 결국엔 실천 계획을 이끌어낼 것이다.

가령 모닝 페이지에 "이 결혼은 나한테 맞지 않아"라고 토로했다고 치자. 그러면 곧 "부부 상담을 받아봐야 하나?"라고 혼잣말을 하거나, '내가 요즘 너무 무료하게 지냈던 건 아닐까?' 하고 자신을 돌아보게 된다.

모닝 페이지는 이런 문제를 제기하는 것뿐만 아니라 해결책도 제시한다. "요즘 사는 게 너무 지겨운데, 프랑스어를 배우면 재미있을 것 같아." "동네에 점토와 섬유를 이용한 공작 교실이 새로 생겼던데 한번 가볼까?"

모닝 페이지를 통해 어떤 친구가 우리를 지루하게 하고 어떤 상황이 우리를 숨 막히게 하는지 알아차리게 되면, 간혹 슬픔이 파도처럼 밀려오기도 한다. 그럴 땐 차라리 착각에 빠져 살고 싶어진다! 우정이 건재한 척하고 싶어진다. 다른 일자리를 찾는 수고를 어떻게든 피하고 싶어진다. 임박한 변화를 앞두고 스스로 시작한 변화인데도 우리는 반항하고 싶어 하고, 움츠러들고, 눈물을 흘릴 정도로 괴로워한다. 물론 '고통 없이는 이득도 없다'라는 고약한 말도 있지만, 우리는 이 고통이 어떤 이익을 안겨주든 일단 분개하고 본다.

"난 의식을 일깨우고 싶지 않아." 우리는 이렇게 울부짖는다. 하지만 모닝 페이지 덕분에 우리가 원하는 것이 무엇인지 알게 되고, 그것을 얻는 데 필요한 의지를 점차 갖게 된다. 물론 그 과정에서 불쑥 화가 솟고, 때로는 '크리야kriya'를 경험한다. '크리야'는 산스크리트어로 정신적 위급 상황이나 영적 항복을 뜻하는 말이다(사실 나는 크리야를 정신적 발작이라고 생각한다. 어쩌면 이 단어는 변화를 겪으면서 몸부림치는 영혼의 '외침cry'이라는 뜻에서 '크리아cria'라고 써야 할지도 모른다).

> *
> 생각하고 말하는 것을 멈추면 알지 못할 것이 없다.
>
> 불교의 선(禪) 철학

우리는 크리야가 어떤 모습인지 안다. 그것은 연인과 헤어진 직후 찾아오는 심한 독감 같은 것이다. 불가능한 마감일을 맞추느라 건강을 혹사한 뒤 찾아오는 지독한 감기와 기침 같은 것이다. 알코올 의존증인 형제를 돌보느라 갑자기 천식 발작이 도졌다면? 물론 그것도 크리야다. 크리야는 흔히 심리적 원인에서 비롯되는데, 상처받은 우리에게 정신이 던지는 마지막 일침이라 할 수 있다.

이제 알겠니? 그러니 이젠 제발 알아차려!
폭력적인 연인과는 함께할 수 없다는 사실을.
주 80시간 일하라는 직장에 다닐 수 없다는 사실을.
스스로 노력하지 않는 동생을 한없이 도와줄 수 없다는 사실을.

12주 과정을 통합적으로 본다면, 크리야란 '항복'을 뜻하기도 한다. 사람들은 그냥 다 내려놓으라는 조언을 듣지만, 정작 자신이 무엇을 붙들고 있는지 잘 알지 못한다. 그런데 모닝 페이지를 쓰고 아티스트 데이트를 실천하다 보면, 당신이 보내거나 받는 메시지를 어느 정도 포착할 수 있다. 모닝 페이지는 마음속에 자주 떠오르는 생각을 붙잡아서 정리해준다. 우리가 무시하고 싶어 하는 자잘한 상처들, 미처 인정하지 못했던 큰 성취들을 알려준다. 간단히 말해서, 모닝 페이지는 현실을 보여주는 지침 역할을 한다. "이게 네 감정이야. 이 감정을 어떻게 처리할래?" 그에 대한 답은 예술인 경우가 많다.

사람들은 흔히 창조적인 삶이 환상에 기반을 두고 있다고 생각한다. 하지만 창조성은 사실 현실에 기반을 두고 있다. 특히 구체적인 것,

초점이 분명한 것, 잘 관찰되었거나 세밀하게 상상된 것에 뿌리내리고 있다. 우리의 자아, 가치관, 삶의 상황에 관한 모호함이 걷히면 우리는 지금 이 순간에 더 열려 있게 된다. 바로 그 순간, 비로소 창조적 자아와 접촉이 이루어진다. 고독의 자유를 경험하기 전까지는 진정으로 연결될 수 없다. 서로 얽혀 있을 수는 있어도 진정으로 만나지는 못한다.

    예술은 만남의 순간에 싹트기 시작한다. 우리는 진실을 접하면서 우리 자신을 마주하게 된다. 우리 자신을 마주하면서 자기표현을 하게 된다. 무엇을 하든 작업이 진행되는 출발점은 지극히 독창적이다. 창조적 정체성을 얻거나 되찾는 동안 여태 유지해왔던 거짓 자아는 점점 사라진다. 그런데 거짓 자아의 상실은 때로 트라우마로 느껴지기도 한다. 이런 상황에서 우리는 이렇게 외친다. "더 이상 내가 누구인지 모르겠어. 너무 낯설어서 알아볼 수 없어." 자신이 낯설기만 한 미지의 땅으로 느껴진다면 회복이 잘되고 있다는 확신을 가져야 좋다. 당신은 당신만의 약속의 땅, 새로운 개척지에 도착한 것이다.

    정체성의 변화와 함께 취향과 인식도 달라진다. 건전한 변화가 진행되고 있다는 확실한 신호 중 하나로 사람들은 낡은 옷과 서류, 소지품을 정리해서 버리고 싶은 충동을 느낀다. "이건 더 이상 필요하지 않아" 하며 낡아빠진 셔츠를 의류 수거함에 던져버린다. "페인트칠을 수십 번 해서 세월의 두께가 앉은 이 고장 난 화장대도 지겨워"라면서 굿윌스토어에 기부한다. 이렇듯 낡고 쓸모없는 물건을 내버리면 새롭고 적합한 물건을 위한 자리가 생긴다. 낡고 지저분한 옷으로 가득 찬 옷장은 새 옷을 맞이할 틈이 없다. 언젠가 사용하겠지, 라면서 간직한 잡동사니와 쓸데없는 물건으로 넘쳐나는 집에는 당신의 오늘을 풍요

＊
우리가 행하는 예술은 모두 견습에 불과하다. 우리 인생이야말로 가장 위대한 예술이다.

M. C. 리처즈

＊
일이 어려워서 못 하는 게 아니라 어렵다고 생각해서 감히 도전하지 못하는 것이다.

세네카

> *
> 불후의 명작을 완성하려면 인간의 한계를 넘어서야 한다. 논리와 상식은 방해가 될 뿐이다. 이러한 장애물이 사라지고 나면 어린 시절 상상과 꿈의 영역으로 들어갈 것이다.
>
> 조르조 데 키리코

롭게 해줄 물건이 들어설 공간이 없다.

찾아서 버리려는 충동에 사로잡히면, 두 가지 상반된 감정이 일어난다. 과거의 나는 슬퍼하면서 떠나고, 새로운 나는 기쁨에 들떠서 점점 강해지는 것이다. 파열이 생길 때는 언제나 긴장감과 안도감이 공존한다. 오랫동안 자리 잡고 있던 우울감이 마치 빙산이 갈라지듯 떨어져 나간다. 얼어 있던 감정이 녹아 폭포수처럼 쏟아지고, 때로는 당신이라는 그릇을 넘어서 범람할 수 있다. 이때 당신은 예측할 수 없는 불안정한 기분에 휩싸일 수 있다. 실제로 그렇다. 걷잡을 수 없이 눈물이 치솟거나 갑자기 웃음이 터질 수도 있다. 느닷없는 상실감에 현기증이 날 수도 있다. 자신이 사고 현장에서 가까스로 걸어 나온 피해자라고 느껴질지도 모른다. 과거의 삶은 불타버렸고, 새로운 삶은 아직 뚜렷하게 나타나지 않았다. 잠시 방향을 잃은 것처럼 느껴지겠지만, 그래도 계속 나아가라.

이런 설명이 극적으로 들릴 수도 있지만, 이 모든 것은 당신이 겪을지도 모를 감정 폭발에 대비하기 위한 것이다. 물론 극적인 감정이 생기지 않을 수도 있다. 당신의 변화는 잔뜩 흐렸다가 점차 걷히는 구름의 움직임과 비슷할지도 모른다. 당신의 성장이 어떤 형태를 취하든, 당신이 알아채지 못하든 매일 조금씩 축적되는 더 느리고 미묘한 또 다른 변화가 있음을 알아야 한다.

"나한테는 극적인 일이 전혀 일어나지 않아요. 나는 아무래도 이 과정이 맞지 않나 봅니다." 내가 보기엔 빛의 속도로 변하고 있는데도 이렇게 이야기하는 사람이 의외로 많다. 그럴 때마다 나는 모닝 페이지와 아티스트 데이트를 시작하면 우리가 너무 빠른 속도로 변하기 때문에 그 속도를 미처 깨닫지 못하는 것이라고 설명한다. 제트기를 타고 가는 여행자가 난기류를 만나기 전까지는 비행기 속도를 좀처럼 인식하지 못하는 것처럼, 아티스트의 길에 들어선 여행자도 좀처럼 성장 속도를 인식하지 못한다. 이는 일종의 부정으로, 우리에게 회복 과정이 일어나지 않는다고 느끼게 해서 그 과정을 무산시키려는 속셈이다. 하지만 실제로는 많은 변화가 일어나고 있다.

치유하기 위해 내면의 창조주와 관계를 맺으면 우리 태도에 많은 변화와 전환이 일어나기 시작한다. 그러한 변화가 처음엔 치유처럼 보이지 않을 수도 있어서 여기에 몇 가지 사례를 소개한다. 실제로 그런 일들 중 일부는 미친 것처럼 보이거나 심지어 파괴적으로 보일 수도 있다. 잘해야 괴짜 같다는 생각이 들 것이다.

일단 에너지 패턴에 변화가 일어난다. 밤이든 낮이든 당신의 꿈은 더 강해지고 또렷해질 것이다. 당신은 밤에 꾼 꿈을 예전보다 또렷이 기억하고, 낮에 하는 몽상에 주의를 기울이게 될 것이다. 때로는 생각지도 못했던 기분 좋은 환상에 빠질 것이다.

전에는 마음에 들었던 것들이 눈에 거슬릴 수도 있다. 저런 옷을 어떻게 입고 다녔지 싶은 마음에 옷장의 절반을 비우고 싶어진다. 소파의 천을 갈거나 아예 내다 버리겠다고 결정할 수도 있다. 음악적 성향이 바뀌기도 한다. 즉흥적으로 노래를 흥얼거리거나 춤을 추거나 미친 듯이 달릴지도 모른다.

불편해질 정도로 솔직한 자신을 발견하기도 한다. "난 그게 마음에 안 들어"라거나 "이렇게 하면 정말 좋겠는데" 같은 말이 시도 때도 없이 튀어나온다. 요컨대, 자신의 취향과 판단, 정체성이 고스란히 드

*
내가 찾지 못하는 중심을
내 잠재의식은 알고 있다.

W. H. 오든

러나기 시작한다.

당신이 하는 일은 거울을 닦는 것과 같다. 아침마다 쓰는 모닝 페이지는 당신과 당신의 진정한 자아 사이에 끼어 있던 물때를 벗겨준다. 당신은 점점 더 선명해지는 이미지에 깜짝 놀랄 것이다. 미처 인식하지 못했던 호불호를 분명히 깨닫게 되기도 한다. "나는 선인장을 좋아하는데, 왜 여태 담쟁이덩굴 화분만 키웠을까?" "갈색을 싫어하면서 난 왜 매번 갈색 스웨터를 입었을까?" 남들이 우리를 정의하는 대로 받아들이도록 길들여지다 보니 새롭게 부각되는 개성이 자칫 자아의 폭주처럼 보일 수 있다. 하지만 그렇지 않다.

우리의 영혼은 눈 결정체처럼 저마다 독특하며 창조적 개성이 넘친다. 그런데 당분, 알코올, 마약, 과로, 자기비하, 나쁜 인간관계, 문란한 성생활, 운동 부족, 지나친 TV 시청, 수면 부족, 다양한 정크푸드 섭취 등으로 찬란한 개성이 흐려진다. 모닝 페이지는 우리의 의식을 흐려놓는 이러한 얼룩을 또렷이 볼 수 있도록 돕는다.

모닝 페이지를 써온 그간의 시간을 돌아보면, 당신의 창조주가 행동할 공간이 생기면서 많은 변화가 찾아올 것이다. 갈수록 거세지는 개인적 에너지에 때로는 당황스럽기도 하고, 폭발하는 분노에 휩쓸리기도 하고, 날카로운 통찰의 순간을 경험하기도 할 것이다. 사람들과 사물들 또한 평소와 다른 의미를 띨 수도 있다. 신의 의도에 따라 움직이면서 삶의 자연스러운 변화와 리듬을 느끼고 앞날을 새롭게 바라볼 것이다. 이점은 이미 명확하다.

당혹감과 확고한 신념을 동시에 느낄 수도 있다. 당신은 더 이상 갇혀 있지 않지만, 어디로 가고 있는지도 모른다. 이대로 계속하긴 어

*
인도받기 위해 당신이 할 일은 요청한 다음 귀를 기울이는 것이다.

사나야 로만

렵겠다고 느낄지도 모른다. 가능성이 아예 없던 시절로, 희생만 한다고 느끼던 시절로 돌아가고 싶을 수 있다. 삶을 개선하기 위해 할 수 있는 자잘한 일이 얼마나 많은지 모르던 시절로 돌아가고 싶을 수도 있다.

너무 빨리 내달리다 보면 잠시 쉬고 싶은 게 당연하다. 항해 중인 보트에 드러눕듯, 우리는 움직이는 와중에도 쉬는 법을 익혀야 한다. 모닝 페이지는 당신의 보트다. 당신을 앞으로 이끌어줄 뿐만 아니라 도중에 잠시 쉬어갈 곳도 제공한다.

자신의 내면을 살피면서 모닝 페이지를 쓰는 이 과정은 창조주가 우리를 도와주고 인도하도록 내면의 문을 열어준다. 그 사실을 깨닫는 것은 쉽지 않지만, 우리의 의지로 내면의 문을 활짝 열 수 있다. 모닝 페이지는 바로 신과 대화하려는 우리의 의지를 상징한다. 모닝 페이지는 신에게서 나오고 또 우리를 신에게로 인도하는 여러 변화를 이끈다. 모닝 페이지를 쓰는 동안 우리의 손을 통해 신의 손이 움직인다. 그 힘은 매우 강력하다.

이 시점에서 모닝 페이지를 자신의 발전에 대한 서약서로 활용해보는 것도 좋다. 거래할 때 흔히 "문서로 써둡시다"라고 말하지 않는가. 창조주와의 거래를 글로 써두면 특별한 힘이 생긴다. "나는 당신의 호의를 기꺼이 받아들이겠습니다"라거나 "당신 뜻대로 이루어질 겁니다" 같은 짧은 다짐을 아침마다 쓰면, 하루 동안 더 많은 좋은 일에 마음을 열게 될 것이다. "나는 내 인식을 굳게 신뢰한다. 나는 점점 더 강해지고 똑똑해지고 있다"라는 말은 정체성의 변화를 겪을 때 사용할 수 있는 또 다른 강력한 긍정 선언이다.

필요에 따라 적절한 긍정 선언을 선택하라. 꼭꼭 묻어둔 꿈을 찾아 나설 때는 탐색해도 된다는 확신이 필요하다. 그럴 때는 이렇게 말해보라. "나는 내 정체성을 회복하고 즐길 것이다."

묻어두었던 꿈 찾기

창조성을 회복하는 과정에서 우리는 묻어두었던 꿈과 기쁨의 조각들을 찾아내기 위해 과거를 들춰봐야 한다. 가벼운 마음으로 파헤치되, 너무 깊이 고민하지는 말자. 이것은 즉흥적인 연습 문제다. 검열관이 개입할 틈을 주지 말고 빠르게 써 내려가라.

1. 재미있을 것 같은 취미를 다섯 가지 나열해본다.
2. 재미있을 것 같은 강좌를 다섯 가지 나열해본다.
3. 재미있을 것 같지만 개인적으로 절대 하지 않을 활동을 다섯 가지 적어본다.
4. 익히면 재미있을 것 같은 기술을 다섯 가지 나열해본다.
5. 예전에 즐겨 하던 활동을 다섯 가지 나열해본다.
6. 한번 해보고 싶은 유치한 활동을 다섯 가지 나열해본다.

이쯤 되었으면 이미 깨달았겠지만, 우리는 특정한 문제에 다양한 각도로 접근할 것이다. 위의 목록은 당신이 의식적으로 즐길 만한 것에 대한 정보를 당신의 무의식에서 더 많이 끌어내려는 것이다. 이

*
우리는 늘 뭔가를 행하고 말하고 읽고 듣고 다음에 뭘 할지 계획한다. 중요하지도 않은 자잘한 일을 하느라 마음이 온종일 분주하다.

브렌다 율런드

어지는 활동은 당신에 대해 더 많이 알게 해줄 뿐만 아니라 여기에 쓴 관심사를 추구할 자유 시간도 제공할 것이다.

독서 금지: 예술의 샘 정화하기

인생이나 예술에서 막힌 기분이 든다면, 독서 금지 주간을 두는 것보다 효과적인 방법은 없을 것이다. 일주일 동안 아무것도 읽지 마라. 대다수 예술가에게 언어는 가벼운 진정제나 마찬가지다. 우리는 미디어에서 매일같이 쏟아내는 수다를 기름진 음식처럼 마구 소비한다. 이런 정보가 쌓이다 보면 우리 시스템이 막혀버린다. 과하면 결국 탈이 나는 법이다.

    역설적으로 들리겠지만, 주의를 흐트러뜨리는 이런 오락물을 없애야 예술의 샘을 다시 채울 수 있다. 오락물이 없다면 우리는 다시 감각의 세계로 몰입하게 된다. 당신의 시야를 막고 있는 신문을 치우면 기차는 시시각각 변하는 관람 갤러리로 바뀐다. 푹 빠져 있던 소설을 내려놓고 정신을 빼놓는 TV를 없애면 저녁 시간이 광활한 사바나로 바뀐다. 가구를 재배치하며 우리가 당연하게 여겨온 생각들까지 재배치할 수 있다.

    독서를 금지하는 시도는 우리를 내면의 침묵 속으로 데려간다. 그 침묵의 공간을 우리 중 일부는 금세 시끄러운 수다와 TV 프로그램, 끊임없이 재잘거리는 라디오 등 새로운 언어로 채우기 시작한다. 그러한 잡음 속에선 아티스트의 영감이 담긴 내면의 목소리를 들을 수 없

*
어둡고 힘든 시기에 비로소
보이기 시작한다.

시어도어 로스케

다. 독서 금지를 실천할 때는 이러한 오염원을 유심히 지켜봐야 한다. 그것들이 예술의 샘을 얼마나 더럽히는지 깨닫게 될 것이다.

어떤 오염원이 우리의 내면에 유입되는지 지켜보면서 이를 최소화한다면, 우리는 깜짝 놀랄 만한 속도로 독서 금지에 대한 보상을 받게 될 것이다. 그 보상은 우리 내부에서 새로운 흐름을 불러온다. 우리의 예술과 생각과 감정이 장애물을 조금씩 밀어내다 결국 밖으로 몰아내고 나면 우리의 샘은 다시 원활하게 흐를 것이다.

독서 금지는 매우 강력한 도구이자 무서운 도구다. 생각하는 것만으로 화가 치밀 수 있다. 창조성이 막힌 사람들은 대부분 독서에 중독되어 있다. 자신의 감정과 생각을 소화하고 자신의 재료로 요리하기보다는 남들이 쏟아낸 말을 게걸스럽게 소비한다.

경험상, 독서 금지를 주제로 한 수업이 가장 힘들었다. 이런 주제로 수업을 할 때 나는 적군을 마주하는 것처럼 단단히 각오를 하고 강단에 올라선다. 일주일 동안 아무것도 읽지 말라는 말을 하는 순간, 적개심과 빈정거림이 쏟아져 나오기 때문이다. 적어도 한 명 이상의 수강생은 자신이 매우 중요한 사람이며, 독서를 포함한 여러 책임과 의무를 내려놓을 수 없다고 노골적으로 반박한다. 그들은 내가 어른들의 복잡한 삶을 이해하지 못하는 어리석은 아이이자 괴짜 예술가일 뿐이라는 식의 경멸을 담아 말한다. 나는 그런 비난을 가만히 듣기만 한다.

나머지 수강생들도 학교 수업과 일 때문에 읽어야 할 것들이 있다며 분노를 표출한다. 그러면 나 역시 할 일이 있고 대학도 다녔지만 일주일 정도 독서를 미루고도 별문제 없이 지내왔다고 말한다. 우리는 창조성이 막혀 있더라도 빠져나갈 구멍을 찾는 데는 창조적일 수 있다. 나는 사람들에게 '읽지 않고도 할 수 있는 일'에 그러한 창조성을 발휘해보라고 제안한다. 그러면 대뜸 이런 질문이 나온다. "하지만 그런 일이 대체 뭐가 있다는 겁니까?"

그래서 그런 일을 몇 가지 소개하겠다.

음악 감상	집수리	주방 정리
커튼 만들기	뜨개질	운동
개 목욕시키기	요리	명상
옷장 정리	자전거 수리	친구들과 저녁 식사
각종 청구서 납부하기	수채화 그리기	라디오 고치기
친구들에게 편지 쓰기	전등 달기	책장 정리
분갈이	침실 페인트칠하기	춤추기

독서 금지에 거세게 반발하던 사람들이 막상 가장 큰 만족을 얻었다는 점을 꼭 말해주고 싶다. 최악의 결과라고 해봐야 할 일이 없어서 놀게 된다는 것 정도다. 향에 불을 붙이거나, 오래된 재즈 음반을 듣거나, 선반을 청록색 페인트로 칠하거나 하면서 말이다. 그런데 그런 일을 하다 보면 어느새 기분이 좋아질 뿐만 아니라 흥분되기도 할 것이다.

절대로 단 한 글자도 읽지 마라. 달리 할 일이 떠오르지 않으면 춤이라도 춰라. 물론 이번 주차의 과제는 읽어도 된다.

*
영혼은 뭔가를 경험하고 싶을 때 그 경험의 이미지를 자기 앞에 던져놓고 자신의 이미지 속으로 들어간다.

마이스터 에크하르트

> 과제

1. 당신이 이상적으로 꿈꾸는 환경은 어떤 것인가? 도시인가, 시골인가? 화려한 곳인가, 아늑한 곳인가? 한 줄로 간단히 적어보고, 그런 이미지가 담긴 그림을 그리거나 사진을 오린다. 가장 좋아하는 계절은 언제이고 그 이유는 무엇인가? 잡지에서 그와 같은 이미지를 찾아보거나 그림으로 그려보자. 그것을 당신이 일하는 곳에 붙여둬라.

2. 미래로 시간 여행을 떠난다. 80세가 된 자신의 모습을 떠올려보라. 50세 이후 즐겁게 한 일은 무엇인가? 구체적으로 써라. 이제, 80세가 된 당신이 현재의 당신에게 보내는 편지를 써보자. 젊은 당신에게 무슨 말을 해주고 싶은가? 어떤 관심사를 추구하라고 조언하고 싶은가? 어떤 꿈을 장려하고 싶은가?

3. 과거로 돌아가 8세 때 당신의 모습을 떠올려보자. 무엇을 즐겨 했는가? 가장 좋아하던 것은 무엇인가? 8세인 당신이 현재의 당신에게 보내는 편지를 써보자. 무슨 말을 해주고 싶은가?

4. 집 안 환경을 둘러보자. 당신만을 위한 비밀 장소로 꾸밀 공간이 있는가? TV를 한쪽으로 치워보자. 다른 방에 가벽을 세우거나 커튼을 달아서 공간을 분리해도 된다. 이곳은 당신이 꿈꾸던 공간이 될 것이다. 사무 공간이 아니니 재미있게 꾸며도 괜찮다. 가구로는 의자나 쿠션, 그리고 글을 쓰고 꽃과 양초를 올려둘 수 있는 작은 탁자 정도만 있어도 충분하다. 이는 창조성이 에고^{ego}의 문제가 아니라 영적 문제라는 사실에 초점을 맞추기 위함이다.

5. 2주 차에 그린 인생 파이를 활용해서 자신이 얼마나 성장했는지 점

검해보자. 엉성한 거미집 모양이 바뀌었는가? 전보다 더 활동적이고 유연하며, 표현력도 더 풍부해졌는가? 너무 일찍, 너무 많이 기대하지 않도록 주의하라. 도약대를 한 번에 높일 수는 없다. 건강하게 성장하려면 시간이 필요하다. 당신은 매일 건강한 아티스트로 성장하기 위한 습관을 들이고 있는 것이다. 천천히, 그러나 꾸준히 실천하라. 내면의 아티스트가 계속 성장하는 데 도움이 될 선물을 적어보라. 오디오북, 잡지 구독, 영화표, 볼링공 등 무엇이든 괜찮다.

6. 당신만의 아티스트의 기도문을 써보자(351~352쪽 참고). 그 기도문을 일주일 동안 매일 낭송한다.

7. 아티스트 데이트를 확장하라. 당신만을 위한 작은 휴가를 계획하라. 주말 하루를 온전히 당신을 위해 써보는 것은 어떤가.

8. 옷장을 열고 당신의 자존감을 떨어뜨리는 옷을 내버리거나 나눠주거나 기부하라. 어떤 옷인지 척 보면 알 것이다. 그렇게 새 옷을 위한 공간을 확보하라.

9. 당신의 삶에서 바꿔야 한다고 늘 생각했지만 여태 바꾸지 못한 상황을 한 가지 선택하라. 그 상황을 유지하는 데 따른 대가는 무엇인가?

10. 독서를 금지하라는 원칙을 어겼다면 어쩌다 그렇게 되었는지 자세히 써라. 짜증 나서? 실수로? TV를 몰아 보기 때문에? 그 뒤에 기분이 어땠는가? 그런 기분을 느낀 이유는 무엇인가?

> 점검

1. 이번 주에 모닝 페이지를 몇 번 썼는가? 이젠 모닝 페이지를 건너뛰면 짜증이 날 것이다. 모닝 페이지를 쓰는 동안 어떤 기분이 들었는가?

2. 이번 주에 아티스트 데이트를 했는가? 무엇을 했고, 어떤 기분이 들었는가?

3. 이번 주에 동시성을 경험했는가? 어떤 것이었나?

4. 이번 주 창조성 회복 과정에서 중요하다고 생각한 다른 이슈가 있었는가? 그것을 기록해보자.

---

*

나는 진정한 창조자가 내면의 자아, 즉 샤크티라는 것을 깨달았다. 무언가 하고자 하는 그 욕망은 신이 우리를 통해 말씀하시는 것이다.

미셸 셰이

Week

이번 주에는 갇혀 있는 상태로 머물 때 치르게 될 대가를 살펴본다. 당신이 받을 수 있는 신의 호의에 한계를 둠으로써 가능성을 얼마나 제한해왔는지, 진정한 자기 모습을 감추고 착한 사람으로만 살아갈 때 어떤 대가를 치르는지 알게 될 것이다. 아울러 성장을 가로막는 이유를 남 탓으로 돌리지 않고 더 급진적인 변화를 모색하게 될 것이다.

〔가능성 회복하기〕

성장의 걸림돌, 한계 설정

신의 관대한 선물을 받아들이는 데 주요한 걸림돌 중 하나는, 우리 스스로 이룰 수 있는 성과에 한계를 설정한다는 것이다. 우리는 내면의 창조주에게 귀를 기울여 메시지를 듣긴 하지만, 그 메시지를 터무니없거나 불가능하다고 치부해버린다. 한편으로는 자신을 지나치게 진지하게 여겨서, 거창한 계획을 쫓는 바보처럼 보이고 싶지 않은 탓이다. 다른 한편으로는 자기 자신도, 신도 제대로 진지하게 받아들이지 않아서, 신의 도움으로 충분히 이룰 수 있는 일조차 허황된 계획으로 규정하는 탓이다.

    신이 우리의 원천임을 기억하면 우리에게는 무한으로 꺼내 쓸 수 있는 영적 계좌가 생긴다. 사람들은 흔히 창조주에게 얼마나 강력한 힘이 있는지 생각하지 않는다. 그러면서 우리에게 주어진 힘 중 극히 일부만 끌어다 쓴다. 우리는 신이 우리에게 얼마나 강력한 힘을 미칠지 스스로 결정해버린다. 신이 우리에게 주거나 도울 수 있는 선에 미리 한계를 설정하는 것이다. 우리는 자신에게 인색하다. 그래서 자신의 상상을 뛰어넘는 선물을 받으면 그냥 돌려보내곤 한다.

어떤 사람들에겐 이런 이야기가 주문을 외우면서 마법 지팡이를 휘두르는 것처럼 들릴 수도 있다. "기도하라, 그러면 짠! 하고 이루어지리라." 가끔은 정말로 그렇게 느껴질 때도 있다. 하지만 그보다는 의식적인 협력 관계를 구축하는 과정에 대해 말하는 것이다. 우리는 이 관계 속에서 천천히 점진적으로 나아가면서 부정적 패턴의 잔해를 치우고, 우리가 진정으로 원하는 것에 대한 비전을 명확히 하며, 그 비전의 일부 조각들을 어떤 경로로든 받아들이는 법을 배우게 된다. 그러다 보면 마법 지팡이가 효력을 발휘하듯, 어느 순간 불현듯 비전이 "얍" 하고 실현된 것처럼 느껴지는 때가 온다. 달리 말하자면, 버스를 놓치지 않게 해달라고 기도한 뒤 최대한 빨리 달려가는 것과 같달까.

실제로 그렇게 되려면 일단은 우리가 버스를 탈 수 있다고 믿어야 한다. 신은 무한한 공급의 원천이며, 누구나 그 힘에 접근할 수 있다. 이 사실을 인식하게 되면 그간 무언가를 갖거나 대가 없이 받았던 일에 대해 느꼈던 죄책감이 사라지기 시작한다. 누구나 그 보편적인 에너지원을 이용할 수 있으니, 우리의 풍요로움으로 누군가를 곤궁하게 하지 않는다. 신의 호의를 받아들이는 것을 신에 대한 경외심의 표현, 즉 우리 삶에서 선을 구현하려는 신의 계획에 협조한다고 생각한다면 자기 파괴적인 습관을 내려놓을 수 있다.

*
모든 욕구가 이뤄지길 기대하라. 모든 문제가 답이 생기길 기대하라. 모든 단계에서 풍요로워지길 기대하라. 정신적으로 성장하길 기대하라.

아일린 캐디

> *
> 갈구하라. 그러면 찾을 것이다.
> 찾지 않으면 발견할 수 없다.
>
> 소포클레스

우리가 자신에게 인색한 이유를 한 가지 들어본다면 바로 결핍적 사고를 갖고 있기 때문이다. 우리는 자신의 운을 다 써버리는 것을 원하지 않는다. 영적 풍요를 낭비하고 싶어 하지도 않는다. 다시 말해 신을 변덕스러운 부모로 의인화하며 그 공급의 흐름을 제한하고 있는 것이다. 신이 우리의 원천임을, 즉 스스로 확장하길 좋아하는 에너지 흐름이라는 사실을 기억한다면, 우리는 창조적 힘을 더 효과적으로 이끌어낼 수 있게 된다.

신은 돈이 많다. 영화, 소설, 시, 노래, 그림, 연기 등에 대한 아이디어도 차고 넘친다. 신은 우리에게 사랑과 친구, 집까지 다 안겨줄 수 있다. 그 모든 것이 우리에게 열려 있다. 이런 내면의 창조주에게 귀를 기울이면 우리는 올바른 길로 인도된다. 그 길에서 친구와 연인을 찾고, 돈을 벌고, 의미 있는 일을 찾게 된다. 이러한 공급이 제대로 이뤄지지 않는다면 우리가 그 공급을 인간에게서 구하려고 하기 때문이다. 그러니 에너지의 흐름에 멋대로 개입하려 들지 말고 자연스럽게 흐르도록 놔두는 법을 배워야 한다.

작가인 카라는 모욕을 일삼는 에이전트의 행태를 참고 또 참았다. 책임 회피, 기만, 업무 지연으로 계속 시달렸지만, 그의 심기를 건드렸다가 작가로서의 경력이 끝장날까 봐 두려웠다. 그러다 참을 수 없을 정도로 모욕적인 전화를 받은 뒤, 결국 그와 관계를 끊겠다는 편지를 썼다. 그랬더니 방대한 우주로 훌쩍 뛰어든 것 같은 기분이 들었다. 남편이 퇴근하고 돌아왔을 때, 카라는 울먹이면서 작가로서 자신의 인생이 끝났다고 토로했다. 남편은 그녀의 이야기를 다 듣고 나서 이렇게 말했다.

"일주일 전 어떤 서점에 갔는데, 서점 주인이 당신에게 괜찮은 에이전트가 있느냐고 물으면서 이 여성의 이름과 전화번호를 건네더라고. 그녀에게 한번 연락해봐."

카라는 눈물을 글썽이며 남편의 말대로 했다. 곧바로 전화를 걸었는데, 새 대리인과 감정이 통한다고 느꼈다. 그 뒤로 두 사람은 지금까지 함께 일하고 있다. 이것은 동시성의 사례일 뿐만 아니라 우주를 원천으로 삼아 에너지를 건네받은 올바른 사례이기도 하다. 어떤 출처에서 비롯된 호의든 선뜻 받아들였기 때문에 카라는 더 이상 피해자로 머물지 않게 되었다.

얼마 전 한 여성 아티스트가 긍정 선언을 활용해서 유능한 에이전트를 새로 구했다는 이야기를 내게 들려주었다. 예술성을 회복한 지 수년이 지났지만 내 안에는 여전히 냉소적 측면이 남아 있는 탓에 나는 그저 "글쎄요"라고만 반응했다. 이것은 마치 신이 원자보다 작은 아원자 구조 같은 복잡하고 미세한 것까지 창조할 수 있다고 믿으면서도 우리의 그림, 조각, 글쓰기, 영화 작업을 돕거나 바로잡는 방법엔 무지하다고 생각하는 것과 같다.

이 개념의 단순성에 난색을 보이며 이렇게 반박하는 사람이 많을 것이다. "영화 산업은 신이 아니라 CAA(Creative Artists Agency, 미국의 엔터테인먼트 및 스포츠 에이전시)가 주무른답니다." 나는 자신의 창조적 삶을 인간의 손에만 맡기는 모든 아티스트에게 경고하고 싶다. 바로 그런 생각이 당신에게 오는 선한 흐름을 막는다!

세속적이고 세련되며 똑똑해지고자 하는 욕망이 우리의 흐름을 방해한다. 우리는 이 흐름이 어떤 식으로 오는지와 관련해 각자 의견이 있다. 나는 할리우드에서 시나리오 작가로 일하면서 다른 작가들과 이런 이야기를 자주 나누었다. 에이전트가 소중한 존재이긴 하지만, 정작 중요한 기회는 '옆집 사람'이나 '치과 의사의 동생'이나 '아내의 대학 동창' 같은 예상치 못한 데서 온다는 이야기였다. 그러한 기회는 바로 신이 우리 삶에 직접 개입한다는 증거다.

앞에서 창조성은 영적인 문제라고 설명했다. 크든 작든 진전을 이루려면 신념의 발판이 필요하다. 댄스 수업을 들을 때도, 새로운 매체를 배우기로 마음먹었을 때도 첫발을 떼려면 신념이 있어야 한다. 나중엔 더 많은 강좌와 세미나, 더 널찍한 작업 공간, 1년간의 안식년 등을 위한 신념과 자금이 필요할 것이다. 시간이 더 지나면 책을 집필할 아이디어나 아티스트들의 집합 갤러리 공간에 대한 아이디어가 떠오를 수도 있다. 이렇듯 아이디어가 떠오를 때마다 우리는 먼저 굳은 신념으로 내면의 장애물을 제거해야 한다. 그런 다음 동시적 호의가 촉발되는 데 필요한 구체적 단계를 밟아나가야 한다.

이런 이야기가 여전히 뜬구름 잡는 소리처럼 들린다면, 당신이 다음 단계로 무엇을 회피하는지 솔직히 자문해보라. 자신에게 주어진 재능으로 봤을 때 불가능하다고 생각하는 꿈은 무엇인가? 창조성을 확장하는 과정에서 이 지점에 머물겠다고 고집하면 어떤 대가를 치를 것 같은가?

신을 나의 원천으로 받아들이는 것은 간단하면서도 대단히 효과적인 인생 계획이다. 무엇이든 신이 다 제공해줄 거라고 확신함으로써 부정적 의존과 불안이 사라진다. 우리는 그 방법에 귀를 기울이기만 하면 된다. 그 방법 가운데 하나는 모닝 페이지를 쓰는 것이다.

잠자리에 들기 전, 창조주의 인도가 필요한 문제를 메모한다. 다음 날 아침, 그 주제를 놓고 글을 쓰면 이전엔 보이지 않았던 접근 방식이 보인다. 이 두 단계 과정을 실험해보라. 잠들기 전에 질문을 던지고 아침에 그 답을 듣는 것이다. 모든 도움에 기꺼이 마음을 열어라.

*
신을 섬길지 섬기지 않을지는 내 의지에 달려 있다. 신을 섬기면 나의 선과 온 세상의 선에 기여하게 된다. 선을 섬기지 않으면 나의 선을 몰수당하고 또 내 힘으로 창조할 수 있었던 선을 세상에 제공하지 못하게 된다.

레프 톨스토이

변화의 물결에 올라타기

지금까지 4주 동안 우리는 의식을 파헤치면서 우리가 얼마나 자주 부정적인 생각에 빠졌는지 살펴봤다. 아울러 창조주의 목소리에 귀를 기울이고, 그 안내를 따라가면 우리가 도달할 올바른 장소가 있을지도 모른다고 믿는 것이 얼마나 두려운 일인지도 살펴봤다. 우리는 희망을 품기 시작했지만, 또한 그 희망에 두려움을 느낀다.

영적으로 의존하는 일은 점진적으로 이루어진다. 우리는 이러한 변화를 천천히, 그리고 확실하게 진행하고 있다. 하루하루 우리 자신에게 더 진실해지고, 더 긍정적으로 살고자 노력하기로 한다. 놀랍게도 이러한 변화는 인간관계에서도 효과가 나타난다. 자신의 이야기를 좀 더 진솔하게 드러내고 남들의 진실에 더 귀를 기울이면서 양쪽 모두를 훨씬 다정하게 대할 수 있다. 자신은 물론이요, 남들에게도 덜 비판적으로 대하게 된다. 어떻게 이런 일이 가능해졌을까? 의식의 흐름에 따라 적는 모닝 페이지가 우리의 고정관념과 좁은 시야를 조금씩 고쳐준 덕분이다. 그 과정을 통해 우리는 기분과 관점, 통찰이 일시적이라는 사실을 깨닫게 된다. 그리고 삶 안에 흐름이 있다는 감각, 변화

*
사람들은 간혹 삶을 거꾸로 살려고 한다. 더 많이 소유하거나 더 많이 벌면 원하는 일을 더 많이 할 수 있어서 행복해질 거라고 말한다. 하지만 실제로 작동하는 방식은 그 반대다. 먼저 진정한 자신이 되어야 한다. 그다음에 원하는 것을 갖기 위해 필요한 일을 해야 한다.

마거릿 영

라는 물살이 일고 있다는 느낌을 감지한다. 마침내 그 은총의 흐름을 타고서 올바른 삶과 만나야 할 사람, 운명에 한 걸음 다가간다.

내면의 창조주에게 의존하면 그 밖에 다른 의존에서는 벗어날 수 있다. 역설적으로, 이것이 다른 사람들과 진정으로 가까워지는 유일한 방법이기도 하다. 우리는 버림받을 거라는 끔찍한 두려움에서 벗어나면서 더 자발적으로 살아갈 수 있게 된다. 확인하고 또 확인하려는 우리의 끊임없는 요구에서 벗어나면서 주변 친구들도 부담 없이 우리를 다시 사랑할 수 있게 된다.

우리가 내면의 어린 아티스트에게 귀를 기울이기 시작하면 그 아이는 점점 더 안심하면서 목소리를 키운다. 심지어 최악의 순간에도 긍정적인 목소리를 낸다. "그래도 넌 이렇게 할 수 있어. 아니면 저렇게 해보는 것도 재미있을 거야."

모닝 페이지를 써본 사람들은 다들 이전보다 유연해졌다고 말한다. 회복이란, 변화의 물결에 올라타 느리거나 빠른 흐름에 몸을 내맡기는 과정이다. 이제 우리는 기회가 오면 거부하지 않고 선뜻 받아들이는 자신의 모습에 깜짝 놀라게 될 것이다. 자신에 대한 낡은 고정관념에서 벗어나기 시작하면서 새롭게 깨어난 자아는 온갖 신기한 모험을 즐기려 한다.

열정 넘치는 변호사 미셸은 우연히 플라멩코를 배웠다가 화려한 춤사위에 푹 빠졌다. 예전엔 세련된 전문직 여성이 사는 집의 전형 같았던 그녀의 집은 돌연 멋진 화초와 화려한 쿠션, 감각적인 향초로 채워지기 시작했다. 흰색 일색이던 벽은 열대의 화려한 색채로 물들었다. 미셸은 몇 년 만에 처음으로 요리도 하고 바느질도 조금씩 하기 시작했다. 여전히 잘나가는 변호사였지만 그녀의 삶은 더 풍요롭고 균형 잡힌 형태로 바뀌었다. 항상 웃음꽃이 피어 있다 보니 얼굴조차 전보다 더 예뻐 보였다. 새로운 모험을 시작하면서 그녀는 "내가 이런 일을 하다니, 믿을 수 없어!"라고 들뜬 목소리로 말했다. 그런데 잠시 후 이렇게 덧붙였다. "이걸 좀 더 일찍 하지 않았다니. 도저히 믿을 수 없다니까!"

우리는 가볍게 탐색하는 태도로 살아가다 보면 창조적 확장에 발을 들이게 된다. "절대 안 돼!"라는 말이 "글쎄"라는 말로 바뀌면서 미스터리와 마법의 세계로 들어가는 문이 열리는 것이다. 이 새롭고 긍정적인 태도를 발판으로 신뢰가 싹트기 시작한다. 그러면 역경처럼 보이는 일에서도 희망을 찾게 될 것이다. 모닝 페이지를 쓰는 동안 우리는 자신을 좀 더 다정하게 대하기 시작한다. 절망감이 줄어들면서 자신에게도, 남들에게도 덜 가혹해진다. 이러한 연민은 우리의 창조성을 창조주와 연결하면서 얻게 되는 초기 단계의 성과다.

내면의 안내자를 신뢰하고 사랑하게 될수록 친밀한 관계에 대한 두려움도 줄어든다. 왜냐하면 더 이상 가까운 사람들을 '절대적 존재'로 착각하지 않기 때문이다. 간단히 말해 우상 숭배, 즉 특정 사람, 장소, 사물에 대한 숭배적 의존을 내려놓게 된다. 그 대신 사람이나 장소, 사물을 통해 우리의 필요를 채워주는 원천에 의지하게 된다.

이는 쉽게 받아들여지기 어려운 개념이다. 우리는 흔히 무언가를 이루려면 직접 나서서 행동해야 한다고 믿는다. 물론 직접 행동에 나서는 것의 장점을 부정할 수는 없다. 사실, 그런 노력은 반드시 필요하다. 나는 이를 '발판 다지기'라고 부른다. 다만 이런 기초 작업이 중요하긴 해도, 그런 노력이 직접적인 방식으로 결실을 보는 경우는 드물다는 점을 지적하고 싶다. 마치 사과나무를 흔들었는데 우주가 오렌지를 떨어뜨려주는 경우와 비슷하다.

나는 그간 이 워크숍에 참여한 이들이 창조성을 회복하는 과정에서 꿈과 기쁨에 초점을 맞추고 그 꿈을 향해 걸음을 내딛자, 우주가 전혀 예상치 못한 문을 활짝 열어주는 사례를 수없이 목격했다. 창조성 회복의 핵심 과제 중 하나는 이 우주의 관대함을 받아들이는 법을 배우는 것이다.

우리를 옭아매는 미덕이라는 덫

아티스트에게는 손 놓고 느긋하게 보내는 시간이 꼭 필요하다. 그런 시간을 확보하려면 용기와 확신과 회복력이 있어야 한다. 조용한 데서 혼자 시간을 보내려다 자칫하면 가족과 친구들에게 '거리를 둔다'는 오해를 살 수도 있다.

그렇다, 아티스트에게 거리 두기는 필수다. 그게 없으면 내면의 아티스트는 자꾸 짜증이 나고 몸도 불편해진다. 이 상태가 계속되면 기분이 언짢고 우울해져서 적대적으로 변한다. 우리는 결국 궁지에 몰린 동물처럼 으르렁대면서 가족과 친구들에게 불합리한 요구를 멈추라고, 제발 혼자 있게 해달라고 외친다.

그런데 정작 불합리한 요구는 우리가 하고 있다. 내면의 아티스트에게 필요한 것은 제공하지 않으면서 제대로 활동하길 기대하기 때

*
우리는 전통적으로 집안일과 의무 사이에 창조적인 일을 슬쩍 끼워 넣으면서 은근히 자부심을 느껴왔다. 나는 그런 일로 찬사받을 자격이 있는지 확신하지 못하겠다.

토니 모리슨

문이다. 아티스트는 창조적 고독을 유지해야 한다. 그러려면 혼자 치유하는 시간이 필요하다. 이러한 재충전 시간이 없으면 창조성이 고갈되고 만다. 그 시기를 놓치면 지치는 정도로 끝나지 않으며, 급기야 죽고 사는 문제로까지 비화한다.

초기 단계에서는 화살이 가까운 친구들에게로 향한다. "이렇게 자꾸 나를 방해하면 너를 죽여버릴 수도 있어"라며 막말을 내뱉는다. 속내를 몰라주는 배우자에게도 화살이 날아가고, 고독을 허락하지 않는 아이들에게도 날아간다. "왜 이렇게 자꾸 화나게 하는 거야!"라며 마구 비난의 화살을 쏟아내는 자신을 발견하게 될지도 모른다.

이 같은 경고가 통하지 않아 결혼 생활에서든 직장 생활에서든 친구 관계에서든 혼자 있게 해달라고 계속해서 으름장을 놓고 위협해야만 하는 상황이라면 결국 화살의 방향은 자기 자신에게로 향하게 된다. "널 죽일 수 있어!"가 "차라리 죽어버릴 거야!"로 바뀌는 것이다.

즐거움과 만족감은 사라지고 "이게 다 무슨 소용이야?"라는 생각이 우리 머릿속을 가득 채운다. 이런 상태라고 해도 그럭저럭 살아갈 순 있다. 심지어 창조적인 일을 계속할 수도 있다. 하지만 실상은 우리의 피를 짜내고 영혼을 갉아먹고 있는 것이다. '항상 착해야 한다'는 덫에 걸려 결국에는 내가 희생하면 된다는 쳇바퀴를 끝없이 돌리고 만다. 한마디로, 미덕의 덫에 갇혀버린다. 그 덫에서 빠져나오지 못하고 자아에 영양분 공급을 미루면 엄청난 대가를 치러야 한다. 남들에게 친절해야 한다는 믿음 때문에, 또 자신이 진정으로 하고 싶은 일을 하면 가족과 친구들에게 무슨 일이 생길지도 모른다는 걱정 때문에 아무 일도 못 하게 되는 것이다.

날마다 격무에 시달리는 가장이라면 누구나 고독한 도피처를 갈망한다. 이들에게 혼자 휴가를 떠나는 것보다 더 좋은 일은 없지만, 아내만 두고 혼자 여행을 떠나면 이기적으로 보일 거라는 생각에 말도 꺼내지 못한다. 어린 두 자녀를 키우는 어떤 여성은 도예 강좌를 듣고 싶은데 아들의 어린이 야구단 훈련과 시간이 겹쳐서 갈등했다. 도예를 배우러 가면 아들을 응원하러 갈 수 없었기 때문이다. 결국 그녀는 도예 강좌를 취소하고 좋은 엄마로 살기로 했지만, 속에선 억눌린 불만이 부글부글 끓어올랐다. 사진에 관심이 많은 한 젊은 아버지는 집에 자신의 관심사를 펼칠 수 있는 장소를 마련하고 싶어 했다. 하지만 소박하게나마 암실을 설치하려면 예금을 깨야 하고 소파를 사는 것도 미뤄야 했다. 결국 암실은 물 건너가고 소파만 새로 들였다. 사람들은 대체로 남들에게 미덕을 베푸느라 자신의 뜻을 펼치지 못한다. 그런데 이런 가짜 미덕에는 엄청난 대가가 따른다.

우리 중 상당수는 자신을 희생하면서 미덕을 베푼다. 만성적인 예술적 거식증을 순교자의 십자가처럼 이고 살아간다. 그리고 그런 행위를 '착하다', '훌륭하다'라는 말로 포장하여 잘못된 영성을 살찌우는 데 활용한다.

나는 이 유혹적인 가짜 영성을 '미덕의 덫'이라고 부른다. 이 영성은 흔히 남들에게 베풀기 위해 자신을 고립시키는 수단으로 잘못 사용되곤 한다. 그리고 고립된 자신을 마치 인간 본성을 초월한 존재인 양 포장한다. 그러나 이러한 영적 우월성은 또 다른 형태의 회피일 뿐이다. 아티스트에게 이러한 미덕은 치명적이다. 훌륭한 사람으로 존경받고 싶은 욕구는 허망할 뿐만 아니라 치명적일 수도 있다.

*
작업실에서 나와 며칠 쉬다 보면 에너지가 쌓인다. 나흘쯤 쉬면 닷새째 되는 날엔 정말 일에 몰입하게 된다. 그날은 너무나 간절하기에 누가 방해하면 정말 가만두고 싶지 않을 정도다.

수전 로덴버그

우리는 착한 사람으로, 남들에게 도움을 베푸는 이타적인 사람으로 살아가려고 애쓴다. 세상을 이롭게 하는 사람이 되고 싶어 한다. 하지만 당신이 진정 원하는 것은 혼자 있는 것이다. 사람들이 당신을 혼자 있게 두지 않으면, 우리는 결국 자신을 포기해버리고 만다. 남들 눈에는 우리가 그 자리에 있는 것처럼 보일 수 있다. 우리도 그 자리에 있는 것처럼 행동할 수 있다. 하지만 우리의 진정한 자아는 사라지고 없다.

남아 있는 것은 우리의 껍데기일 뿐이다. 덫에 걸려 있으니 표면적으로는 그 자리에 있는 것처럼 보인다. 그러면서 무기력하게 재주를 부리는 서커스 동물처럼 우리의 껍데기도 재주를 부린다. 하루하루 일과를 수행하고 사람들의 박수를 받는다. 하지만 어떠한 환호성도 우리 귀에는 들리지 않는다. 우리는 그런 것들에 무감각해진다. 내면의 아티스트는 단순히 지친 게 아니라 아예 사라지고 없다. 우리는 그렇게 유체 이탈을 경험한다. 임상의는 이것을 '해리 현상'이라고 부를지 모르지만, 나는 '사건 현장 이탈'이라고 부른다. "어디에 있든 이젠 나와. 나오라니까"라고 우리가 아무리 구슬려도 창조적 자아는 더 이상 우리에게 모습을 드러내지 않는다. 우리가 그것을 팔아치웠으니까.

이기적으로 보이는 게 두려워서 우리는 자아를 저버리고, 자기 스스로를 파괴해간다. 이러한 자기 파괴는 일부러 의도한 게 아니라 수동적으로 받아들인 것이기에 그로 인한 폐해가 얼마나 유독한지 우리는 미처 깨닫지 못한다.

"당신은 자기 파괴적인 사람인가?"라는 질문은 워낙 익숙한 담론이 된 나머지 우리는 그 의미를 그냥 흘려버린다. "당신은 자기 파괴적인 사람인가?"라는 질문은 실제로 "당신은 당신의 자아를 파괴하고 있는

※
좋은 아내, 좋은 엄마에다 예쁘고 다정하고 세련되고 교양까지 갖춘 여성이 훌륭한 작가거나 조각가거나 유전학자라면 아무도 그녀에게 반기를 들지 않는다.

레슬리 M. 매킨타이어

※
감당할 수 없어서 피해야 하는 위험이 있고, 반드시 감수해야 하는 위험이 있다.

피터 드러커

가?"라고 묻는 것이다. 다시 말하면 이런 뜻이다. "당신은 자신의 본성을 파괴하고 있는가?"

미덕의 덫에 걸린 사람들은 얼핏 보면 자기 파괴적으로 보이지 않는다. 그들은 좋은 남편, 좋은 아빠, 좋은 엄마, 좋은 아내, 좋은 교사가 되고자 노력하면서 세상 사람들에게 선해 보이는 거짓된 자아를 구축하고, 그 덕에 인정을 받기도 한다. 이 거짓된 자아는 참을성이 많고 남들의 필요나 요구에 응하기 위해 자신의 필요를 기꺼이 뒷전에 둔다("프레드는 정말 멋진 친구야! 금요일 밤에 내 이사를 돕겠다고 콘서트 관람을 포기했다니까").

지나친 선량함에 갇힌 사람들은 진정한 자아를 이런 식으로 파괴해왔다. 어릴 적부터 "이기적으로 굴지 마!"라는 말을 반복해서 들으며 제대로 인정받지 못했던 자아 말이다. 그런데 진정한 자아는 건강하고 때로는 자유분방하기도 하며, 다른 사람들에겐 "싫어"라고, 자신에겐 "좋아"라고 말할 줄도 안다. 즐길 줄도, 경계를 그을 줄도 안다.

하지만 미덕의 덫에 걸린 사람들은 여전히 이 진정한 자아를 인정하지 못한다. 남들에게 손가락질당할까 봐 두려워서 자신의 본모습을 드러내지 못하는 것이다("정말 믿을 수 없네. 그렇게 착하기만 했던 프레드가, 언제 어디서나 발벗고 도와주던 프레드가 글쎄 지난주에는 연극을 보러 가야 한다면서 내 이사를 도와주지 않겠다는 거야. 그 녀석이 언제부터 그렇게 교양 있게 살았대?").

프레드는 자신이 사람들에게 더 이상 착하게 굴지 않으면 '마음씨 좋은 프레드'라는 분신이 먼지처럼 사라질 것임을 잘 알고 있다. '천사 같은 메리'도 그 점을 잘 알고 있다. 그래서 언니가 금요일 밤에 외출할 수 있도록 조카 다섯 명을 봐주겠다고 선뜻 동의했다. 언니에게 싫다고 하면 자신에게 좋다고 말하는 것일 테지만, 메리는 그 후폭풍을 감당할 자신이 없었다. "금요일 밤의 자유를 즐긴다고? 그럼 혼자 뭘 할 수 있지?" 좋은 질문이지만, 메리와 프레드는 미덕의 덫에 걸려서 이러한 질문을 걸핏하면 무시해버린다. 그러고는 "당신은 자기 파괴적인 사람인가?"라는 질문에 단호히 "아니요"라고 대답한다. 그러면서 자신이 얼마나 책임감 있는 사람인지 줄줄이 읊어댄다.

그런데 대체 누구에게 책임감이 있다는 것인가? 이 질문은 "당신은 자기 파괴적으로 보이는가?"라거나 "당신은 남들에게 친절한가?"라고 묻는 게 아니다. 우리는 이런 질문을 받으면 남들의 의견에 귀를 기울일 뿐, 그들의 자아와 우리의 자아가 비슷한 욕구를 지녔는지 살펴보지 않는다. 미덕의 덫에 걸린 채, 우리의 욕구에 좀처럼 신경 쓰지 않는다. "나는 무엇을 원하는가? 너무 이기적인 욕구가 아니라면 그걸 이루기 위해 뭘 하면 될 것인가?" 같은 질문을 전혀 하지 않는다.

당신은 자기 파괴적인 사람인가?

선뜻 대답하기 어려운 질문이다. 일단 우리의 진정한 자아에 대해서, 즉 우리가 체계적으로 파괴해온 바로 그 자아에 대해서 알아야 하기 때문이다. 진정한 자아에서 얼마나 벗어났는지 파악하기 위해 다음과 같은 질문을 던져보라. 너무 엉뚱한 짓이 아니라면 나는 무엇을 해보고 싶은가?

1. 스카이다이빙, 스쿠버다이빙 체험
2. 밸리 댄스, 라틴 댄스 배우기

3. 시집 출간하기
4. 드럼 세트 구입하기
5. 자전거로 프랑스 여행하기

설사 엉뚱한 짓처럼 보여도 상당히 흥미롭게 느껴진다면 당신은 올바른 길로 들어선 것이다. 이런 엉뚱한 생각이 바로 진정한 자아가 들려주는 목소리다. 너무 이기적인 행동이 아니라면 나는 어떻게 하고 싶은가?

1. 스쿠버다이빙 강좌에 등록한다.
2. 라틴 댄스 교습을 받는다.
3. 시집 출판과 관련된 자료를 찾아보고 매주 시를 써서 응모한다.
4. 사촌이 팔겠다고 내놓은 중고 드럼 세트를 구입한다.
5. 여행사에 연락해 프랑스 여행을 알아본다.

내면의 창조주를 찾고 선물로 받은 창조성을 포용함으로써 우리는 영적인 존재로 거듭나게 된다. 아울러 신은 선하고 우리를 비롯한 모든 창조물도 선하다는 사실을 믿게 된다. 그러면서 우리는 미덕의 덫에서 빠져나오게 된다.

미덕의 몇 테스트

1. 내 삶에서 가장 부족한 점은 무엇인가?
2. 내 삶에서 가장 즐거운 점은 무엇인가?
3. 내가 시간을 가장 많이 할애하는 일은 무엇인가?
4. 노는 데 시간을 더 쓴다면 무엇을 할 것인가?
5. 내가 죄책감을 느끼는 이유는 무엇인가?
6. 내가 걱정하는 점은 무엇인가?
7. 내가 꿈을 이룬다면 가족들은 어떤 반응을 보일까?
8. 내가 자기 파괴적인 이유는 무엇인가?
9. 나 자신에게 화가 나는 이유는 무엇인가?
10. 내가 가끔 슬픔에 잠기는 이유는 무엇인가?

*

어리석은 짓이든 뭐든 열정적으로 해야 한다.

콜레트

당신의 삶은 당신을 위해 굴러가고 있는가, 아니면 다른 사람들을 위해 굴러가고 있는가? 자기 파괴적인 삶을 살고 있지는 않는가?

금지된 즐거움 해방하기

창조성이 막힌 사람들은 자신에게 "안 돼"라는 말을 수없이 한다. 우리가 온갖 사소한 일에서 자신에게 얼마나 인색한지 알면 깜짝 놀랄 것이다. 사람들에게 이런 이야기를 하면 다들 그렇지 않다고, 자신에게 매우 잘하고 있다고 주장한다. 그러면 나는 다음과 같은 연습을 해보라고 말한다. 당신이 좋아하고 또 해보고 싶지만 여태 하지 않았던 일을 열 가지 나열해보자. 목록은 보통 이런 식이 될 것이다.

> *
> 신의 구체적 의미는 그 사람에게 가장 바람직한 선이 무엇이냐에 따라 달라진다.
>
> 에리히 프롬

1. 춤추러 가기
2. 스케치북 들고 다니기
3. 롤러스케이트 타기
4. 카우보이 부츠 새로 장만하기
5. 머리카락 일부를 금발로 염색하기
6. 휴가 떠나기
7. 비행 강습받기
8. 더 넓은 곳으로 이사하기
9. 연극 연출하기
10. 인체 드로잉 수업 듣기

금지된 즐거움 목록을 작성하기만 해도 그 행동을 가로막던 장벽이 무너지는 경우가 많다.

당신의 목록을 눈에 잘 띄는 곳에 붙여두라.

내면의 검열관을 피하는 연습

검열관을 피할 수 있는 가장 좋은 방법은 떠오르는 생각을 잽싸게 적는 것이다. 소원은 단지 소원일 뿐이니 가벼운 마음으로 써도 된다. 물론 아주 진지하게 받아들여야 할 때도 있다. 가능한 한 빨리 다음 문장을 완성하라.

1. 나의 소원은 _____ 이다.
2. 나의 소원은 _____ 이다.
3. 나의 소원은 _____ 이다.
4. 나의 소원은 _____ 이다.
5. 나의 소원은 _____ 이다.
6. 나의 소원은 _____ 이다.
7. 나의 소원은 _____ 이다.
8. 나의 소원은 _____ 이다.
9. 나의 소원은 _____ 이다.
10. 나의 가장 큰 소원은 _____ 이다.

과제

이번 과제는 창조성의 원천인 신과 당신의 관계를 탐색하고 확장하는 데 도움이 될 것이다.

1. 신이 내 편이라는 사실을 믿지 못하는 이유는 _____ 때문이다. 신에 대한 불만을 다섯 가지 적어보자(신은 이해하실 것이다).

2. 신념이나 돈 중 하나라도 있으면 나는 _____ 를 할 것

*
신의 자녀라는 책임을 받아들인다는 것은 삶이 당신에게 제공하는 최상의 것을 받아들인다는 뜻이다.

스텔라 테릴 만

이다. 하고 싶은 일을 다섯 가지 적어보자. 이 소망을 나타내는 이미지들을 기억하고 있다가 그런 이미지가 보이면 오려두거나 구입하거나 사진을 찍거나 그림으로 그리는 등 어떻게든 수집한다. 이 이미지들로 스크랩북을 만들어서 당신의 꿈과 대화를 나눠라. 이 과정을 진행하는 내내 이미지를 추가한다.

3. 가상의 인생을 한 번 더 다섯 가지 적어보자. 목록이 바뀌었는가? 그런 삶을 전보다 더 많이 누리고 있는가? 이와 관련된 이미지도 스크랩북에 추가할 수 있다.

4. 내가 지금 스무 살인데 돈이 많다면, 나는 _____를 할 것이다. 시도하고 싶은 도전을 다섯 가지 적어보자. 이것에 대한 이미지도 모아볼 수 있다.

5. 내가 지금 예순다섯 살인데 돈이 많다면, 나는 _____를 할 것이다. 미뤄둔 즐거움을 다섯 가지 적어보자. 이번에도 그와 관련된 이미지를 수집하라. 이는 매우 강력한 도구다. 나는 지금 현재 10년 동안 상상으로 꿈꿔왔던 집에 살고 있다.

6. 나 자신에게 인색하게 구는 방식을 열 가지 적어보자. 긍정적인 일을 명확히 드러내면 그것을 우리 삶에 받아들이기가 쉬워지듯, 부정적인 일을 명확히 드러내면 그것을 우리 삶에서 몰아내기가 쉬워진다.

7. 지금은 없지만 갖고 싶은 물건을 열 가지 적어보자. 이번에도 그와 관련된 이미지를 수집해도 된다. 판매 전문가들은 판매를 촉진하기 위해 신입 직원들에게 평소 갖고 싶은 물건의 이미지를 모아보라고 가르친다. 이 방법은 실제로 효과가 있다.

8. 내 창조성을 방해하는 걸림돌을 솔직하게 적어보자. TV, 지나친 독

서, 친구들, 업무, 남의 일에 나서기, 지나친 운동 등 뭐든 상관없다. 그림 솜씨가 좋든 아니든, 그런 일에 빠져 있는 모습을 그림으로 그려본다.

9. 창조성이 막힌 채로 계속 산다면 어떤 대가를 치를 것 같은가? 이에 대한 답변은 모닝 페이지에 풀어놔도 된다.

10. 창조성이 막힌 채로 사는 이유는 누구 때문인가? 이번에도 모닝 페이지를 통해 당신의 속내를 깊이 파헤쳐볼 수 있다.

점검

1. 이번 주에 모닝 페이지를 몇 번 썼는가? 쓰는 동안 어떤 기분이 들었는가? 이젠 즐거운 기분마저 들지 않는가? 한 쪽 반쯤 지나면 진짜로 하고 싶은 말이 나온다는 것을 알아챘는가? 많은 사람들이 한 쪽 반 정도를 넘어서면서 비로소 진짜 핵심이 드러나는 것을 발견했다.

2. 이번 주에 아티스트 데이트를 했는가? 데이트를 하는 중에 답변을 들은 적이 있는가? 당신은 무엇을 했고 어떤 기분이 들었는가? 정말로 모험적인 기분이 드는 아티스트 데이트를 해봤는가?

3. 이번 주에 동시성을 경험했는가? 어떤 것이었나? 친구들과 동시성에 관한 대화를 나눠보자.

4. 이번 주 창조성 회복 과정에서 중요하다고 생각한 다른 이슈가 있었는가? 그것을 기록해보자.

Week

이번 주에는 창조성을 가로막는 주요 걸림돌, 즉 돈 문제와 씨름해볼 것이다. 이를 위해 먼저 신과 돈, 창조적 풍요로움에 대한 당신의 생각을 제대로 살펴본다. 당신의 태도가 지금 삶에서 풍요와 여유를 어떻게 제한하는지를 탐구하고, 지금의 흐름을 한눈에 파악할 수 있는 '소비 점검법'을 배우게 될 것이다. 그러는 과정에서 이번 주에는 감정이 다소 불안정해질 수도 있다.

〔 충족감 회복하기 〕

신이 우리 편이라면

"나는 신을 믿어요. 하지만 신이 돈 문제에 관여한다고 생각하지 않아요." 낸시는 이렇게 단언했다. 그녀는 잘 모르겠지만, 이 말에는 자기 파괴적인 믿음이 두 가지나 드러난다. 바로 신은 너무 선해서 돈 문제엔 관여하지 않는다는 믿음과 돈은 나쁜 것이라는 믿음이다. 다른 사람들과 마찬가지로 낸시도 창조성을 온전히 회복하려면 신에 대한 개념부터 점검해볼 필요가 있다.

    우리 중 상당수는 돈이 안정적 삶을 보장하는 원천이라고 배운 탓에, 신에게 의지하는 것을 무모하고 무분별하며 바보 같은 짓이라고 생각한다. 아무 수고도 없이 들에 핀 성경 속 백합 이야기는 현대사회와 너무 동떨어진 소리 같다. 그렇다, 우리는 몸에 옷을 걸쳐야 하고 식료품을 사 먹어야 한다. 그래서 하고 싶은 일을 시도할 만한 돈이 충분히 생긴 후에야 예술을 추구하겠다고 말한다.

그런데 그때가 언제일까?

우리는 마치 두둑한 월급과 마음껏 쓸 수 있는 허가증처럼 느껴지는 신을 원한다. "더, 더, 가져도 돼"라고 외치는 유혹의 소리엔 귀를 쫑긋 세우지만, 영혼 깊은 곳에서 "이젠 충분해"라고 속삭이는 작고 고요한 음성엔 주의를 기울이지 않는다.

"먼저 그의 나라를 구하라. 그리하면 이 모든 것을 너희에게 더하시리라." 어렸을 때부터 자주 들어온 성경 구절이다. 하지만 우리는 이 말씀을 믿지 않는다. 예술과 관련해서는 더더욱 그렇다. 신이 곤경에 빠진 우리를 먹이고 입힐 수 있을지 모르지만, 그림 재료까지 준다고? 유럽의 박물관 투어나 댄스 강좌는? 우리는 신이 그런 일에까지 돈을 대주지는 않을 거라고 생각한다. 한마디로, 돈 문제에 집착하느라 예술뿐만 아니라 영적 성장까지 회피하는 것이다. 그렇다면, 우리의 믿음은 돈에 있는 게 아닐까.

"발 뻗고 누울 집이라도 있어야지. 창조성이 밥 먹여준대?" 사람들은 그 점에 대해 꽤 확신에 차 있다. 일은 어디까지나 일일 뿐 놀이가 되어서는 안 되며, 글쓰기나 연기, 춤처럼 우리가 진정으로 하고 싶은 것은 한낱 부수적인 취미일 뿐이라고 믿고 마음속에서 미뤄둔다. 사실은 그렇지 않은데.

우리는 신의 뜻과 우리의 뜻이 서로 반대편에 있다는 해로운 생각에 사로잡혀 있다. 그러다 보니 "나는 배우를 하고 싶은데, 신은 내가 싸구려 식당에서 접시나 나르길 바라는 것 같아. 내가 배우가 되려

※
돈은 행동하는 신이다.

레이먼드 찰스 바커

※
우리가 직관을 믿고 행동하는 법을 배울수록 우리의 통로는 더 강해지고 돈도 더 많이 들어온다.

삭티 거웨인

돈은 우리가 옳은 일을 할 때
들어온다.

마이크 필립스

고 아무리 노력해봤자 결국 식당 종업원으로 썩게 될 거야"라는 말이 나오는 거다. 이런 생각의 바탕에는, 신을 우리의 적성에 대해 고정관념을 갖고 있는 엄한 부모와 다름없는 존재로 바라보는 왜곡된 시각이 깔려 있다. 신에 대한 이런 왜곡된 개념부터 바꿔야 한다.

이번 주에는 모닝 페이지에 당신이 실제로 믿는 신과 믿고 싶은 신에 대해 써보라. "신이 여성이고 내 편이라면?"이란 질문을 던지고 풀어갈 수도 있고, 신을 에너지원이라는 생각을 바탕으로 풀어갈 수도 있다. 또는 우리를 가장 선한 방향으로 인도하는 '더 높은 힘들'의 집합체로 바라볼 수도 있다. 어린 시절 형성된 신에 대한 개념을 한 번도 검토해보지 않았다면, 아마도 당신은 신을 우리 삶을 제한하는 해로운 존재로 생각할 게 분명하다. 그렇다면 해롭지 않은 신은 당신의 창조적 목표를 어떻게 생각할까? 그러한 신이 실제로 존재하긴 할까? 그런 신이 존재한다면 돈이나 당신의 직업이나 연인이 계속 당신에게 더 큰 힘을 발휘하는 존재로 남아 있을까?

많은 사람이 고난을 미덕과 동일시하면서 예술은 그저 한가롭게 노는 것으로 치부한다. 힘겨운 노동은 가치 있는 것이고, 고통스러운 일은 우리의 도덕적 강인함을 기르는 과정이라고 생각한다. 반면, 그림 그리는 재능처럼 우리가 쉽게 얻을 수 있고 또 우리와 잘 맞는 것처럼 보이는 것은 왠지 저급한 속임수처럼 여겨져 진지하게 받아들이려고 하지 않는다. 우리는 신이 우리의 행복과 자유, 즐거움을 바란다고 떠들면서도, 막상 우리가 제멋에 겨워 아티스트의 길로 접어들려고 하면 신이 우리를 빈털터리로 만들고 싶어 한다고 생각한다. 그런데 신에 대한 이런 생각을 뒷받침할 증거가 있는가?

신의 창조물을 돌아보면, 창조주는 자신이 언제 멈춰야 할지 몰랐던 게 틀림없다. 분홍색 꽃은 한 종류만 있는 게 아니다. 오십 종류, 아니 수백 종류가 있다. 눈송이는 순수한 창조적 기쁨이 어떤 것인지 궁극적으로 보여준다. 눈송이는 어느 하나 똑같은 게 없다. 우리의 창조적 모험을 아낌없이 지원해줄 존재가 있다면 바로 창조주일 것이다.

"우리에게 새로운 고용주가 생겼습니다. 우리가 신의 일을 돕는다면 신도 우리의 일을 도우실 겁니다." 알코올의존자들의 교본에는 이렇게 중독에서 회복될 수 있다는 약속이 담겨 있다. 알코올의존자 모임에 새로 가입한 사람들에게 이러한 약속은 생명줄이나 다름없다. 술을 끊겠다고 죽도록 노력해도 혼자 힘으론 역부족일 때, 그들은 이러한 약속에 매달린다. 신이 도움을 바라며 그 손길을 선뜻 받아들이고자 한다. 이럴 때 얽혔던 삶의 실타래가 풀리고, 꼬였던 관계도 제자리를 찾아가는 것만 같다.

절박해본 적 없는 사람에게는 이런 이야기가 어리석게, 심지어 기만적으로 들릴지도 모른다. 우리 일을 돕는 신? 그것도 아주 만족스러울 정도로? 충만함과 존엄을 지닌 신? 수많은 가능성을, 모든 문을 여는 열쇠를 쥐고 있는 신? 이러한 신은 어쩐지 허풍스러운 사기꾼처럼 느껴지기도 한다.

그래서 소중히 간직해온 꿈과 현재의 고난 중 하나를 선택해야 할 때, 우리는 흔히 꿈을 무시하고 계속되는 고통을 신의 탓으로 돌려버린다. 유럽에 못 가는 것도, 그림 강좌를 못 듣는 것도, 사진 작업을 계속할 수 없는 것도 죄다 신의 잘못인 양 행동한다. 사실은 신이 아니라 우리가 안 가겠다고 결정한 것인데 말이다. 우리는 우주가 건전한

*
당신을 행복하게, 만족스럽게, 심지어 즐겁게 해줄 수 있는 일을 할 시간을 항상 충분히 남겨둬라. 이는 다른 그 무엇보다 경제적 안정에 큰 역할을 한다.

폴 호켄

풍요로움을 지지한다는 점을 고려하지 않은 채, 마치 증거를 갖고 있기라도 한 듯 신이 현실적이라고 굳건히 믿는다.

창조주는 우리의 아버지요, 어머니요, 창조적 원천일 수 있지만, 이 세상에서 우리가 만나온 아버지나 어머니, 교회, 선생님, 친구들처럼 우리가 무엇을 '현명하고 현실적인 선택'이라 여겨야 하는지를 주입한 존재는 아니다. 창조성은 애초부터 이성적이거나 현실적인 것이 아니었다. 지금껏 그랬던 적도 없다. 창조성이 왜 이성적이어야 하는가? 당신은 또 왜 이성적이어야 하는가? 당신은 여전히 희생을 도덕적 미덕이라고 생각하는가? 예술을 하고 싶으면 그냥 하면 된다. 아주 작은 그림도 좋고 단 두 문장도 좋다. 유치하기 짝이 없는 짤막한 시도 좋다.

신은 예술을 좋아해.
우리 부모님은 그걸 무시하려 해.
신은 예술을 좋아해.
나는 예술을 추구해.
그게 바로 신이 나를 좋아하는 이유야!

예술 작업은 해가 비칠 때 건초를 만드는 데서, 즉 다가온 기회를 잘 활용하는 데서 시작된다. 쉽게 말해, 현재에 집중하고 일상을 즐기는 데서 시작된다. 아울러 자신에게 작은 보상과 휴식을 주는 데서 시작된다. 내면의 아티스트에게 작은 선물과 아름다움을 선사할 때, '이건 좀 사치스럽지만 신도 이렇게 할 거야'라는 태도를 보이면 좋다. 기억하라, 구두쇠는 당신이지 신이 아니라는 사실을. 신에게 많이 기대할수록 신은 당신에게 더 많이 베풀 것이다.

우리가 진정으로 하고 싶은 일은, 우리가 진정으로 해야 할 일이다. 우리가 해야 할 일을 할 때, 돈이 생기고 기회의 문이 열린다. 아울러 우리가 유용한 존재로 생각되며, 일이 놀이처럼 느껴진다.

이번 주에는 돈과 관련된 생각을 계속 살펴볼 것이다. '돈을 벌기는 참 어려워. 얼마라도 벌려면 오랜 시간 일해야 해. 돈 문제를 해결하는 게 먼저고 창조성은 다음 문제야.' 돈에 대한 이런 생각이 창조성에 관한 생각을 어떻게 형성하는지 자세히 살펴볼 것이다.

진정한 사치의 즐거움

창작에 갈망을 느끼면서도 내면의 굶주림을 채우지 못해 점점 더 결핍을 느끼는 사람들에게는 진정한 사치가 도움이 된다. 여기서 핵심은 진정성이다. 예술은 마음이 확장되고 아이디어와 영감이 충분히 공급될 거라는 믿음 속에서 탄생한다. 그러니 자신을 진심으로 아끼면서 충만함을 느낄 수 있어야 한다. 그렇다면 어떻게 자신을 아끼면서 충만함을 느낄 것인가? 그 방법은 사람마다 다르다. 길리언은 빈티지 상점에서 새로 구입한 트위드 바지를 보며 영화배우 캐럴 롬바드의 매혹적인 웃음과 멋진 오픈카의 이미지를 떠올렸다. 진에게 그 대상은 탁자에 놓인 데이지 한 송이였다. 싱싱한 꽃을 보면서 진은 삶이 온갖 가능성으로 가득 차 있다는 생각이 들었다. 매튜는 가구용 왁스 냄새를 맡으면 마음이 안정되고 차분해졌다. 콘스탄스는 잡지를 정기 구독하

*
모든 물질은 움직이는 에너지다. 죄다 살아서 흐른다. 돈은 구체화된 생명력의 황금빛 흐름이다.

『영혼의 마술 작업』

면서 소비의 즐거움을 만끽했다. 단돈 20달러로 1년 내내 온갖 이미지를 실컷 구경할 수 있다는 게 그에게는 큰 기쁨이었다.

우리는 창조성이 막힐 때마다 돈 핑계를 댄다. 하지만 돈은 진정한 장애물이 아니다. 그보다는 우리가 느끼는 압박감과 무력감이 진정한 장애물이다. 예술은 우리가 스스로 선택할 능력을 길러야 한다고 강조한다. 그중 가장 기본은 자기 자신을 돌보겠다는 선택이다.

내 친구 중에는 뛰어난 재능으로 세계적 명성을 누리는 아티스트가 있다. 그는 자기 분야에 기여한 공로로 역사의 한 페이지에 확실히 자리 잡을 것이다. 젊은 아티스트들 사이에서는 뜨겁게 인기몰이를 하고 있으며, 원로 아티스트들은 그에게 찬사를 쏟아낸다. 아직 쉰 살도 안 됐지만 벌써 공로상 수상자로 선정되기도 했다. 그런데 정작 그는 예술적 거식증에 시달리고 있다. 창작 활동을 더 이상 즐기지 못하고 아이디어나 창작 욕구가 갈수록 메말라가고 있다. 작업을 계속하고는 있지만 점점 더 혹독한 대가를 치러야 했다. 그는 종종 자신에게 물었다. 평생 해오던 작업인데 이젠 왜, 도대체 왜 지겨운 일처럼 느껴지는 것일까? 그 이유가 뭐냐고? 그건 바로 자신에게 사치를 허락하지 않았기 때문이다.

여기서 말하는 사치는 전망 좋은 펜트하우스나 명품 옷, 멋진 외제 스포츠카, 호화로운 여행이 아니다. 그 점은 확실히 해두자. 앞서 말한 내 친구는 그런 특권을 다 누리고 있지만 정작 자기 인생은 누리지 못하고 있다. 그는 자신에게 시간의 사치를 허락해본 적이 없다. 친구들과 보내는 시간, 가족과 지내는 시간, 무엇보다도 반드시 성취해내야 하는 특별한 목표 없이 혼자서 보내는 시간을 전혀 허락하지 않았다. 예전의 뜨거운 열정은 이제 단순한 관심사로 전락해버렸다. 너무 바쁘다 보니 한가롭게 즐길 여유가 있을 리 만무했다. 그는 늘 자신에게는 허투루 흘려보낼 시간이 없다고, 명성을 쌓는 데만 써도 시간이 모자라다고 투덜거렸다.

> *
> 나는 목에 다이아몬드를
> 두르느니 식탁에
> 장미 한 송이를 올려놓겠다.
>
> 에마 골드만

얼마 전, 나는 10년 만에 처음으로 말을 한 마리 샀다. 이 멋진 소식을 전했더니, 성공한 그 친구는 내 흥을 깨면서 이렇게 경고했다. "글쎄, 말 탈 시간이 있겠어? 쳐다볼 시간도 없을 텐데. 나이를 먹을수록 즐기는 일은 점점 덜 하고, 해야 할 일은 점점 더 많이 하게 되잖아." 나는 이런 비관적 말에도 별로 위축되지 않았다. 하지만 조금 서글펐다. 모든 아티스트가, 심지어 대단히 유명한 아티스트까지도 '나는 일을 해야 한다'라는 부담감에 사로잡혀 창작의 즐거움을 놓치고 있다는 사실이 안타까웠기 때문이다.

아티스트로서, 혹은 그냥 한 인간으로서 번창하려면 우리는 우주의 흐름에 마음을 열어야 한다. 삶의 자잘한 선물을 거절하면서 즐거움을 누릴 기회를 막는다면, 더 큰 선물도 놓치게 된다. 내 아티스트 친구처럼 오랫동안 창조적 작업에 몰두해온 사람들은 영감을 얻고자 영혼을 갈아 넣고, 과거의 작업으로 돌아가거나 속임수를 쓰고, 예술 세계를 확장하기보다는 자꾸 기교를 부리려고만 든다. 작업의 흐름을 완전히 막아버린 사람들은 삶을 무의미한 것들로 아무리 가득 채우더라도 결국 공허하고 무료한 삶을 살게 될 것이다.

무엇이 우리에게 진정한 기쁨을 선사할까? 이는 사치와 관련된 질문으로, 이에 대한 답은 사람마다 아주 다르다. 베르니스에게는 신선한 라즈베리가 그 답이다. 자신이 얼마나 쉽게 즐거움에 빠지는지

*
날마다 신의 뜻을
탐구하라.

C. G. 융

생각하면 그녀는 절로 웃음이 나온다. 0.5리터 들이 라즈베리 한 봉지로 자신에게 충만함을 선물한다. 시리얼에 넣어 먹고, 복숭아와 함께 잘라 먹고, 아이스크림에 얹어 먹기도 한다. 슈퍼마켓에서 손쉽게 살 수 있고, 필요하면 재빨리 얼려서 보관해둘 수도 있다.

"계절에 따라 1.98달러에서 4.50달러 정도면 살 수 있어요. 매번 비싸다고 툴툴대긴 하지만, 사실 일주일간의 사치치고는 무척 저렴한 값이죠. 영화 한 편 값도 안 되잖아요. 디럭스 치즈버거보다도 싸지요. 아무튼 그만한 가치는 충분하다고 봐요."

앨런에게는 음악이 진정한 사치다. 젊었을 땐 음악가로 직접 활동했지만, 그는 오랫동안 연주할 권리를 스스로 부정했다. 창조성이 막힌 아티스트들처럼 그도 예술적 거식증과 오만한 완벽주의라는 치명적 문제로 고통받았다. 아티스트에게 연습 삼아 시도해보는 공연은 있을 수 없다. 그는 정상에 오르고 싶었다. 그 자리에 오를 수 없다면 아예 좋아하는 음악을 접는 게 낫다는 생각까지 들었다. 궁지에 몰린 앨런은 자신의 걸림돌을 이렇게 묘사했다.

"연주하면서 내가 내는 소리를 들었습니다. 그런데 내가 할 수 있는 연주는 내가 하고 싶은 연주와 너무나 동떨어져서 민망할 정도였어요. 그래서 결국 그만뒀죠."

창조성 회복을 위해 노력하면서 앨런은 매주 음반을 하나씩 사는 사치를 허락했다. 음악을 업으로 삼겠다는 마음을 접고 그냥 음악의 즐거움을 누리기 시작했다. 수준 높은 작품뿐만 아니라 별난 음반도 샀다. 거창한 목표는 접어버리고 그냥 재미있어 보이는 것을 골랐다. 앨런은 그런 식으로 탐색을 시작했다. 복음 성가, 컨트리 뮤직, 심지어 인디언 드럼 음반도 샀다. 한 달쯤 그렇게 하다가 충동적으로 악기상에서 연습용 드럼 스틱을 샀다. 그런데 막상 사놓고는 그냥 놔두기만 했다. 석 달 뒤, 앨런은 워크맨으로 요란한 로큰롤을 들으면서 실내 자전거의 손잡이를 두드려댔다. 그로부터 두 달 뒤, 결국 다락을 정리하고 중고 드럼 세트를 들여놓았다.

"아내와 딸이 형편없는 내 연주 솜씨에 당황할 거라고 생각했어요." 앨런은 말하다 말고 머쓱하게 웃더니 얼른 말을 고쳤다. "그런데 당황한 사람은 바로 나였어요. 이제는 그냥 즐겁게 두드립니다. 자꾸 하다 보니 소리가 점점 나아지더라고요. 예전 실력이 조금씩 돌아오는 것 같아요."

로라에게는 싸구려 수채화 물감이 처음으로 시도한 사치였다. 캐시에게는 그게 고급 크레용 세트였다.

"엄마는 이렇게 다채로운 색깔의 크레용을 사주지 않았어요. 첫날 밤에 그림을 두 장 그렸는데, 그중 하나는 내가 새로 시작한 삶, 내가 앞으로 가꿔가려는 삶의 스케치였지요."

그런데 창조성이 막힌 사람들에게는 사치 부리는 자기 모습을 상상하는 데도 약간의 노력이 필요하다. 사치는 흔히 학습된 습관이다. 창조성이 막힌 사람들은 '재투성이 아가씨 시절'의 신데렐라 같다. 다른 사람들에게 집중하느라 늘 자신을 희생하다 보니 자신을 돌보는 일이 오히려 부담스럽게 느껴진다. 작가로 활동하는 친구 캐런은 이렇게 조언했다.

"신데렐라를 내려놓으려고 하지 마. 신데렐라를 계속 유지하되, 너에게 유리 구두를 선물하는 데 집중해봐. 그 동화의 후반부는 정말

끝내주잖아."

우리가 논하는 사치는 흔히 흐름보단 의식의 변화와 관련돼 있다. 물론 우리가 사치스럽게 느껴지는 것을 인식하고 받아들일 때, 실제로 흐름이 증가할 수 있다.

창조적으로 살려면 시간의 사치를 누려야 한다. 15분 정도 짧게나마 모닝 페이지를 쓰고, 일을 마친 후 10분간이라도 욕조에 몸을 담그는 등 우리 자신을 위해 시간을 써야 한다. 창조적으로 살려면 공간의 사치도 누려야 한다. 활용할 공간이 겨우 책장 한 칸과 창턱에 불과하더라도(내 서재의 창가 선반에는 서류를 누를 때 쓰는 문진文鎭과 조개껍데기가 잔뜩 놓여 있다). 당신의 아티스트는 어린아이이고, 아이들은 '내 것'을 좋아한다. 내 의자, 내 책, 내 베개…….

자신만을 위한 특별한 물건을 정해놓으면 충만함을 느끼는 데 큰 도움이 된다. 차이나타운에 가면 멋진 찻잔과 받침을 5달러면 살 수 있다. 중고품 상점에는 오후 간식 시간을 더 창조적으로 경험하게 해줄 독특한 모양의 접시가 많이 있다.

창조성을 회복하는 과정에서 우리가 하는 행동 중 상당수는 어리석게 보일 수도 있다. 어리석음은 내면의 어린 아티스트를 억누르고자 우리 내면의 냉소적 어른이 동원하는 방어기제다. 그러니 어리석다는 말을 자신에게 함부로 내뱉지 않도록 조심하라. 아티스트 데이트는 실제로 바보 같은 짓이다. 그 점이 중요하다.

창조성은 역설 속에서 꽃을 피운다. 진지한 예술은 진짜로 열심히 노는 과정에서 탄생하는 법이다.

소비 점검하기

다음 주면 당신이 돈을 어떻게 쓰는지 알게 될 것이다. 수첩을 하나 준비해서 날마다 어디에 얼마만큼의 돈을 썼는지 꼼꼼히 기록하라. 하찮은 물건을 얼마에 왜 샀는지는 중요하지 않다. 푼돈이라도 무조건 다 기록하라.

가계부를 작성하듯, 날마다 날짜를 적고 계산하라. 무엇을 얼마에 샀는지, 당신의 돈이 어디로 흘러가는지 세세히 기록하라. 식료품비, 점심값, 택시비, 전철 요금, 동생에게 빌려준 돈까지 빼놓지 말고 기록하라. 철저하게 살피되, 판단하지는 마라. 이것은 자기 관찰을 위한 연습이지 자기비판을 위한 도구가 아니다.

이 연습을 한 달 이상 계속할 수도 있다. 이 연습은 지출을 통해 당신이 무엇을 진정으로 가치 있게 여기는지 알려줄 것이다. 우리의 지출은 자신이 진짜 가치 있게 여기는 것과 다른 경우가 많다. 우리는 소중하지 않은 것에 돈을 낭비하면서, 정작 자신이 진정으로 원하는 것에는 박하게 굴기도 하기 때문이다. 소비를 점검하는 것은 창조적 사치를 배우기 위한 첫걸음이다.

> ＊
> 자잘한 변화가 일어날 때 진정한 삶을 살게 된다.
>
> 레프 톨스토이

돈 문제에서 벗어나기

다음 문장을 완성하라.

1. 돈이 있는 사람들은 _____하다.
2. 돈은 사람들을 _____하게 한다.
3. 내가 _____하면 돈이 더 많을 것이다.
4. 아버지는 돈을 _____라고 생각했다.
5. 어머니는 항상 돈이 _____할 거라고 생각했다.
6. 우리 가족은 돈 때문에 _____했다.
7. 돈은 _____와 같다.
8. 돈이 있다면 나는 _____할 것이다.
9. 경제적으로나 시간적으로 여유가 있다면 나는 _____할 것이다.
10. 돈이 조금 있다면 나는 _____할 것이다.
11. 돈이 있으면 나는 _____할까 봐 걱정스럽다.
12. 돈은 _____이다.
13. 돈은 _____를 초래한다.
14. 돈이 있다고 _____는 아니다.
15. 돈을 더 벌려면 나는 _____해야 한다.
16. 돈이 생기면 나는 흔히 _____한다.
17. 나는 돈을 _____라고 생각한다.
18. 내가 그렇게 인색하지 않다면 나는 _____할 것이다.
19. 사람들은 돈을 _____라고 생각한다.
20. 빈털터리가 된다는 것은 내게 _____를 의미한다.

과제

1. 자연의 풍요로움을 만끽한다. 귀엽거나 신기하게 생긴 돌멩이를 다섯 개 찾아보자. 돌멩이는 주머니에 쏙 들어가고 회의 중에도 만지작거릴 수 있다. 자그마한 물건이지만 우리의 창조적 의식을 끊임없이 상기시켜준다.

2. 자연의 풍요로움을 만끽한다. 꽃이나 나뭇잎을 다섯 개 골라보자. 그런 다음 파라핀 종이 사이에 넣고 눌러서 말리면 책갈피로 쓰고 싶을지도 모른다. 유치원에서 해보았더라도 상관없다. 유치원에서는 괜찮은 창조적 놀이가 꽤 많이 이루어진다. 유치원을 졸업한 지 오래되었지만 다시 한번 해보라.

3. 옷을 정리하자. 낡거나 취향에 맞지 않아서 입지 않는 옷을 다섯 벌 골라 버리거나 필요한 이에게 나눠줘라.

4. 빵이나 과자를 굽자. 혈당 문제가 있다면 과일 샐러드도 좋다. 예술에만 창조성이 필요한 게 아니다. 요리하는 행위는 다른 창조적 아이디어를 떠올리는 데 도움이 된다. 나는 글이 안 쓰일 때면 수프를 끓이고 파이를 굽는다.

5. 친구 다섯 명에게 우편엽서를 보내자. 의례적으로 안부 인사를 전하라는 뜻이 아니다. 진짜로 소식이 궁금한 친구들에게 소식을 전한다.

6. 다음 항목별로 당신이 가장 좋아하는 것들을 적어본다.
   - 자동차
   - 강아지 품종
   - 꽃
   - 채소
   - 디저트
   - 주요리

아티스트로서 만족하지 않는 것이 매우 중요하다! 그게 열망일 수는 있어도, 탐욕은 아니다.

로런스 칼카그노

- 나무
- 과일
- 음악 그룹
- 색

7. 29쪽의 '기본 원칙'과 아티스트의 기도문을 매일 한 번씩 읽자. 4주 차에 작성한 기도문도 좋고 351~352쪽에 나오는 기도문도 좋다.
8. 집을 정리해보자. 집 안 분위기에서 새로 바꾼 게 있는가? 뭐든 바꿔 보라.
9. 당신의 삶에 새로운 흐름이 있는가? 공짜 선물을 기쁘게 받자.
10. 경제적 상황에 변화가 있는가? 변화할 가능성이 있는가? 당신이 하고 싶은 일에 대한 새로운 또는 별난 아이디어가 있는가? 그와 관련된 이미지를 모아서 이미지 파일에 추가하라.

점검

1. 이번 주에 모닝 페이지를 몇 번 썼는가? 모닝 페이지를 쓰고 나니 어떤 기분이 들었는가? 당신을 위한 창조적 사치를 생각해보는 데 모닝 페이지를 활용했는가?
2. 이번 주에 아티스트 데이트를 했는가? 무엇을 했고 어떤 기분이 들었는가? 아티스트 데이트를 한 번 더 할 생각이 있는가?
3. 이번 주에 동시성을 경험했는가? 어떤 것이었나? 친구들과 동시성에 관한 대화를 나눠보자.
4. 이번 주 창조성 회복 과정에서 중요하다고 생각한 다른 이슈가 있었는가? 그것을 기록해보자.

Week

이번 주에는 창조성 회복을 위한 올바른 태도를 기르는 데 집중한다. 특히 열린 마음으로 수용하는 자세와 실질적 기술을 강조한다. 이번 주 본문 내용과 과제, 연습 문제는 당신의 마음속 꿈과 연결된 진정한 창조적 관심사를 발굴하도록 도울 것이다.

〔 연대감 회복하기 〕

The Artist's Way

내면에 귀 기울이기

귀를 기울이는 능력은 모닝 페이지와 아티스트 데이트로 꾸준히 갈고 닦을 수 있다. 모닝 페이지는 검열관의 방해에 흔들리지 않도록 훈련하고, 아티스트 데이트는 떠오르는 영감을 알아차리도록 돕는다. 두 활동은 얼핏 실질적인 창조 활동과 연결되지 않는 것처럼 보이지만, 창조성 회복 과정에서 대단히 중요하다.

예술은 무언가를 생각해내는 활동이 아니다. 오히려 그 반대로, 무언가를 기록하는 활동이다. 여기선 방향이 중요하다.

무언가를 생각해내려면 우리 손이 닿지 않는 곳, 즉 "예술이 떠도는 저 멀리, 저 높은 데 있는 무언가"에 도달하려고 안간힘을 써야 한다. 그러나 무언가를 적을 때는 우리가 뭔가를 주도적으로 할 필요는 없다.

그냥 얻기만 하면 된다. 누군가가 혹은 무언가가 그 일을 해줄 테니 말이다. 우리는 애써 찾을 필요 없이 그냥 귀를 기울이면 된다.

영화배우는 그 순간에 몰입할 때 다음에 펼쳐질 올바른 연기를 창조적으로 들으려고 집중한다. 화가는 처음엔 계획을 세워서 그림을 그리기 시작하지만, 그 계획은 곧 그림이 이끄는 대로 변하게 된다. 그래서 "붓 가는 대로 그린다"라는 말이 나온 것이다. 무용, 작곡, 조각에서도 같은 일이 벌어진다. 우리는 우리가 표현하는 것의 원작자라기보다는 전달자에 더 가깝다.

예술은 창조의 샘에 귀를 기울이고 그 샘으로 깊이 내려가는 행위다. 세상의 모든 이야기와 그림, 음악과 공연은 우리의 의식 바로 아래 존재한다. 그것들은 땅 밑의 지하수처럼 우리 내면을 따라 흐르면서 우리가 끌어낼 수 있는 아이디어의 흐름을 형성한다. 아티스트로서 우리는 그 흐름 속으로 깊이 내려가 그 안에서 들려오는 소리를 듣고 그대로 표현한다. 이는 창작 같은 거창한 것보다는 받아쓰기에 더 가깝다. 내 친구 중에 빈틈없는 계획으로 유명한 영화감독이 있다. 그런 그도 작업 중에 불현듯 떠오르는 아이디어를 살릴 때 명장면이 탄생한다고 말했다.

이렇게 명확한 영감의 순간을 포착하려면 우리는 신념을 품고 그 안으로 들어가야 한다. 매일 모닝 페이지와 아티스트 데이트를 하면 신념의 도약을 꾸준히 연습할 수 있다. 그렇게 하면서 귀를 기울이는 법을 배울 뿐만 아니라 "이걸 해봐. 이걸 시도해봐. 이렇게 말해봐"라고 영감을 주는 직관적 목소리를 점점 더 또렷하게 들을 수 있다.

작가라면 어느 순간 시구절이나 형태를 갖춘 문단이 저절로 떠

*
유대교 신비주의 사상인 카발라에서 '깊은 자아'는 '네샤마neshamah'라고 불린다. 이는 히브리어 '샴shmhm'에서 유래한 말로, '듣다' 또는 '경청하다'라는 뜻을 가지고 있다. 네샤마는 '듣는 자'로서 우리에게 영감을 주거나 우리를 이끄는 영혼이다.

스타호크

오른 적이 있을 것이다. 우리는 이러한 발견을 작은 기적이라고 생각한다. 그게 기적이 아니라 당연한 일이라는 것을 미처 알지 못한다. 우리는 작품의 창작자라기보다는 그 작품을 끌어내는 매개체에 더 가깝다는 것을 깨달아야 한다.

미켈란젤로는 대리석 덩어리 속에서 다비드를 발견하고 그를 꺼내주었다고 말했다. 추상표현주의 미술의 선구자인 잭슨 폴록은 "그림은 그 자체로 생명력이 있다. 나는 단지 그 생명력을 드러나게 할 뿐이다"라고 말했다. 나는 시나리오 창작을 가르칠 때면 학생들에게 그들의 영화가 이미 완전한 형태로 존재한다는 점을 상기시켜준다. 그들이 할 일은 그저 그 소리에 귀를 기울이고 마음의 눈으로 바라보면서 적는 것뿐이다. 다른 예술도 다 마찬가지다. 그림과 조각이 우리를 기다리고 있다. 소나타도 우리를 기다린다. 책과 연극과 시도 우리를 기다린다. 우리는 그저 적어 내려가면 된다. 그렇게 하려고 우리는 창조의 샘으로 다가간다.

영감의 흐름은 끊임없이 방송되는 온갖 라디오 파장과 비슷하다. 꾸준히 연습하면 우리가 원하는 주파수를 맞춰 들을 수 있게 된다. 부모가 여러 아이들 사이에서 자기 아이의 목소리를 알아듣는 것처럼, 우리도 주의를 기울이면 현재 창작하려는 작품의 소리를 알아들을 수 있다.

창조 행위를 자연스러운 일로 받아들이고 나면 두 번째 아이디어, 즉 창조주가 당신에게 필요한 것은 무엇이든 줄 거라는 사실도 받아들일 수 있다. 협력자의 도움을 선뜻 받아들이는 순간, 삶의 곳곳에서 유용한 도움의 단서가 보일 것이다. 그러니 주의 깊게 살펴보라. 당신 내면의 창조적 목소리에 또 하나의 목소리, 더 조화로운 화음이 겹

*
듣기는 수용의 한 형태다.

스텔라 테릴 만

쳐지기도 한다. 이 목소리는 흔히 동시성을 통해 나타난다.

당신은 구상 중인 장면에 필요한 이야기를 듣고, 그 장면에 어울리는 노래를 찾으며, 마음속에 떠올렸던 색상의 물감을 보게 될 것이다. 당신이 하는 일에 딱 어울리는 책과 세미나, 물건을 찾게 될 것이다. 당신이 하는 일을 우주가 돕고 있다는 사실을 받아들여라. 신의 손길을 친구의 도움인 양 기꺼이 받아들여라. 우리는 신이 우리의 창작물을 퇴폐적이거나 하찮게, 혹은 형편없이 여길 거라고 막연히 두려워하는 탓에 창조자 대 창조자로서 주어지는 이런 도움을 간과하고 있다.

신은 위대한 아티스트라는 사실을 명심하라. 아티스트는 다른 아티스트를 좋아하는 법이다. 우주가 당신의 꿈을 지원할 거라고 기대하라. 실제로 그럴 것이다.

완벽주의라는 올가미

미국의 1세대 페미니즘 작가인 틸리 올슨은 완벽주의를 "예술에 들이대는 칼날"이라고 표현한 바 있다. 당신은 그럴듯한 말로 포장할 수도 있다. 가령 '제대로 하기'라거나 '더 나아가기 전에 고치기'라거나 '기준 잡기'라고 부를 수도 있다. 하지만 올바른 명칭은 결국 '완벽주의'다.

완벽주의는 제대로 하는 것과는 상관이 없다. 잘못을 고치거나 기준을 잡는 것과도 아무 연관이 없다. 그저 당신이 앞으로 나아가지 못하도록 막는 것일 뿐이다. 완벽주의는 강박적이고 소모적인 시스템

*
예술에서 사고(思考)는
독창성의 적이다.

마틴 리트

으로, 당신이 쓰거나 그리거나 만드는 작품의 세부 사항에 집착하느라 전체적인 흐름을 놓치게 하는 올가미다. 완벽주의의 올가미에 사로잡히면 우리는 자유롭게 창작을 마친 뒤 나중에 실수가 자연스럽게 드러나는 것을 기다리는 대신, 세부 사항에 집착하며 수렁에 빠지곤 한다. 독창적인 작품을 고치고 고쳐서 열정과 즉흥성 없는 획일적 작품으로 변질시키기도 한다. 트럼펫 연주자이자 작곡가로 유명한 마일즈 데이비스는 이렇게 말했다. "실수를 두려워하지 마세요. 실수란 없습니다."

완벽주의자는 시 한 줄을 고치고 또 고치다 결국 시 전체를 망치고 만다. 완벽주의자는 초상화의 턱선을 다듬고 또 다듬다 급기야 종이를 찢어지게 만들고 만다. 완벽주의자는 시나리오 첫 장을 온갖 버전으로 고쳐 쓰느라 다음 장으로 넘어가지 못하고 만다. 완벽주의자는 관객의 눈치를 보면서 글을 쓰고 그림을 그리고 조각을 한다. 과정을 즐기기보다는 끊임없이 결과를 평가한다.

완벽주의자는 논리적 사고를 담당하는 뇌와 결탁한 듯하다. 완벽주의자의 창작 세계에서는 비평가가 절대적 권위를 갖는다. 탁월한 묘사로 이루어진 산문의 한 구절조차 예리한 눈과 섬세한 손길로 철저히 분석하고 비판한다. "흠, 이 쉼표는 뭐지? 이 단어의 철자가……?"

완벽주의자에게는 초안이나 대략적인 스케치, 준비 작업이 존재하지 않는다. 모든 작업이 최종적이고 완벽해야 한다. 프로젝트 중간쯤, 완벽주의자는 처음부터 다시 읽으면서 윤곽을 잡고 어디로 나아가는지 살핀다. 그렇다면 어디로 나아가고 있을까? 어디로도 빠르게 가지는 못하고 있을 것이다.

완벽주의자는 만족을 모른다. "이 정도면 썩 괜찮군. 이대로 계속

하면 되겠어"라는 말을 절대로 하지 않는다. 완벽주의자에게는 늘 개선의 여지가 있다. 그들은 이런 태도를 겸손이라고 부르지만, 이는 사실 오만이다. 자만심에 빠져서 완벽한 원고를 쓰고, 완벽한 그림을 그리고, 완벽한 오디션 독백을 수행하고 싶어 하는 것이다.

완벽주의는 최고를 추구하는 게 아니다. 오히려 우리 안의 최악을 추구한다. 우리가 하는 어떤 것도 썩 훌륭하지 않으니, 다시 해야만 한다고 자꾸만 다그친다. 결코 그래서는 안 된다.

"그림은 결코 완성되지 않는다. 그저 흥미로운 지점에서 멈출 뿐이다." 미국의 미술 평론가이자 역사학자인 폴 가드너가 한 말이다. 책도 결코 완성되지 않는다. 그저 특정한 지점에서 그만 쓰고 다음 작품으로 넘어갈 뿐이다. 영화도 결코 완벽하게 편집되지 않는다. 그저 어떤 지점에서 손을 내려놓고 다 됐다고 선언하는 것이다. 내려놓기는 창조성의 자연스러운 일부분이다. 우리는 주어진 여건에서 우리가 할 수 있는 최선을 다하기만 하면 된다.

위험 감수하기

질문: 완벽하게 하지 않아도 된다면 나는 어떻게 될까?
답변: 지금보다 훨씬 더 나아질 것이다.

성찰하지 않는 삶은 살 가치가 없다는 말을 다들 들어봤을 것이다. 그런데 살아보지 않은 삶은 성찰할 가치조차 없다는 점도 고려해

> *
> 삶은 다음에 무엇을 어떻게 할지 알 수 없는 불확실한 것이다. 어떻게 해야 할지 깨닫는 순간, 당신은 조금씩 죽어가기 시작한다. 아티스트는 결코 완벽하게 알지 못한다. 그저 추측할 뿐이다. 우리는 잘못을 저지를지도 모르지만, 어둠 속에서 뛰고 또 뛴다.
>
> 아그네스 드 밀

야 한다. 창조성 회복은 머리로 생각만 하지 않고 행동으로 옮기는 능력에 달려 있다. 이는 곧바로 위험이라는 주제로 이어진다. 사람들은 대부분 위험을 피하라고 자신을 설득하는 데 능숙하다. 위험에 노출될 때 겪게 될 고통이 어떤지 잘 알기 때문이다.

"아마 얼간이처럼 보일 거야." 우리는 연기 수업에 처음 참가하거나, 어설프기만 한 첫 번째 단편소설을 발표하거나, 형편없는 첫 그림을 선보일 때 이렇게 중얼거린다. 대가들의 작품을 기준으로 삼아서 그들의 완성된 경지와 우리의 첫 시도를 비교하기 때문에 이런 일이 벌어진다. 자신의 학창 시절 작품을 조지 루카스의 학창 시절 작품과 비교하는 게 아니다. 〈스타워즈〉와 비교한다.

우리는 무언가를 잘 해내기 위해선 먼저 서툴게라도 해봐야 한다는 사실을 부정한다. 그 대신, 성공할 수 있다는 확신이 드는 지점에 자신의 한계를 설정하고 싶어 한다. 이런 한계 속에 갇혀 살면 답답하고 숨이 막힌다. 절망하거나 지루하게 느껴질 수도 있다. 그렇긴 하지만 안전하다고 생각한다. 그런데 안전은 매우 값비싼 환상에 불과하다.

위험을 감수하려면 우리가 받아들였던 한계를 과감히 떨쳐내야 한다. "난 못 해. 왜냐하면……"이라는 핑계를 뚫고 나가야 한다. 우리는 너무 나이 들어서 할 수 없고, 너무 돈이 없어서 할 수 없다고 말한다. 너무 수줍어서, 너무 자존심 상해서, 너무 겁나서 할 수 없다고 말한다. 무언가를 못 한다고 말하는 것은 그것을 완벽하게 해낼 확신이 없으면 하지 않겠다는 뜻이다.

현업에서 활동하는 아티스트는 이런 태도가 얼마나 어리석은지 잘 알고 있다. 영화감독들 사이에서 자주 오가는 농담이 있다. "아, 그래. 난 영화를 어떻게 감독해야 하는지 정확히 알아. 다 만든 다음에 말이지."

창조성이 막힌 아티스트로서 우리는 자신이 비현실적으로 성공하길 기대하고 남들에게 그러한 성공을 인정받기를 바란다. 그런 암묵적 기대와 요구 때문에 수많은 일이 우리의 가능성 영역 밖에 존재한다. 배우는 연기 범위를 넓히려고 애쓰기보단 익숙한 배역만 맡으려고 한다. 가수는 안전하게 검증된 스타일에 집착하고, 작곡가는 히트곡 공식을 반복한다. 이런 식으로 행동하면 사람들에게는 창조성을 발휘하는 것처럼 보이지만, 실상은 창조성이 꽉 막힌 상태로 굳어지고 있는 것이다. 결국 새롭고 더 만족스러운 예술적 영역으로 들어가는 위험을 감수하지 못하게 된다. 시도할 가치가 있는 일이라면 서툴게라도 해볼 가치가 있다는 점을 받아들이면, 선택의 폭이 넓어진다.

완벽하게 하지 않아도 된다면 나는 다음과 같은 일을 시도할 것이다.

1. 스탠드업 코미디
2. 현대무용
3. 급류 타기
4. 활쏘기
5. 독일어 배우기
6. 인체 소묘
7. 피겨스케이팅
8. 순백에 가까운 금발로 염색하기
9. 꼭두각시 조종하기
10. 공중그네 타기

＊
우리는 두려움을 피할 수 없다. 다만 두려움을 온갖 흥미진진한 모험을 함께하는 동반자로 바꿀 수 있을 뿐이다. 하루에 한 가지씩 위험을 감수하라. 크든 작든 일단 저지르고 나면 기분이 끝내줄 것이다.

수전 제퍼스

11. 수중발레

12. 폴로

13. 빨간 립스틱 바르기

14. 패션 디자인 수업 듣기

15. 단편소설 쓰기

16. 대중 앞에서 자작시 낭송

17. 열대지방으로 즉흥적인 여행

18. 비디오 촬영하는 법 배우기

19. 자전거 타는 법 배우기

20. 수채화 수업 듣기

영화 〈분노의 주먹Raging Bull〉에서 제이크 라모타의 동생이자 매니저는 형이 왜 체중을 감량하고 무명 선수와 싸워야 하는지 설명한다. 일장 연설을 늘어놓은 뒤, 그는 어리둥절한 라모타에게 결론적으로 말한다. "그러니까 그냥 싸워. 형이 이기면 이기는 거고, 형이 져도 이기는 거야." 위험을 감수할 때도 마찬가지다.

달리 표현하면, 위험은 흔히 그 자체로 감수할 만한 가치가 있다. 자신의 한계를 확장하려면 활력을 불어넣어줄 일이 필요한데, 위험이 그 역할을 한다. 도전하고 극복하는 과정에서 자신감이 생기고, 이 자신감은 또 다른 도전을 위한 발판이 된다. 가령 마라톤을 하면 장편 희곡을 쓸 가능성이 커진다. 장편 희곡을 쓰면 마라톤에서 한 발짝 더 나아갈 수 있다.

다음 문장을 완성해보라.

*
예술은 자유로워서 '반드시 그래야 한다'라는 것이 없다.

바실리 칸딘스키

완벽하게 하지 않아도 된다면 나는 ＿＿＿＿＿＿를 시도할 것이다.

질투, 두려움을 가리는 가면

질투는 인간이라면 누구나 가지고 있는 감정이라는 말을 자주 접한다. 그럴 때마다 나는 '당신의 질투는 그럴지 모르지만 내 질투는 그렇지 않아'라고 생각한다. 내 질투는 머릿속에서 포효하고 가슴을 조이고 뱃속을 차가운 주먹으로 쥐어짜면서 가장 강하게 압박할 곳을 찾는다. 그래서 나는 오랫동안 질투를 가장 큰 약점으로 여겨왔다. 그러다 최근에야 질투가 사랑의 매를 휘두르는 친구라고 생각하게 되었다.

질투는 지도와 유사한데, 사람마다 그 질투 지도가 다 다르다. 가령 나는 여성 소설가가 성공했다는 소식을 들었을 때 분노로 눈이 이글거린 적이 없다. 그런데 여성 시나리오 작가의 성공과 실패에는 병적인 관심을 보이면서 가차 없이 비판했다. 내 시나리오를 직접 써보기 전까지는. 첫 시나리오가 나온 뒤, 내 질투는 눈 녹듯 사라지고 그 자리에 동지애가 들어섰다. 내 질투는 결국 간절히 원하는데 용기가 없어서 도전하지 못하는 두려움을 가리기 위한 가면이었던 것이다.

질투는 두려움을 가리는 가면이다. 원하는 것을 얻을 수 없다는 두려움이자, 마땅히 자신의 것이라 여기면서도 너무 두려워 시도조차 못 하는 것을 다른 사람이 차지했을 때 느끼는 좌절감이다. 질투는 우주의 충만함과 다양성을 허용하지 않는다. 시인이든 화가든 당신이 꿈꾸는 것이 그 무엇이든 간에, 단 한 사람을 위한 자리만 있다고 떠벌린

※
달을 향해 발사하라.
설사 빗나가더라도 다른 별에 착륙할 것이다.

— 레스 브라운

다. 그런데 실상은 그렇지 않다. 각자 꿈을 향해 나아가는 순간, 우리 모두를 위한 자리가 있다. 그런데 질투 때문에 시야가 좁아져서 전체적인 상황을 보지 못한다. 다른 선택지를 고려하지도 못한다. 질투가 우리에게 속삭이는 가장 큰 거짓말은, 질투 말고는 다른 선택지가 없다는 것이다. 우리의 자유를 보장할 열쇠는 바로 행동인데, 얄궂게도 질투는 바로 이 행동하려는 의지를 빼앗아버린다.

질투심 해독하기

질투 지도는 세 칸으로 이루어져 있다. 첫 번째 칸에는 당신이 질투하는 사람의 이름을 적는다. 두 번째 칸에는 그 이유를 적는다. 가능한 한 구체적으로 정확하게 적어야 한다. 세 번째 칸에는 질투에서 벗어나 창조적 도전을 향해 나아갈 수 있는 행동을 한 가지 적는다. 질투에 사로잡히면 독사에게 물렸을 때처럼 즉시 해독제가 필요하다. 종이에 당신의 질투 지도를 작성해보라.

이름	이유	해독을 위한 행동
내 동생 리비	멋진 화실이 있다	빈방을 화실로 개조한다
내 친구 에드	범죄소설을 잘 쓴다	까짓것 나도 써본다
앤 섹스턴	유명한 시인	오랫동안 써온 시를 출간한다

아무리 큰 변화도 시작은 작은 법이다. 녹색은 질투를 상징하는 색이지만, 희망을 상징하기도 한다. 질투의 강렬한 에너지를 긍정적 방향으로 활용하는 방법을 익히면, 질투는 더 푸르고 풍성한 미래로 나아갈 원동력이 되어줄 것이다.

> ※
> 용기가 있으면,
> 당신은 위험을 감수하고
> 자비를 베풀 힘과 겸손해질
> 지혜를 가질 수 있을 것이다.
> 용기는 온전함의 토대다.
>
> 케샤반 나이르

내 안의 창조성 탐색하기

아래 제시한 여러 표현은 탐정 작업에 가깝다. 조금만 파헤치면 우리 내면 깊숙이 묻어두었던 일들을 알아낼 수 있다. 당신의 답변은 과거에 무엇을 놓쳤는지 알려줄 뿐만 아니라 내면의 어린 아티스트를 위로하고 격려하기 위해 지금 무엇을 할 수 있는지도 알려준다. 아직 늦지 않았다. 당신의 자아가 뭐라고 하든.

다음 문장을 완성해보라.

> ※
> 나는 재능을 높이 평가하지
> 않는다. 재능은 물려받은
> 것이다. 그 재능으로 무엇을
> 하느냐가 중요하다.
>
> 마틴 리트

1. 어렸을 때 나는 ＿＿＿＿＿＿ 할 기회를 놓쳤다.
2. 어렸을 때 나는 ＿＿＿＿＿＿ 이 부족했다.
3. 어렸을 때 나는 ＿＿＿＿＿＿ 를 활용할 수도 있었다.
4. 어렸을 때 나는 ＿＿＿＿＿＿ 가 되기를 꿈꾸었다.
5. 어렸을 때 나는 ＿＿＿＿＿＿ 를 원했다.
6. 우리 집에는 ＿＿＿＿＿＿ 가 충분했던 적이 없다.
7. 어렸을 때 나는 ＿＿＿＿＿＿ 가 더 필요했다.
8. 다시는 ＿＿＿＿＿＿ 를 못 보게 되어 아쉽다.

9. 오랫동안 나는 _____를 그리워하고 궁금해했다.

10. 나는 _____를 잃어버려서 자책한다.

부족한 점뿐만 아니라 긍정적인 자산도 인정할 필요가 있다. 지금의 당신이 토대로 삼아야 할 긍정적 측면을 생각해보자.

다음 문장을 완성해보라.

1. 나는 믿을 만한 친구가 _____에 있다.
2. 지금 사는 동네를 좋아하는 이유는 _____이다.
3. 나한테는 괜찮은 _____가 있다고 생각한다.
4. 모닝 페이지를 쓰면서 내가 _____할 수 있음을 알게 되었다.
5. 나는 _____에 관심이 더 생겼다.
6. 나는 _____를 더 잘하게 된 것 같다.
7. 나의 아티스트는 _____에 관심이 더 보이기 시작했다.
8. 나는 자기 관리를 위해 _____를 한다.
9. 나는 더 많은 _____를 느낀다.
10. 아마도 내 창조성은 _____일 것이다.

※
자신을 신뢰하라.
당신의 직감은 당신이 생각하는 것보다 훨씬 더 정확하다.

클라우디아 블랙

> 과제

1. "나를 소중하게 대하면 나는 더 강해질 것이다." 이 문장을 주문처럼 외워라. 그리고 물감이나 크레용으로 멋지게 써서 날마다 볼 수 있는 곳에 붙여둬라. 흔히 자신을 엄격하게 대할수록 강해질 것으로 생각하는데, 사실은 그 반대다. 자신을 소중히 여기고 돌봐야 힘이 난다.

2. 재미 삼아 시간을 내서 앨범 한쪽 면을 다 들어보자. 들으면서 낙서를 하고 싶을 수도 있다. 떠오르는 감정이나 생각을 자유롭게 표현한다. 불과 20분 정도 투자하는 것으로 기분이 얼마나 새로워지는지 주목하라. 평소에 이런 식의 간단한 아티스트 데이트로 스트레스를 해소하고 통찰력을 높여라.

3. 교회, 사찰, 도서관, 숲 같은 성스러운 공간에 가서 침묵을 음미하고 치유의 고독 속에 잠겨보자. '성스러운 공간'이라고 하면 사람마다 다르게 떠오를 것이다. 나는 대형 시계 상점이나 멋진 수족관에서 시간을 초월한 경이로움을 맛보곤 한다.

4. 향긋한 수프, 방향제, 전나무 가지, 향초 등 무엇이든 한 가지를 선택해 집 안에 향기가 솔솔 풍기게 하자.

5. 특별한 일이 없더라도 가장 좋아하는 옷을 입어보자.

6. 멋진 양말이나 장갑 등 마음에 위로가 되고 따뜻해지는 물건을 사서 자신에게 선물하자.

7. 콜라주를 만들어보자. 마음대로 찢어도 되는 잡지를 열 권 이상 모은다. 20분 정도 시간을 정해놓고 당신의 삶이나 관심사를 반영하는 이미지를 잡지에서 오려 붙인다. 이 콜라주를 일종의 그림 자서전으

※
막 그리기 시작할 때는 그림이 당신의 바깥에 있다. 그런데 완성하고 나면 당신이 그림 안으로 들어간 것 같을 것이다.

페르난도 보테로

> *
> 의식되지 않은 내면의 상황은 외부에서 운명이라는 얼굴로 나타난다.
>
> 카를 구스타프 융

로 생각하라. 그 안에 당신의 과거, 현재, 미래, 꿈을 다 담는다. 단순히 마음에 드는 이미지를 포함시켜도 좋다. 이미지가 스무 개 정도가 될 때까지 잡지를 뒤적여보자. 이제 신문지 한 장과 스테이플러, 테이프나 풀을 준비하고 내키는 대로 이미지를 붙인다. 콜라주 만들기는 내 수강생들이 가장 좋아하는 활동 중 하나다.

8. 좋아하는 영화를 다섯 편 빠르게 나열해보자. 그 안에 공통분모가 있는가? 장르가 로맨스인가? 아니면 모험물, 시대물, 정치극, 가족극, 스릴러인가? 당신의 콜라주에 이 영화들에서 다루는 주제가 엿보이는가?

9. 즐겨 읽는 글의 주제를 나열해보자. 비교 종교학, 영화, 초능력, 물리학, 벼락부자, 배신, 삼각관계, 주요한 과학적 업적, 스포츠……. 당신의 콜라주에 이러한 주제가 담겨 있는가?

10. 당신의 콜라주를 특별한 곳에 둬라. 옷장이나 서랍처럼 은밀한 곳이어도 좋다. 몇 달에 한 번씩 콜라주를 새로 만들거나, 당신이 성취하고 싶은 꿈을 더 철저하게 반영한 콜라주를 만들고 싶어질 것이다.

점검

1. 이번 주에 모닝 페이지를 몇 번 썼는가? 창조적 도전을 감행하는 상상에 빠져본 적이 있는가? 어렸을 때 좋아하던 일을 다시 하면서 내면의 어린 아티스트를 돌봐주었는가?

2. 이번 주에 아티스트 데이트를 했는가? 위험을 감수하는 데 아티스트 데이트를 활용했는가? 무엇을 했고, 어떤 기분이 들었는가?

3. 이번 주에 동시성을 경험했는가? 어떤 것이었나?

4. 이번 주 창조성 회복 과정에서 중요하다고 생각한 다른 이슈가 있었는가? 그것을 기록해보자.

Week

이번 주에는 창조성을 가로막는 또 하나의 걸림돌인 '시간'에 대해 다룬다. 그동안 창조적 도전을 회피하기 위해 시간을 어떻게 인식해왔는지, 또 현재 삶에서 당장 어떤 변화를 모색할 수 있는지 파악한다. 창조적으로 살고 싶었으나 지금의 삶에 안주하도록 부추긴 상황이 무엇인지도 파헤쳐본다.

〔 강점 회복하기 〕

The
Artist's
Way

아티스트로 살아남는다는 것

아티스트가 직면하는 가장 어려운 과제 가운데 하나는 아티스트로 살아남는 것이다. 아티스트라면 누구나 다양한 손실을 만회하는 기술을 익혀야 한다. 그래야 희망이나 체면, 돈, 자신감을 잃어도 다시 일어설 수 있다. 아티스트로 살다 보면, 얻는 것도 많지만 어쩔 수 없이 손실을 겪게 된다. 이러한 손실은 예술적 여정에서 흔히 마주치는 위험 요소이자 이정표다. 예술적 손실은 예술적 성과와 강점으로 바뀔 수 있지만, 고립된 예술가의 고뇌 속에서는 그렇게 되기 어렵다.

 정신건강 전문가들이 지적하듯이, 손실을 극복하려면 일단 그 사실을 인정하고 다른 사람들과 아픔을 나누어야 한다. 그런데 우리는 그것을 솔직히 인정하고 드러낸 적이 거의 없기에 고스란히 창조성을 가로막는 상처로 남아 성장을 방해받는다. 그 일은 너무 아프거나 너무 바보 같아서, 혹은 굴욕적이라고 여겨져 나눌 수가 없어서 안으로 곪는 것이다.

예술적 창조물이 정신적으로 낳은 자식이라면, 예술적 손실은 유산의 아픔을 겪는 것과 같다. 임신 중 아이를 잃은 여성이 끔찍한 고통에 시달리라는 것은 누구나 짐작할 수 있는 사실이다. 아티스트로서 우리도 책이 팔리지 않을 때, 영화가 관객을 끌어들이지 못할 때, 애써 그린 그림이 심사에서 떨어졌을 때, 잘 만든 도자기가 깨져버렸을 때, 수많은 고뇌 끝에 쓴 시가 인정받지 못했을 때, 발목 부상으로 한 시즌 내내 무용을 하지 못했을 때 그 같은 아픔을 겪는다. 내면의 아티스트는 아직 어린아이에 불과하다는 점을 잊지 말아야 한다. 지적으로는 감당할 수 있더라도 감정적으로는 큰 어려움을 겪을 수 있다. 그러니 손실을 인정하고 아픔을 드러내야 한다.

좋은 작품에 대한 반응이 시원찮을 때나 사람들의 기대 때문에 다른 분야나 역할로 넘어가지 못할 때, 우리의 예술적 손실을 대놓고 슬퍼해야 한다. "누구나 겪는 일이야"라거나 "내가 무슨 짓을 한 거지?"라고 말해봤자 아무 소용 없다. 실망감을 달래주지 않으면 이런 감정은 곧 미래의 꿈을 가로막는 걸림돌로 바뀐다. 당신에게 딱 맞는 역할에 캐스팅되지 못했다고? 극단에 합류하라는 요청을 받지 못했다고? 공연이 취소되었다고? 연극이 아무런 비평도 못 받았다고? 이 모든 게 죄다 손실이다.

예술적 손실 가운데 가장 큰 상처는 아무래도 비판에서 초래되는 경우가 많다. 내면의 아티스트는 내면의 아이와 마찬가지로 '진실

*
수많은 실습을 거친 후에야 비로소 이 기술의 숙련자가 될 수 있다.

에리히 프롬

한' 비판을 받으면 별로 상처받지 않는다. 거듭 말하지만, 진실한 비판은 그 비판의 대상이 되는 아티스트를 자유롭게 해준다. 우리는 어린 아이 같지만, 아이처럼 유치하진 않다. 정확하게 날아온 비판의 화살에는 "아하!"라는 감탄사가 절로 나온다. 그런 비판을 들으면서 아티스트는 '그래, 정말 그런 것 같네! 좋았어! 그 점은 바꿀 수 있어!'라고 생각한다. 아티스트를 해치는 비판이란, 의도가 뭐든 진실이 전혀 담겨 있지 않지만 그럴듯하게 들리거나 너무 포괄적이라 논리적으로 반박하기 어려운 비판이다.

교사와 편집자, 멘토는 젊은 아티스트에게 권위자나 부모 같은 존재다. 그런데 신성한 신뢰로 맺어진 교사와 학생 간에 신뢰가 무너지면 부모에게 학대받는 것 같은 충격을 받는다. 감정적으로 의존하는 대상에게서 받는 상처는 그만큼 고통스럽다. 믿고 따르던 교사에게 작품이 형편없다거나 장래성이 없다는 말을 듣고, 전문가에게 재능에 한계가 있다거나 재능이 있는지 의심스럽다는 말을 들었다 해보자. 이런 인식 공격에 가까운 모호한 비판은 은밀한 성적 괴롭힘과도 같다. 더럽혀진 기분이 들지만 이를 객관적으로 평가하거나 분석하기 어렵다. 이러한 비판을 받은 학생은 수치심에 몸을 떨며 자신을 형편없는 아티스트로 여기거나, 심지어 공연히 헛물만 켜는 바보라고 생각하게 된다.

상아탑의 권력자들

나는 지난 10여 년 동안 학계 사람들을 가르치는 다소 위험한 특권을 누려왔다. 초빙 아티스트로서 상아탑의 지식인을 겪어보니, 본래 예술적 존재였지만 창작할 수 없는 자신에게 깊이 좌절하는 이들이 상당수 있었다. 지적 담론에 능숙한 그들은 그 지적 능력 때문에 자신의 창작욕과 거리를 두게 된다. 그런 이유로 자신들이 지도하는 학생들의 창조성을 불편하게 여기는 경우가 많았다.

학자들은 예술을 학문적으로 연구하고 판단하는 데 전념하기 때문에 직접 창작의 세계에 들어가게 되면 대부분 위압감을 느낀다. 그래서 창작 글쓰기 프로그램에 일단 의심의 눈길을 보내곤 한다. '저 사람들은 창조성을 연구하는 게 아니라 실제로 실천하고 있어! 이게 어디로 이어질지 누가 알겠어?'라는 식이다.

나와 개인적으로 친분이 있는 영화학과 학과장이 떠오른다. 그는 뛰어난 영화 제작자였지만 수년째 창작의 고된 과정과 그로 인한 실망감에 자신을 노출할 수 없거나 노출하지 않으려 했다. 그 대신 솟구치는 창작욕을 학생들에게 쏟아부었다. 그들의 노력에 지나치게 간섭하거나 억누르면서 간접적으로나마 자신의 방관적 입장을 정당화하거나 충족하려고 했다. 나는 그를 미워하고 싶었고, 실제로 그의 행동을 싫어했지만, 그를 볼 때마다 한편으로는 측은한 마음이 들기도 했다. 초기 작품들에서 빛나는 재능을 보여주었던 그의 창조성은 이러한 좌절을 겪으면서 처음엔 그의 삶을, 다음엔 학생들의 삶을 어둡게 만들었다. 진정한 의미에서, 그는 창조적 괴물이었다.

그 뒤로도 학계의 사람들을 몇 년 더 가르치고 나서야 나는 학계에 창조성을 가로막는 미묘하지만 치명적인 적이 도사리고 있음을 깨달았다. 노골적인 적대감은 어떻게든 대적할 수 있다. 간담이 서늘할

※
새로운 발걸음을 내딛거나 새로운 말을 내뱉는 것이야말로 사람들이 가장 두려워하는 일이다.

표도르 도스토옙스키

> *
> 상상력은 지식보다 중요하다.
>
> 알베르트 아인슈타인

정도로 위험하고 교활한 적은 따로 있었다. 학업의 전당에서 학생들의 창조성을 얼어붙게 하는 미묘한 무시가 바로 그것이다.

손꼽히는 명문 대학에 재직했을 때의 일이다. 당시 동료 교수들은 참으로 난해하고 실험적인 영화 주제에 대해 활발하게 논문을 발표했다. 그들은 동료 지식인들 사이에서 높이 평가받고 자신의 학문적 경력을 쌓는 데 깊이 몰두했지만, 정작 수업을 듣는 창조적 학생들에게선 좋은 평가를 받지 못했다. 학생들에게 가장 기본적인 영양분, 즉 격려를 제공하지 않았기 때문이다.

창조성은 지적인 용어로 간편하게 계량될 수 없다. 본질적으로 그러한 틀에 얽매이기를 거부한다. 창조적 작품을 비판하고 해체하는 기술을 기반으로 지적 활동이 이뤄지는 대학에서 창조 활동은 지원이나 이해, 인정을 얻기가 쉽지 않다. 솔직히 말해서, 학자들은 대부분 해체할 줄만 알지 조립할 줄은 모른다. 상아탑의 권력자들은 학생들의 작품을 좀처럼 인정하지 않았다. 작품마다 그 나름의 성과가 있는데도 불구하고 결점에만 주목해 평가했다. 나는 전도유망한 작품이 제대로 평가받지 못하고 "이랬어야 했는데, 이럴 수 있었는데, 저럴 수 있었는데"라는 지적만 당하는 모습을 여러 번 목격했다.

그렇다고 학계가 아티스트의 고상한 작업실로 바뀌어야 한다는 말은 아니다. 다만 그런 환경에서 존재하고 성장하고, 심지어 꽃을 피우려는 아티스트들은 지성주의의 방향이 전반적으로 창조적 충동과 상반된다는 점을 알아야 한다는 뜻이다. 아티스트가 지나치게 지적 사고에 빠지면 창작에 방해를 받게 된다. 그렇다고 아티스트가 진지하지 않다는 말은 아니다. 예술적 진지함은 지성적 사고방식이 인정하는 기준과는 다른 토대에 놓여 있다는 뜻이다.

　아티스트와 지식인은 같은 부류가 아니다. 나 역시 젊었을 때는 이 말이 무척 혼란스러웠다. 나 자신도 비평에 상당한 재능이 있고, 실제로 날카로운 비평으로 전국 규모의 상을 받기도 했다. 하지만 비평의 초점이 초기 단계의 예술적 시도에 맞춰지면 악용될 수 있다는 사실을 뒤늦게 깨닫고 나서 후회한 적이 있다. 젊은 아티스트는 묘목 같다. 그들의 초기 작품은 잡목과 덤불, 심지어 잡초에 지나지 않는다. 고상하고 지적 이론을 선호하는 학계는 울창한 수풀의 저층부, 즉 밑바닥에서 막 피어나는 젊은 아티스트에게 거의 도움을 주지 못한다. 안타깝게도, 나는 교사로서 창조적 재능을 갖춘 젊은이들이 기존 규범에 순응하지 못해서 위축되거나 불공정하게 대우받는 모습을 서글프게 지켜봐야 했다. 이 책을 읽는 학자들은 학생들의 진정한 성장을 위해 평가 방식을 바꾸기를 바란다. 다시 말해, 더 큰 나무로 자란 우리가 어두운 비판적 힘을 휘둘러 어린 아티스트의 싹을 밟지 않았으면 한다.

　특정한 도구와 충분한 자아 강도ego strengths가 없으면, 아무리 재능 있는 아티스트라도 타격을 받으면 몇 년 동안 기를 펴지 못한다. 재능도 없는데 괜히 '거창한' 꿈만 꾸는 것 같다는 생각에 젊은 아티스트는 자신의 재능을 돈벌이에 쓰면서 더 획기적인 그리고 위험한 일을 하겠다는 꿈을 접는다. 그 결과, 작가 대신 편집자로, 영화감독 대신 영화 편집자로, 순수 미술가 대신 상업 미술가로 살아간다. 이런 이유로, 진정한 재능이 아니라 대담함이 아티스트가 명성을 얻는 조건이 되는 경우가 많다. 대담하지 못하면 독설적 비판에 짓눌리거나 은근한 무시에 말라비틀어진다. 우리가 찬사를 보내는 사람들보다 훨씬 뛰어난 아

＊
당신을 존중하고 잘 대해주는
사람들과 어울려라.

클라우디아 블랙

티스트가 무력한 신세를 면하지 못하는 것은 바로 이런 이유 때문이다. 창조하겠다는 희망과 용기를 회복하려면 자신을 가로막고 있는 상처를 인정하고 드러내야 한다. 이 과정은 고통스럽고 비참해 보이더라도 꼭 거쳐야 하는 통과의례다. 10대가 고압적인 부모에게서 자율성을 얻어내야 하듯, 아티스트도 심술궂은 예술적 멘토에게서 자율성을 획득해야 한다.

테드는 첫 소설을 완성한 후 용기를 내서 한 문학 에이전트에게 원고를 보냈다. 그의 원고를 읽느라 시간과 수고를 들일 상대를 위해 100달러짜리 수표도 동봉했다. 그런데 돌아온 답변은 참으로 무책임하고 모호한 쪽지 한 장뿐이었다. 거기엔 이렇게 쓰여 있었다. "이 소설은 좋기도 하고 나쁘기도 합니다. 최악의 경우죠. 뭘 어떻게 고치라고 말할 수가 없습니다. 그냥 폐기하는 게 낫다고 봅니다."

나를 만났을 때 테드는 7년째 창조성이 막힌 상태였다. 여느 초심자들처럼 그도 다른 의견을 들어봐야 한다는 생각을 하지 못했다. 나에게 자신의 소설을 건넬 때도 무척 조심스러워했다. 테드의 친구로서 나는 이 소설이 그토록 푸대접을 받았다는 사실에 참으로 속상했다. 소설을 읽으면서 어찌나 감동했는지, 막힌 창조성을 풀어낼 첫 번째 학생을 찾았다는 것을 단번에 알아차렸다.

"다시 써보는 게 어때요? 당신이라면 충분히 할 수 있어요. 내 말을 믿고 다시 써봐요."

내 비평을 다 듣고 나서 테드는 장애물을 뚫고 나가보겠다고 선뜻 동의했다. 그 뒤로 12년째 테드는 모닝 페이지를 쓰고 있다. 지금까지 소설 세 권, 시나리오 두 편을 완성한 그는 훌륭한 문학 에이전트와 함께 작가로서 명성을 떨치고 있다. 현재의 자리에 오르기 위해 테드는 초보 작가로서 받았던 상처를 끄집어내서 치유해야만 했다. 그 상처로 잃어버렸던 시간과 화해해야 했다. 하루하루 한 페이지씩 천천히 강점을 키워야 했다.

프로 운동선수처럼 아티스트로 살다 보면 부상을 입게 마련이다. 이는 게임의 일환이다. 부상을 극복하려면 스스로 치유하는 법을 배워야 한다. 그게 비결이다. 아픈 근육을 무시하면 상처가 더 악화되듯, 손실의 아픔을 묻어버리는 아티스트는 결국 자신을 침묵 속에 가두고 말 것이다. 자신의 예술적 상처를 인정하는 것이야말로 치유의 첫 단계라 할 수 있다. 예술적 상처 목록은 우리가 자초한 상처를 인정하지 않으면 완성되기 어렵다. 아티스트로서 우리는 두려움이나 낮은 자존감 때문에, 또는 그때그때 다른 이유로 좋은 기회가 와도 망설이거나 회피한다.

그레이스는 다른 도시에 있는 학교에서 장학금을 제의받았지만, 남자친구 제리를 떠나고 싶지 않아서 결국 장학금을 거절했다.

잭은 원하는 분야에서 꿈꾸던 일자리를 제안받았다. 그런데 지금 사는 도시와 멀리 떨어진 곳이라 가족과 친구들 때문에 결국 포기하고 말았다.

안젤라는 형편없는 연극에서 지독한 평가를 받았지만, 곧 다른 실험적 연극의 주인공 역을 제안받았다. 하지만 선뜻 응하지 못하고 망설이다 결국 거절했다.

우리는 이처럼 좋은 기회를 놓치고 나서 뒤늦게 후회하곤 한다. 나중에 예술적 유턴에 대해 더 깊이 살펴보겠지만, 지금은 놓쳐버린

*
합리적인 사람들에게 직관적인 사람들의 사고 과정은 거꾸로 작용하는 것처럼 보인다.

프랜시스 위크스

기회를 손실로 인정하기만 해도 치유 과정이 시작된다는 사실만 기억하자.

손실로 위장된 성과

예술은 시간을 구성해가는 행위다. 예술 작품은 우리에게 이렇게 말한다. "한번 이렇게 보세요. 내가 보는 방식은 이러해요."

내 친구이자 소설가인 이브 바비츠가 말하듯, "모든 건 어떻게 담아내느냐에 달려 있다." 예술적 손실을 다룰 때는 특히 그렇다. 손실은 그것이 무엇이든 간에 잠재적 성과로 바라봐야 한다. 결국 모든 건 어떻게 담아내느냐에 달려 있으니까.

끝은 곧 새로운 시작을 의미한다. 다 알고 있지만, 슬픔에 잠겨 있을 때는 그 점을 잊곤 한다. 손실의 충격에 사로잡힌 나머지 이미 놓쳐버린 것, 즉 이루지 못한 작업의 성공적 결실과 떠들썩한 반응에 집착한다. 그런데 우리는 앞으로 벌어질 일에 집중해야 한다. 물론 그렇게 하기 어려울 수도 있다. 우리 앞에 무슨 일이 펼쳐질지 알 수 없다. 그리고 현재가 이렇게 괴로우니 미래도 고통스러울 거라고 생각하기 쉽다.

'손실로 위장된 성과'는 아티스트에게 강력한 도구다. 이 도구를 손에 넣으려면 그냥 이렇게 직설적으로 물어보라. "이 손실이 내게 어떤 도움을 줄 수 있을까? 내 작업을 어디로 이끌고 갈까?" 이에 대한 답이 당신을 놀라게 하고 자유롭게 해줄 것이다. 핵심은 고통을 에

> *
> "이 방법이 효과 있을 거야. 시도해보자"라고 말하는 조용하고 나직한 목소리를 신뢰하라.
>
> 다이앤 마리차일드

너지로 바꾸는 것이다. 그러기 위해서는 은빛 희망이 존재한다고 믿고 새로운 시각으로 작업을 바라보거나 지금껏 망설였던 다른 문을 열고 들어가야 한다.

"공을 잡으려면 일단 공을 잡고 싶어 해야 한다." 영화감독이자 배우인 존 카사베츠가 젊은 감독에게 한 말이다. 나는 그 말을 이런 식으로 이해했다. "당신한테 닥친 어려운 상황을 불평하지 말고 진정 원하는 것에 손을 뻗으세요." 나는 이 조언을 따르려고 노력했다. 그래서 몇 년 동안 시나리오를 들고 도박판 같은 영화사를 여기저기 기웃거렸다. 그런 노력 덕분에 시나리오가 여러 편 팔리기도 했지만 영화로 제작되진 못했다. 공들여 쓴 내 시나리오는 영화사 선반에서 먼지를 뒤집어쓴 채 불안정한 업계의 희생물로 전락했다. 진행 중이던 영화가 하룻밤 사이에 엎어지는 일도 비일비재했다. 의욕을 불태우던 제작자의 속도 나처럼 새까맣게 타버렸다.

"이 바닥이 원래 그래요." 나는 이 말을 수없이 들었다. "당신의 시나리오가 영화로 제작되길 바란다면, 먼저 작가로 이름을 날려야 합니다. 그런 다음 당신의 시나리오 중 하나가 영화로 제작된다면, 또 그 영화가 성공해서 분위기가 무르익는다면 나중에 작품을 감독할 기회가 올지도 모르죠."

나는 이런 상투적 조언에 귀를 기울인 채 거듭 손실을 보면서도 시나리오를 쓰고 또 썼다. 그러다 결국 지금껏 거부해온 다른 문을 찾기 시작했다. 마침내 공을 잡기로 마음먹었은 것이다. 나는 독립영화 제작자가 되기로 했다.

나는 할리우드를 떠나 시카고로 갔다. 먼저 중고 카메라를 구입

> *
> 아는 것에서 모르는 것으로
> 나아가지 않으면 인간은
> 아무것도 배울 수 없다.
>
> 클로드 버나드

하고 〈마이애미 바이스〉의 대본을 써서 번 돈으로 1940년대 스타일 장편 로맨틱 코미디를 찍었다. 3만 1000달러를 들여 촬영을 마쳤는데, 결과가 꽤 괜찮아 보였다. 그런데 어이없게도 음향 테이프를 도난당하고 말았다. 고심 끝에 전체를 더빙해서 기어이 영화를 완성했다. 그야말로 미친 짓 같지만, 내 롤모델인 카사베츠도 그런 경험이 있었다. 결국 영화는 해외 배급권을 따냈고, 해외에서 훌륭한 평가도 받았다. 나는 그 과정에서 참 많은 것을 배웠다.

"왜 나지?"라며 한탄하는 대신에 "어떻게 하지?"라고 물은 덕분에 나는 소박한 장편영화를 내 경력으로 내세울 수 있게 되었다. 직접 발벗고 나서지 않았더라도 이런 결과가 나왔을 수도 있다. 물론 그렇지 않았을 수도 있다. 어쨌든 1974년부터 나는 시나리오 작가로 왕성하게 활동하고 있다. 장편영화, 단편영화, 다큐멘터리, 재현 드라마, TV 드라마, 금주의 영화로 꼽힐 만한 영화, 수준 낮은 미니시리즈까지 미친 듯이 써서 팔아치웠다. 장편영화 한 편과 단편영화 대여섯 편은 직접 감독하기도 했다. 그리고 썩 내세울 만한 이력은 아니지만, 남들이 쓴 대본도 자의 반 타의 반으로 수없이 고쳐주었다. 그 밖에 『롤링 스톤』, 『뉴욕 타임스』, 『빌리지 보이스』, 『뉴욕』, 『뉴 웨스트』, 『로스앤젤레스 타임스』, 『시카고 트리뷴』, 그리고 특히 수년 동안 객원 편집자로 근무한 『아메리칸 필름』 등 각종 신문과 잡지에 영화 에세이, 영화 인터뷰, 해설 기사, 트렌드 분석, 미학 관련 글을 100편 넘게 기고했다. 한마디로, 내가 좋아하는 예술 형식인 영화와 관련해서 내 존재 가치를 확실히 보여주었다.

왜 이렇게 다양한 일을 왜 이렇게 미친 듯이 해냈을까? 영화를 보는 것도, 만드는 것도 좋아한 데다 그간의 손실로 무너지고 싶지 않았기 때문이다. 나는 손실을 보면 "왜 이렇게 됐지?"라면서 한탄하는 대신에 "다음엔 뭘 하지?"라고 질문했다. "다음엔 뭐가 필요하지?"라고 물으며 나는 계속 앞으로 나아갔다. "안 돼"를 최종 답변으로 받아들였다면 그 자리에서 꼼짝하지 못했을 것이다. 그러는 과정에서 경력에 회복 탄력을 불어넣는 열쇠는 바로 자기 역량 강화와 선택에 있다는 사실을 똑똑히 배웠다.

오랫동안 성공적으로 창조성을 발휘하는 사람들을 보면 이러한 원칙이 제대로 작동하는 것을 볼 수 있다. 비디오 아트의 거장 셜리 클라크는 무용가로서 창조적 경력을 시작했다. 그러다 괜찮은 무용 영화를 만들겠다는 일념으로 영화 제작자가 되었고, 유럽에서 뛰어난 영화감독으로 명성을 떨쳤다. 이를 바탕으로 미국에 돌아와 할렘에서 첫 장편영화를 촬영했다. 그녀는 휴대용 카메라로 근접 촬영하는 핸드헬드 기법을 최초로 도입했다. 그러면서 존 카사베츠, 마틴 스코세이지, 폴 슈레이더 같은 감독에게 지대한 영향을 끼쳤다. 물론 안타깝게도 여성 감독으로 버티기에는 어려운 일이 많았다. 영화 제작비가 고갈되자 셜리 클라크는 셈 셰퍼드, 조지프 팹, 오네트 콜먼과 함께 비디오 아트를 개척해나갔다. 클라크는 움직이는 표적을 맞히는 게 더 어렵다는 점을 마음에 깊이 새기며, 창조성을 위한 길이 하나 막히면 다른 길을 기어이 찾아냈다.

영화의 역사를 돌아보다 보면 이러한 이야기가 넘쳐나는 것을 알 수 있다. 엘리아 카잔은 감독으로서 인기가 떨어지자 소설을 썼다. 뛰어난 배우이기도 한 존 카사베츠는 연기로 번 돈을 영화 제작비에 투자했다. 그가 연출하려는 영화가 영화사의 지원을 받을 만큼 상업적이지 않았기 때문이다.

"그들이 영화로 만들지 않겠다면, 까짓것 내가 만들지 뭐." 그는 이렇게 말하고 실제로 그렇게 했다. 창조성이 막힌 채 손 놓고 있지 않고 다른 문을 두드렸다. 배우 겸 프로듀서인 셸리 듀발이 공백기에 창조성을 다른 곳으로 돌리는 대신 불평만 늘어놨다면 우리는 〈동화 극장〉이라는 멋진 시리즈를 즐길 수 없었을 것이다.

'Non illegitimi te carborundum.' 포로수용소에서 흔히 볼 수 있는 낙서다. 간단히 풀이하면 '나쁜 자식들한테 지지 말자'라는 뜻인데, 이는 아티스트에게도 아주 중요한 격려의 메시지다. 이 메시지를 가슴에 새긴 아티스트는 끝까지 살아남고, 대부분 성공한다. 여기서 핵심은 행동이다. 고통은 유익한 방향으로 재빨리 이용하지 않으면 단단히 굳어져서 가슴을 짓누른다. 그러다 보면 행동에 옮기기가 더욱 어려워진다.

손실에 직면하면 그 즉시 작은 행동으로 당신 내면의 아티스트를 지원하라. 꽃다발이나 스케치북을 사는 것처럼 사소한 행동으로도 당신은 "난 네가 고통스럽다는 걸 알아. 앞으론 너한테 더 가치 있는 미래를 약속할게"라는 뜻을 전할 수 있다. 우리 내면의 아티스트는 어린아이처럼 어머니의 보살핌이 필요하다. "어이쿠, 다쳤구나. 내가 호 불어줄게. 자장가도 불러주고 작은 선물도 줄게." 이렇게 속삭여줄 어머니가 필요하다.

감독인 내 친구가 새로운 영화를 개봉하기 전날 밤에 겪는 힘든 일상을 내게 들려주었다. 그는 작품이 실패해서 다시는 작업하지 못할 거라는 불길한 생각으로 전전긍긍할 때마다 이런 식으로 자신을 달랬다고 했다. "까짓것 35밀리 필름으로 촬영할 수 없으면 16밀리로 촬영하지, 뭐. 16밀리 필름으로 촬영할 수 없으면 비디오로 촬영할 수 있어. 비디오로도 촬영할 수 없으면? 그래도 나한테는 슈퍼 8밀리 필름이 남아 있어!"

나이가 많다는 변명

질문: 내가 피아노를 잘 치게 될 때쯤이면 몇 살이 되는지 아세요?
답변: 당신이 그걸 전혀 못 할 때의 나이와 같죠.

"그 일을 하기엔 나이가 너무 많아"라는 말은 "그 일을 할 만한 돈이 없어"라는 말과 함께 창조성 탐색을 가로막는 거짓말로 쌍벽을 이룬다. 우리는 초보자로서 겪어야 할 자아의 위축과 마음고생을 피하려고 나이가 많다는 핑계를 댄다.

서른다섯 살 때 나 역시 "나이가 너무 많아서 영화 학교에 갈 수 없을 거야"라며 망설였다. 그럼에도 용기를 내서 가고 보니, 정말 동급생들보다 열다섯 살이나 많았다. 그런데 나이만큼 창조적 갈망과 인생 경험도 더 많았고, 학구열은 훨씬 더 강했다. 지금 나는 영화 학교에서 학생들을 가르치고 있는데, 뒤늦게 시작하는 학생들이 가장 좋은 성과를 보이는 경우를 더 많이 볼 수 있었다.

"나는 나이가 너무 많아서 배우가 될 수 없어요." 이렇게 불평하

나는 나의 예술이 모든 해답을 준다고 기대하지 않는다. 다만 나의 예술이 올바른 질문을 계속 던지기를 바랄 뿐이다.

그레이스 하티건

예술은 소통의 기술이다. 이미지는 모든 소통 기술 중 가장 완전한 기술이다.

클라스 올든버그

는 학생을 볼 때마다 나는 꼭 그렇지 않다고 말해준다. 물론 내 말을 듣고 다 기뻐하지는 않는다. 뛰어난 배우인 존 마호니는 마흔 살이 다 되어서야 연기를 시작했다. 지난 10년간 화려한 경력을 쌓은 덕분에 지금은 보통 세 편 정도는 출연이 확정되어 있는 상태이고, 세계 최고 감독들과 함께 작업하고 있다.

"나는 나이가 너무 많아서 작가가 될 수 없어요." 이런 불평도 자주 듣는다. 이 역시 자존심을 세우려는 헛소리에 불과하다. 추리소설의 거장 레이먼드 챈들러는 40대 후반이 되도록 책을 한 권도 출간하지 못했다. 영화로까지 제작된 『쥴 앤 짐Jules and Jim』은 70대 남자가 처음으로 쓴 소설이었다. "나이가 너무 많아서"라는 말은 두려움에 맞서지 않으려는 회피 전략일 뿐이다.

이번엔 "은퇴하면 한번 해볼게"라는 관점을 살펴보자. 이 말도 자아를 보호하려는 또 다른 방식에 불과하다. 우리 문화는 젊음을 미화하며 젊은이들에게 여러 가지를 시도할 자유를 준다. 그러나 나이 든 사람들은 깎아내리면서 그들이 엉뚱한 행동을 하면 비교적 관대한 태도를 보이곤 한다.

창조성이 막힌 사람들은 자신이 너무 늙거나 너무 어려서 꿈을 좇을 수 없다고 둘러댄다. 늙어서 흐리멍덩해져도 뭐든 시도할 수 있고, 어려서 미숙해도 뭐든 시도할 수 있다. 어느 쪽이든 창조적 탐색을 감행하려면 살짝 미쳐야 한다. 하지만 미친 사람처럼 보이고 싶은 사람은 없다. 우리 나이에(몇 살이든) 그런 일을(무슨 일이든) 시도하면 정신 나간 사람처럼 보일 것이다. 맞다. 그럴 수도 있다. 그러나 창조성은 순간적으로 발현된다. 그 순간, 우리는 시간의 제약을 받지 않는다. 창조성을 회복하면서 우리는 그 사실을 알게 된다. 흡족한 아티스트 데이트를 하고 나서 "어린 시절로 돌아간 것 같아"라고 말한다. 아이들은 자신을 의식하지 않는다. 창조성의 흐름에 제대로 빠져들면 우리도 그렇게 된다.

"그걸 배우는 데 얼마나 걸릴까?" 간절히 원하던 활동을 두고 이렇게 물으면 "하기 나름이겠지만 족히 1년은 걸릴걸"이라는 대답이 돌아올 수 있다. 창조성이 막힌 우리에게는 1년이든 몇 년이든 길고 긴 시간으로 여겨질 것이다. 이를 핑계로 우리의 자아는 아예 시작조차 안 하려고 꼼수를 부린다. 창조의 여행을 떠나는 대신, 여행의 기간에 초점을 맞추고는 "너무 오래 걸리네"라고 불평한다. 그럴지도 모르지만, 하루는 그저 약간의 활동이 담긴 또 다른 하루일 뿐이다. 그 하루의 작은 움직임이 목표를 향한 것이라면 매우 즐겁고 의미 있지 않겠는가.

예술적 회피라는 거식증의 중심에는 과정을 거부하려는 마음이 도사리고 있다. 우리는 어떤 기술을 습득한 정도나 완성된 작품에만 집중하려 한다. 이런 결과 지향적 태도는 창조성이 최종 결과가 아닌 과정에 있다는 사실을 간과하게 한다.

"나는 시나리오를 다 썼어"라는 말보다는 "나는 시나리오를 쓰고 있어"라는 말이 우리 영혼에 훨씬 더 이롭다. "몇 년 전에 연기 수업을 들었어"라는 말보다는 "요즘 연기 수업을 듣고 있어"라는 말이 우리 자아에는 훨씬 더 감미롭게 들린다. 어떤 의미에서 창작 활동은 결코 완성될 수 없다. 당신은 연기를 완벽하게 배울 수 없다. 언제나 더 배울 게 남아 있으니까. 영화를 완벽하게 감독할 수도 없다. 몇 년이 지나도록 계속 더 나은 방향으로 수정해나갈 테니까. 작업을 계속하다 보면 당신이 무엇을 더 잘할 수 있었는지, 앞으로 무엇을 해야 할지 알게 된다. 그렇다고 지금까지 해온 작업이 무의미하다는 뜻은 아니다. 오히려 그 반대다. 그간의 노력 덕분에 더 나은 작업으로 나아갈 수 있는 길이 보일 것이다.

과정에 초점을 맞추면 우리는 모험심을 발휘하면서 창조적 삶을 살아갈 수 있다. 반면 결과에 초점을 맞추면 똑같은 삶이라도 어리석거나 공허하게 느껴진다. 소비 지향적인 사회에서 결과물에 집착하다 보니 예술도 완성된 결과물을 내놔야 한다는 압박을 받게 된다. 그럴수록 창조성은 더 막힌다. 우리는 의욕적인 아티스트로서 새로운 예술 영역을 탐구하고 싶지만 그게 우리를 어디로 데려갈지, 또 우리 경력에 도움이 될지 알 수 없다. 들인 노력에 대한 결과물을 보여줘야 한다는 강박에 사로잡혀서, 아예 호기심을 부인하기도 한다. 그럴 때마다 창조성이 막힌다.

나이를 창작 활동의 걸림돌로 내세우는 태도는 결과물에 집착하는 해로운 사고와 맞물려 있다. 우리는 대학 졸업, 의대 진학, 첫 책 쓰기 등 '어떤 나이에 어떤 활동을 해야 하는지'를 정해둔다. 이런 인위적 자아의 요구는 우리가 진정으로 원하는 것을 막 시작하려는 순간, 당장 결과물을 내놓으라고 재촉한다.

"젊은 친구들 옆에서 어리숙하게 보이지 않는다면 연기 강좌에 등록할 텐데."

"내 몸이 20년 전만 같아도 당장 재즈 댄스를 배우러 갈 텐데."

"식구들이 나를 멍청한 노인네로 여기지만 않는다면 다시 피아노를 칠 텐데. 옛날에 배운 게 아직 기억나거든."

> ※
> 현실 세계에는 한계가 있지만 상상의 세계는 무한하다.
>
> 장 자크 루소

이런 변명이 점점 허술한 핑계로 들린다면 좋은 징조다! 당신도 예전에 이런 핑계를 대지 않았는지 자신에게 물어보라. 아울러 여전히 의심이 들지만 그래도 겸손한 마음으로 뭔가를 시작할 수 있을지 물어보라. 초보자가 되는 은총을 내려달라는 기도는 아티스트에게 언제나 최고의 기도다. 초보자의 겸손함과 개방성은 탐구로 이어지고, 탐구는 성취로 이어진다. 이 모든 일은 항상 작고도 두려운 첫걸음으로 시작된다는 것을 다시 한번 가슴에 새겨라.

날마다 조금씩 도약하기

이력을 쌓아나가라. 어떻게? 준비 없이 높은 단계로 훌쩍 뛰어드는 게 아니라 낮은 단계부터 하나씩 밟아나가면 된다. 구체적으로 말하면, 시나리오를 팔기 위해선 먼저 시나리오를 완성해야 한다. 시나리오를 완성하려면 아이디어를 생각해낸 다음 한 페이지를 쓰고 또 써서 120페이지 분량을 채워야 한다. 이력을 쌓아나간다는 말은 날마다 그 페이지를 채워나간다는 뜻이다. 중간에 '이게 대체 왜 이렇게 형편없는 거야?'라는 회의감이 들더라도, 그 문제는 나중에 생각하고 지금은 그냥 당장 할 일을 하면 된다.

당장 할 일이란, 그날 써야 할 페이지를 채우는 것이다. 시나리오 한 편을 매일 조금씩 나눠 쓰면 그날 분량을 잽싸게 완성하고 집안일이나 다른 볼일을 처리할 수도 있다. 그러면 온종일 별다른 걱정 없이 마음 편하게 지낼 수도 있다.

*
호기심을 충족시키는 것은 행복한 삶을 이루는 가장 멋진 원천이다.

라이너스 폴링

당장 할 일은 대체로 자잘한 일이다. 가령 붓을 씻는다든지, 미술용품점에 들러 점토를 산다든지, 지역 신문에서 연기 수업 목록을 본다든지⋯⋯. 내 경험으로 볼 때, 창조성을 위해 할 수 있는 행동이 날마다 하나씩 있다는 사실을 인정하는 것은 매우 중요하다. 이렇게 날마다 꾸준히 실천하다 보면 서서히 이력이 쌓인다.

사람들은 더 창조적인 삶을 추구하려 할 때, 기존 삶을 버려야 할 거라고 자기도 모르게 생각하거나 두려워한다.

"작가가 되면 결혼 생활을 유지할 수 없을 거야."

"그림을 그리기 시작하면 이 지겨운 직장을 계속 다니긴 어려울 거야."

"연기에 몰두하려면 지금 사는 곳에서 계속 살 수 없을 거야."

창조성이 막힌 사람들은 삶을 단번에 바꿔야 한다고 생각하는 경향이 있다. 하지만 이런 식의 급격한 변화는 오히려 실패를 자초하기 쉽다. 목표를 너무 높게 잡고 너무 비싼 대가를 설정하면 회복되려던 창조성이 다시 막혀버리고 만다. 아내와 이혼하고 동네를 떠나야 한다는 생각에 사로잡힌 사람이 첫 미술 수업에 집중할 수 있겠는가. 예술에 전념하려면 연인과의 관계를 정리해야 한다는 현실 앞에서, 셋집을 알아보느라 바쁜 사람이 현대적인 재즈 동작을 제대로 익힐 수 있겠는가.

창조적인 사람들은 본디 극적인 기질이 있다. 우리는 그런 사람들의 삶에서 부정적이고 파괴적 측면만 추려내어 우리의 창조성을 몰아내는 용도로 이용한다. 예술을 전업으로 하겠다는 환상에 빠져 있느라 취미나 시간제로라도 시작해볼 생각을 못 한다.

시나리오를 매일 세 쪽씩 쓰는 대신, 대본이 팔리면 할리우드로 이사해야 한다는 걱정부터 한다. 그런데 그럴 일은 애초에 없을 것이다. 대본을 판매할 생각에 너무 바빠서 쓸 시간이 없을 테니까.

동네 문화 센터에서 인체 소묘 강좌에 등록하는 대신, 미술 잡지 『아트 포럼』을 사보며 한숨을 쉰다. 아직 그리지도 않았는데 세계적인 잡지에 어떻게 그림이 실리겠는가!

도자기 만들 공간을 마련하고자 주방 한쪽을 치우는 대신, 작업실이 없다고 불평한다. 아직 작품 한 점 만들지 않은 상태에서 그런 불평이 먹히겠는가!

진짜로 아티스트가 되면 어떤 삶을 살게 될까 미친 듯이 상상하느라 당장 실천할 수 있는 작은 변화들을 놓쳐버린다. 이런 식으로 큰 그림만 보는 사고방식은 창조적 삶이 수많은 단계와 아주아주 작은 도약에 기반을 두고 있다는 사실을 잊게 만든다.

당신은 꿈을 향해 아기 걸음마 같은 작은 단계를 하나씩 밟아가는 대신, 벼랑 끝으로 달려가 벌벌 떨면서 "뛸 수 없어. 뛸 수 없어. 난 도저히 뛸 수 없어!"라고 절규한다. 그런데 아무도 당신에게 뛰라고 하지 않았다. 그것은 당신의 자아가 연출한 극적인 드라마일 뿐이다. 진정한 드라마는 아무리 사소하더라도 종이나 캔버스에, 점토나 연기 수업 시간에 창조적 활동으로 드러나야 한다.

창조성은 행동을 요구한다. 그런데 이 점은 대다수 사람에게 썩 반가운 소식이 아니다. 행동에는 책임이 따르는데, 다들 책임지는 걸 싫어하기 때문이다. 기분이 나아지길 바라면서도 실제로 무언가를 해야 한다고 하면 슬그머니 물러선다. 차라리 다른 걱정거리에 집착하는

> *
> 색채에는 논리가 있다.
> 화가가 따라야 하는 것은
> 뇌의 논리가 아닌
> 색채의 논리다.
>
> 폴 세잔

편을 택한다. 예술 작업을 하는 대신, '이게 과연 가능할까?'를 따지며 시간만 허비한다.

창조성을 추구하는 과정에서 가능성을 따지는 태도는 감정적 독약을 마시는 것과 같다. 그 독약을 마시면 예술을 하나의 과정으로 존중하지 못하고 상상 속 외부의 힘에 휘둘리게 된다. 독이 금세 퍼져서 감정적으로 혼란에 빠진 채 '다음엔 뭘 하지?'를 생각하는 대신에 '이게 다 무슨 소용이지?'라고 한탄하게 된다.

내 경험으로 볼 때, 우리는 해야 할 일을 미루고 싶을 때 가능성을 따지면서 미적거린다. 행동에 옮기지 않고 괜히 걱정만 하는 것이다. 이 사실을 깨닫는다면 해결책을 찾을 수 있다. 일주일 동안 자신을 관찰하면서 창조적 행동을 미루거나 아예 없애려고 걱정거리를 어떻게 끄집어내는지 유심히 살펴보라. 가령 글을 쓰거나 그림을 그리려고 오전 시간을 비워뒀는데, 문득 빨래가 쌓여 있다는 사실을 깨닫는다. 당신은 "빨래하면서 뭘 그릴지 곰곰이 생각해봐야지"라고 중얼거린다. 이 말은 곧 '그림을 그리고자 붓을 드는 대신에 걱정이나 좀 더 해야겠다'라는 뜻이다. 당신은 결국 빨래를 하느라 그 시간을 다 보내버린다.

창조성이 막힌 사람들은 대부분 일종의 불안 중독 상태에 빠져 있다. 올바른 방향으로 한 걸음씩 꾸준히 노력하는 대신, 희미하게 지속되는 고통과 때로는 가슴이 철렁하는 공황 발작을 더 선호한다.

이력을 쌓아나간다는 말은 자신이 갖지 못한 것에 대해 불평하는 대신에 가진 것으로 뭐든 해낸다는 뜻이다. 감독으로 활동할 때 느꼈지만, 배역을 따내는 배우는 당장 일이 있든 없든 항상 노력하는 사람들이었다. 특히 마지 코틀리스키가 떠오른다. 그녀는 무대에서도 영화에서도 늘 준비가 되어 있는 훌륭한 배우다. 시카고의 세인트 니컬러스 극단에서 당시 젊은 극작가였던 데이비드 마멧과 함께 작업했다. 그리고 마멧이 더 나이 들고 성공한 작가로 자리 잡은 지금도, 그가 활동하는 곳이면 어디에서든 함께 작업을 이어가고 있다. 그녀는 창조적 성취에 안주하기보단 아주 건전한 형태의 창조적 갈증을 유지한다. 공연이 없는 기간에는 워크숍이나 강좌에 꾸준히 참여해서 감각을 다듬고, 신작 연극의 대본 읽기에도 열심이다. 여느 배우들처럼 그녀도 다시는 배역을 맡지 못할 수도 있다는 불안감에 시달린다. 하지만 의지가 약한 다른 배우들과 달리 그녀는 남들에게 보여주려 일하지 않으며 일을 오로지 돈벌이 수단으로만 여기지도 않는다. 물론 그녀도 돈을 벌고 싶어 한다. 나 역시 배우들이 무보수로 일해야 한다고 주장하려는 게 아니다. 단지 일이 일을 불러온다는 사실을 강조하고 싶을 뿐이다. 창조적 삶에서는 자잘한 행동이 쌓이고 쌓여서 더 큰 움직임으로 이어지는 법이다.

많은 배우가 예술 활동을 주체적으로 수행하지 않고 에이전트에게 맡겨서 경력을 관리한다. 에이전트에게 자신의 창조적 삶을 전적으로 맡기면, 자신이 무엇을 할 수 있는지 또 기량을 어떻게 연마할지 고민할 필요가 없어진다. 그저 에이전트가 일을 제대로 안 한다고 불평하면서 슬럼프에 빠져들게 된다. 이제 남들에게 책임을 전가하지 말고 이력을 쌓아나가라. 현재 당신이 처한 상황에서 당장 할 수 있는 일은 무엇인가? 그 일을 하라.

답도 없는 큰 문제로 고민하거나 남이 해결해주길 기다리지 말고 날마다 작은 행동을 한 가지씩 실천하라. 커다란 문제에 빠져 허우

적거리다 보면 작은 해법도 찾을 수 없는 법이다. 우리가 가고 싶은 곳뿐만 아니라 지금 있는 곳도 존중하면서 변화를 모색해야 한다. 우리는 변화의 큰 획을 그으려는 게 아니다. 물론 그런 변화가 올 수도 있지만, 그보다는 지금 하는 일과 가정, 관계 등 현재의 삶을 창조적으로 관리하는 데 집중하는 것이 중요하다.

창조성을 회복하는 과정에서는 흔히 그동안 잃어버린 세월에 대해 크게 분노하고 슬퍼하게 마련이다. 이러한 창조적 크리야가 발생할 때, 우리는 그 흔적을 싹 지워버리고 현재의 삶에서 벗어나려고 발버둥을 친다. 이젠 그러지 말아야 한다. 지금 이 자리에서 변화를, 작은 변화를 모색해야 한다. 창조적 관심으로 이력을 채워나가다 보면, 자연스럽게 더 새롭고 더 큰 변화가 이어질 것이다.

시인 시어도어 로스케가 말했듯, "우리는 가야 할 곳으로 가면서 배운다." 이렇게 이력을 채워나가다 보면 우리는 굳이 커다란 변화를 모색하지 않아도 된다는 사실을 깨닫게 된다. 커다란 변화는 작은 변화가 쌓이고 쌓여 이루어진다. 우주 비행에 비유하면 이해하기 쉽다. 발사 궤적을 아주 조금만 조정해도 시간이 지나면 엄청난 차이가 생기지 않는가.

가치관 탐색하기

하나하나 따져보지 않더라도 현재의 손실 가운데 상당수는 어렸을 때 형성된 가치관과 관계되어 있다는 것을 알 수 있다. 아이들은 아무것도 할 수 없다거나, 뭐든 완벽하게 해내는 사람이 되어야 한다는 말을 들으면서 자란다. 둘 다 해롭기는 마찬가지다. 어쨌든 이런 말을 자꾸 듣다 보면 창조성이 꽉 막혀버리게 된다. 아래 질문은 그런 식으로 형성된 잘못된 가치관을 찾아내고 해석하는 데 도움을 주고자 고안되었다. 일부 질문은 당신과 무관해 보일 수도 있지만, 무엇이든 생각나는 대로 적어보자.

1. 어렸을 때 아버지는 내 예술이 ＿＿＿＿＿＿ 하다고 생각했다. 그때 내 기분은 ＿＿＿＿＿＿ 했다.
2. 한번은 아버지가 ＿＿＿＿＿＿ 했던 기억이 난다.
3. 그때 나는 몹시 ＿＿＿＿＿＿ 하게 느꼈다. 그 일을 결코 잊을 수 없다.
4. 어렸을 때 어머니는 내 공상이 ＿＿＿＿＿＿ 하다고 말했다.
5. 어머니가 내게 ＿＿＿＿＿＿ 라고 하면서 당장 꿈 깨라고 했던 기억이 난다.
6. 나를 믿어줬던 사람은 ＿＿＿＿＿＿ 였다.
7. 한번은 ＿＿＿＿＿＿ 했던 일이 기억난다.
8. 그때 나는 몹시 ＿＿＿＿＿＿ 하다고 느꼈다. 그 일을 결코 잊을 수 없다.
9. 내가 아티스트로 자랄 기회를 망쳤던 일은 ＿＿＿＿＿＿ 였다.
10. 그 일로 부정적 교훈을 얻었다. 바로 ＿＿＿＿＿＿ 를 하면서 동시에 아티스트가 될 수는 없다는 것이다. 논리적이진 않지만, 나는 여전히 그렇게 믿고 있다.

※ 예술? 그냥 하는 거야.
마틴 리트

11. 어렸을 때 나는 _____가 특히 조심해야 하는 큰 죄라고 배웠다.

12. 나는 자라면서 아티스트가 _____한 사람이라고 생각했다.

13. 내 자신감을 무너뜨린 선생님은 _____였다.

14. 나는 그 선생님에게 _____하다는 말을 들었다.

15. 내가 그 선생님을 믿었던 이유는 _____ 때문이었다.

16. 나한테 좋은 롤모델이었던 멘토는 _____였다.

17. 나는 재능 있다는 말을 들으면 사람들이 나한테 _____하길 바라는 것 같다.

18. 사실 나는 그들이 _____하는지 의심스럽다.

19. 나는 단지 _____라는 말을 믿을 수 없다.

20. 나한테 진짜로 재능이 있다는 확신이 든다면, 나는 _____와 _____와 _____에 미친 듯이 전념할 것이다.

창조성을 되찾는 긍정 선언

다음에 소개할 긍정 선언은 창조성을 발휘할 권리가 당신에게 있음을 일깨워줄 것이다. 이 가운데 다섯 개를 골라서 이번 주 내내 마음 깊이 새겨라.

나는 재능 있는 사람이다.

나는 아티스트로 살아갈 권리가 있다.

나는 멋진 사람이자 멋진 아티스트다.

창조성은 내가 기꺼이 받아들인 축복이다.

내 창조성은 사람들에게 유용하다.

내 창조성은 사람들에게 인정을 받는다.

나는 이제 나 자신과 내 창조성을 더 소중히 다룬다.

나는 이제 나 자신과 내 창조성을 더 너그럽게 다룬다.

나는 이제 내 창조성을 더 공개적으로 공유한다.

나는 이제 희망을 받아들인다.

나는 이제 적극적으로 행동한다.

나는 이제 창조적 회복을 받아들인다.

나는 이제 기꺼이 치유 과정에 들어간다.

나는 이제 내 삶을 펼쳐나가는 신의 도움을 받아들인다.

나는 이제 신이 아티스트를 사랑한다고 믿는다.

*
우리 삶에서 중요한 결정이
내려질 때 나팔 소리 같은 게
울리는 건 아니다.
운명은 소리 없이 다가온다.

— 아그네스 드 밀

과제

1. 목표 찾기: 다음에 제시하는 연습 문제가 어렵게 느껴질 수도 있지만, 그래도 일단 해보자. 꿈이 여러 가지라면 각각의 꿈을 놓고 연습하자. 꿈을 구체적으로 상상하기만 해도 그 꿈을 실현하는 데 도움이 된다. 이 목표 찾기 과제를 당신이 원하는 삶에 대한 초기 도면이라고

생각하라. 이 과제에 영감을 준 바버라 셔와 삭티 거웨인에게 감사드린다.

1) 꿈을 떠올린 후 적어본다. "상황이 받쳐준다면 나는 _____ 가 되고 싶다."

2) 꿈이 이루어졌음을 알려줄 만한 구체적 목표를 한 가지 적는다. 감정적 나침반에서 이 목표는 정북쪽, 즉 삶에서 가장 중요한 방향이나 목표를 나타낸다.

(참고: 배우가 되고 싶어 하는 두 여자가 있다. 그들은 꿈이 같다. 그런데 한 사람은 구체적 목표가 『피플』 표지를 장식하는 것이다. 그녀에게는 화려함이 꿈의 정서적 핵심이므로, 화려함이 정북쪽이다. 다른 한 사람의 구체적 목표는 브로드웨이 연극 무대에 올라 좋은 비평을 받는 것이다. 그녀에게는 창조적 아티스트로서 존경받는 것이 꿈의 정서적 핵심이므로, 존경이 정북쪽이다. 첫 번째 여배우는 연속극의 스타가 되면 행복할 것이고, 두 번째 여배우는 꿈을 실현할 무대가 필요할 것이다. 하지만 표면적으로는 양쪽이 똑같은 일을 바라는 것 같다.)

3) 상황이 받쳐준다면 당신은 꿈과 관련하여 5년 뒤 어디에 있고 싶은가?

4) 지금 처한 상황에서 그 꿈에 다가가고자 올해 어떤 행동을 취할 수 있는가?

5) 이번 달에는 어떤 행동을 취할 수 있는가? 이번 주에는? 오늘은? 지금 당장은?

6) 당신의 꿈을 열거하라(가령 유명한 영화감독). 그 꿈의 정북쪽을 열

*
나는 오로지 작곡을 위해
세상에 존재한다.

프란츠 슈베르트

거하라(가령 존경받는 것, 성숙한 의식, 대중과의 소통). 롤모델로 삼을 만한 사람을 선택하라(가령 월트 디즈니, 론 하워드, 마이클 포웰). 행동 계획을 세워라. 5년, 3년, 1년, 한 달, 1주, 지금 당장에 이르기까지 구체적으로. 그리고 해야 할 행동을 한 가지 선택하라. 이 책을 읽는 것도 그런 행동에 속한다.

2. 새로운 유년기를 상상하기: 어렸을 때 완벽한 보살핌을 받았다면 당신은 지금 어떤 사람이 되었을까? 상상 속 유년 시절을 한 페이지 분량으로 써보라. 상상 속에선 어떤 식으로 양육받았는가? 지금이라도 그 방향으로 당신을 다시 양육할 수 있는가?

3. 나의 색깔 정하기: 한 가지 색을 골라서 일인칭 시점으로 자신을 묘사하는 문장을 몇 줄 써본다. "나는 은색이고, 첨단 기술과 영묘함을 품고 있다. 은색은 꿈과 성취의 색이자 은은한 빛의 색이다. 나는 그 속에서 고요하고 평온하다." "나는 빨간색이다. 그래서 열정이 넘친다. 빨강은 또 일몰, 분노, 피, 포도주, 장미, 군대, 살인, 욕망, 사과를 상징한다." 당신은 어떤 색을 가장 좋아하는가? 그 색을 띤 물건으로 무엇을 가지고 있는가? 그 색으로 꾸며진 방 전체를 상상해본 적이 있는가? 그것이 당신의 삶이고 당신의 집이다.

4. 나에게 허락되지 않은 일 상상하기: 당신이 차마 할 수 없는 일 다섯 가지를 적어보자. 가령, 상사의 뺨을 한 대 갈기기, 교회에서 소리 지르기, 벌거벗고 집 밖으로 뛰쳐나가기, 한바탕 소란 피우기, 직장 때려치우기 등. 이러한 일을 종이 위에서나마 해보자. 그 일을 종이에 적거나 그리거나 콜라주로 오려 붙여라. 이젠 음악을 틀어놓고 마음

> ＊
> 당신의 욕망이 바로 당신의 기도다. 지금 그 욕망이 이루어진 모습을 그려보고, 그 느낌을 생생하게 맛보라. 그러면서 응답받은 기도를 즐겁게 경험하게 될 것이다.
>
> 조셉 머피 박사

껏 풀어보라.

5. 나만의 스타일 찾기: 하고 싶은 일을 스무 가지 열거해본다(전에 적었던 것과 같을 수도 있고 다를 수도 있다). 각각의 항목과 관련해서 다음 질문에 답해보라.

   - 그 일을 하는 데 돈이 드는가, 안 드는가?
   - 비싼가, 싼가?
   - 혼자서 하는 일인가, 누군가와 함께하는 일인가?
   - 직업과 관련 있는가?
   - 신체적 위험이 따르는가?
   - 속도가 빠른가, 느린가?
   - 정신적, 육체적, 영적 활동 중에서 어디에 속하는가?

6. 이상적인 하루 계획하기: 앞에서 얻은 정보를 활용해 완벽한 하루를 설계해본다.

7. 당신이 계획한 이상적인 날 중 당신이 가장 원하는 것을 정하라. 제한은 없다. 당신은 마음 가는 대로 무엇이든 될 수 있고 무엇이든 가질 수 있다. 당신이 꿈꾸는 이상적인 환경, 직업, 가정, 친구들, 친밀한 연인 관계, 예술 분야에서의 위상 등 무엇이든 가능하다.

8. 이상적인 하루에서 즐거운 일을 한 가지 선택해 그렇게 살아보라. 당장 로마로 날아갈 수는 없겠지만, 누추한 집에서도 카푸치노와 크루아상을 즐길 수는 있다.

> 점검

1. 이번 주에 모닝 페이지를 몇 번 썼는가? 모닝 페이지를 쓰고 나니 어떤 기분이 들었는가? 그냥 다 때려치우고 싶었던 적은 없는가?

2. 이번 주에 아티스트 데이트를 했는가? 업무나 다른 약속 때문에 거르지는 않았는가? 무엇을 했고 어떤 기분이 들었는가?

3. 이번 주에 동시성을 경험했는가? 어떤 것이었나?

4. 이번 주 창조성 회복 과정에서 중요하다고 생각한 다른 이슈가 있었는가? 그것을 기록해보자.

Week

이번 주에는 창조성을 가로막는 내면의 장애물을 마주한다. 이 시점에 다 그만두고 싶은 마음이 들 수도 있다. 절대로 그래서는 안 된다! 우리는 과거에 창조적 노력을 기울였을 때 겪은 어려움을 바라보고 그때의 실패에서 비롯된 수치심을 치유해나갈 것이다. 또한 창조적 성취를 갈망하면서도 두려움에 떨고 있는 어린 아티스트를 다독이면서 연민하는 법을 기를 것이다. 아울러 감정적 장애물을 제거하고 새로운 도전을 지지하는 여러 도구를 배울 것이다.

〔 연민감 회복하기 〕

두려움 치유하기

창조성 회복에 가장 중요한 과제 가운데 하나는 어떤 상황을, 더 나아가 우리 자신을 정확히 진단하고 설명하는 것이다. 그런데 우리는 수년 동안 자신의 행동을 정확히 진단하지 못하고 엉뚱하게 설명해왔다. 창조하고 싶은 마음이 굴뚝같았지만 그러지 못한 것을 게으름 탓이라고 진단했다. 이런 식의 진단은 정확하지 않을 뿐만 아니라 잔인하기까지 하다. 정확한 진단과 연민 어린 시선이 우리에게 훨씬 더 유익하다.

당신은 게으르지 않다. 단지 창조성이 막혀 있을 뿐이다.

창조성이 막혀 있는 것과 게으른 것은 완전히 다르다. 창조성이 막힌 아티스트는 겉으로 드러나지 않을 뿐 엄청난 에너지를 소모하고 있다. 그들은 자기혐오, 후회, 슬픔, 질투에 사로잡혀 있다. 아울러 자기 회의에 빠져 허우적거리기도 한다. 창조성이 막힌 아티스트는 걸음마를 뗄 줄도 모르면서 빨리 달려나가고 싶어 한다. 소설을 쓰고 장편영화를 제작하고 일인극을 공연하고 오페라의 주인공을 맡는 등 실현 불가능한 과제를 떠올린다. 이런 거창한 과제를 이룰 수 없거나 시작조차 하지 못할 때, 그들은 그게 다 게으름 탓이라고 진단한다.

시작하지 못하는 상태를 게으름 탓으로 돌리지 마라. 게으른 게 아니라 두려운 것이다.

창조성이 막힌 아티스트를 괴롭히는 주범은 두려움이다. 실패에 대한 두려움일 수도 있고, 성공과 관련된 두려움일 수도 있다. 특히 버림받는 것에 대한 두려움일 수도 있는데, 이는 어린 시절에 어떤 양육을 받았는지에 뿌리를 두고 있다. 창조성이 막힌 아티스트는 대부분 부모의 바람이나 현명한 판단에 반해서 아티스트가 되려고 했다. 그 과정에서 감당하기 힘든 갈등을 겪었을 것이다. 부모의 가치관에 정면으로 맞서려면 자신이 무엇을 하려는지 분명히 알아야 한다. 단순히 아티스트가 되는 것만으로는 부족하다. 부모에게 상처를 주려면 뛰어난 아티스트가 되어야 한다.

부모는 자식이 반항하면 상처를 받은 사람처럼 행동한다. 특히 아티스트가 되겠다는 선언은 부모에게 반항으로 여겨지곤 한다. 안타깝게도, 아티스트의 삶을 청소년기의 반항쯤으로 보는 시각은 예술 행위는 사랑하는 사람들과의 단절이나 상실을 가져오는 일이라는 생각으로 연결된다. 그래서 창조적 목표를 포기할 수 없는 아티스트는 그 길을 걸을지라도 죄책감을 느끼게 된다. 이러한 죄책감 때문에 그들은 반항을 정당화하고자 뛰어난 아티스트가 되어야 한다는 목표에 더 매달리는 것이다.

뛰어난 아티스트가 되어야 한다는 생각 때문에 오히려 아티스트가 되기 어렵다.

뛰어난 작품을 만들어야 한다는 생각 때문에 오히려 어떤 작품도 내놓지 못한다.

시작이 어렵다고 해서 그 일을 할 수 있는 능력이 없다는 의미는 아니다. 단지 도움이 필요하다는 뜻이다. 더 높은 힘에, 응원하는 친구들에게, 아울러 당신 자신에게 도움을 받아야 한다. 무엇보다도 일단 작은 일부터 시작하고 걸음마 단계부터 차근차근 밟아나가야 한다. 이러한 초기 노력을 인정하고 보상해야 한다. 이루지도 못할 목표를 세우면 두려움이 앞서고, 두려움이 생기면 일을 자꾸 미루게 된다. 우리는 그 상태를 게으름이라고 잘못 진단한다.

미루는 습관을 게으름 탓으로 돌리지 마라. 게으른 게 아니라 두려운 것이다.

두려움은 아티스트를 방해한다. 멋지게 해내지 못할 것 같은 두려움. 완성하지 못할 것 같은 두려움. 실패에 대한 두려움. 성공과 관련된 두려움. 시작하는 것에 대한 두려움. 이 모든 두려움에 대한 치료제는 단 한 가지, 바로 사랑이다.

당신의 아티스트가 느끼는 두려움을 사랑으로 치료하라.

자신에게 호통치지 말고 상냥하게 대하라. 당신은 게으르지 않다. 두려움에 떨고 있는 것일 뿐이다.

열정, 자유의 에너지

"아티스트가 되려면 정말 엄청난 훈련이 필요하죠." 우리는 이런 말을 자주 듣는다. 아티스트가 되려다 실패한 사람들이 흔히 이렇게 말하곤 한다. 그들은 우리에게 감탄하는 대중 앞에서 우쭐대라고, 영웅적이고 금욕적인 이미지를 연출하라고 부추긴다. 그 모습이 멋지고 매력적으로 보일지는 모르지만, 거짓된 이미지일 뿐이다.

아티스트의 자아상을 군대식 훈련으로 다지려는 태도는 위험하다. 훈련은 단기적인 시각에서는 효과적일 수 있지만 오래가지 못한다. 훈련을 건전지라고 생각해보라. 유용하긴 하지만 쓰다 보면 금세 방전되게 마련이다. 훈련은 본질적으로 자기 예찬에 뿌리를 두고 있다. 욕구를 엄격히 절제하면서 훈련하는 자신의 모습에 스스로 감탄하곤 한다. 그러다 보면 창조성의 분출이 아니라 훈련 자체가 목적이 되어버리기 쉽다.

뛰어난 작품을 창조하는 능력은 의지력으로 발동되거나 훈련으로 강화되지 않는다. 자부심을 동력 삼아 저절로 발현되지도 않는다. 자기 의지에서 비롯되는 능력은 군대에서나 발휘될 수 있다. 아티스트가 군인처럼 새벽에 일어나 책상과 이젤, 화판에 경례하고 작업에 매달린다고 해서 창조성이 발휘되겠는가.

시대를 막론하고 아티스트가 되려면 훈련보다는 열정이 필요하다. 열정은 단순한 감정 상태가 아니라 영적인 헌신이다. 창작 과정에 대한 애정 어린 굴복이자 우리를 둘러싼 온갖 창조성에 대한 애정 어린 인식이다.

※
스윙, 즉 음악을 들었을 때 느껴지는 '흥'이 없다면 아무 의미도 없다.

듀크 엘링턴 & 어빙 밀스

'열정enthusiasm'은 그리스어 '엔투시아스모스enthousiasmos'에서 비롯된 말로, '신으로 가득 차다' 또는 '신이 내 안에 있다'라는 뜻을 가지고 있다. 열정은 결국 삶의 흐름에 끊임없이 공급되는 에너지로, 그 뿌리는 일이 아니라 놀이에 있다. 우리의 아티스트는 별생각 없이 움직이는 군인이 아니라 우리 안에 있는 어린아이, 내면의 놀이 친구다. 여느 놀이 친구들처럼 우리 사이를 끈끈하게 맺어주는 것은 의무가 아니라 즐거움이다.

물론 우리의 아티스트도 고요한 아침에 타자기나 이젤을 마주하고자 새벽에 일어나기도 한다. 이는 엄격한 훈련 때문이 아니라 은밀한 모험을 즐기려는 아이 같은 마음과 더 관련 있다. 남들에게 훈련으로 보일 수도 있는 활동이 실은 어린 아티스트와 즐기는 놀이 약속인 것이다. "아침 6시에 만나서 시나리오를 쓰고 그림을 그리고 조각을 하면서 신나게 놀자."

어린 아티스트는 작업을 놀이로 취급하면서 작품 활동에 선뜻 뛰어든다. 물감은 끈적끈적한 촉감 놀이 도구다. 뾰족하게 깎아둔 연필이 60개나 되니 뭐든 그릴 수 있다. 컴퓨터는 한쪽으로 밀어놓고 조랑말처럼 총총거리는 타자기를 동반자로 삼는 작가들도 많다. 작업 공간을 놀이 공간처럼 꾸몄을 때 일이 더 잘 된다는 아티스트도 쉽게 찾아볼 수 있다. 공룡이 그려진 벽지, 싸구려 장난감, 꼬마전구, 종이 가면, 크리스털 장신구, 꽃가지, 어항 등만 있으면 손쉽게 꾸밀 수 있다. 엄숙한 수도실 같은 공간이 진정한 아티스트의 작업실이라고 생각한다면 착각이다. 현실은 그보다 더 복잡하고 어수선하다. 어린아이들을 삭막하고 썰렁한 공간에 데려다 놓으면 몸을 비틀 정도로 지겨워할 것이다. 우리의 어린 아티스트도 예외는 아니다.

예술은 결과물이 아니라 과정에 초점을 맞춰야 한다는 점을 명심하라. 그 과정은 당연히 재미있어야 한다. 여정이 곧 유일한 도착지다. 창작 작업은 결국 시간이라는 무대에서 펼쳐지는 창조적 놀이다. 이 놀이의 중심에는 신비로운 즐거움이 자리 잡고 있다.

창조성의 유턴

창조성이 막힌 상태에서 회복할 때는 큰 질병이나 부상에서 회복할 때처럼 건강에 집중해야 한다. 어느 시점이 되면 우리는 감정적으로 힘든 사람으로서 누렸던 즐거움과 특권을 내려놓겠다고 적극적으로 선택해야 한다. 생산적인 아티스트는 대개 행복한 사람이다. 하지만 어떤 사람들은 불행해야만 자신의 욕구가 충족된다고 믿고 있다. 이런 사람들에게 행복한 아티스트라는 개념은 자신의 신념과 충돌하기 때문에 위협적으로 느껴질 수 있다.

"나도 정말 그러고 싶지만, 알다시피 나는 ······할까 봐 몹시 두렵거든요"라는 말은 사람들의 관심을 끌 수 있다. 멀쩡하게 활동하는 아티스트보다는 상처 입고 힘들어하는 아티스트에게 동정심이 쏟아지는 법이니까. 그런데 타인의 동정심에 중독된 사람들은 자신이 회복될수록 위협을 느낀다. 회복 중인 아티스트가 이러한 위협에 놀라 유턴을 시도하면서 자신을 파괴하는 경우도 있다.

많은 이들이 처음으로 창조적 승리를 거두기 직전이나 직후에

*
예술은 신비로움을 불러일으킨다. 그런 신비로움이 없다면 세상은 존재하지 않을 것이다.

르네 마그리트

창조성의 자살을 감행하곤 한다. 시, 연기, 노래, 단편소설, 영화 등의 성공으로 화려한 조명이 비치는 순간, 회복 중인 아티스트는 화들짝 놀라 자기 패배의 동굴로 얼른 숨어버린다. 계속해서 건강하고 생산적인 아티스트로 살아야 하는 위험을 감수하느니 예술적 장애물의 피해자로 사는 게 더 편하기 때문이다.

예술적 유턴은 갑작스러운 무관심으로 나타난다. 우리는 새로 만들어낸 작품이나 작품을 만드는 즐거운 과정을 이런 식으로 깎아내린다. "아, 이게 뭐야? 난 이제 겨우 시작했는데, 남들은 벌써 한참 앞서가고 있잖아." 그렇다. 남들은 벌써 한참 앞서가고 있다. 우리가 여기서 멈추면 앞으로도 계속 그럴 것이다. 그렇지만 창조성이 막혀 있던 지점에서 여기까지 빛의 속도로 달려왔다. 이젠 창조성 회복의 길에 들어섰다. 물론 겁나는 길이다. 그래서 길가의 유혹에 마음이 흔들리거나 장애물 때문에 멀리 돌아갈 수도 있다.

- 한 시나리오 작가가 에이전트에게 몇 가지 수정만 거치면 대본을 계약하겠다는 제안을 받는다. 하지만 작가는 수정하지 않겠다고 한다.
- 한 행위예술가가 새로운 작품을 시연할 공간을 얻는다. 그런데 딱 한 번 시연하고 나서 엇갈린 반응이 나오자 보완 작업이 필요하다는 사실을 깨닫고는 새로운 작품 작업을 아예 중단한다.
- 한 배우가 유명한 에이전트에게 프로필 사진을 준비해서 다시 연락하라는 말을 듣는다. 하지만 그는 사진을 준비하지도 않고 에이전트에게 연락하지도 않는다.
- 괜찮은 시나리오를 들고 있는 배우 겸 제작자가 프로젝트 진행을

위해 영화사와 계약을 앞두고 있다. 그런데 그녀는 계약서의 몇 가지 불만 사항 때문에 프로젝트 전체를 보류한다.

- 한 화가가 그룹 전시회에 처음으로 초대를 받지만 사소한 이유로 갤러리 주인과 다툰다.
- 한 시인이 동네 장기자랑 시간에 시를 몇 편 낭송하고 청중의 뜨거운 호응을 받는다. 시인은 이런 긍정적 흐름을 이어가며 더 발전하는 대신, 시 낭송 대회(시인들을 위한 일종의 복싱 대결로, 일반인이 심사한다)에 참가하지만 입상하지 못한다. 이후 공개 낭독을 완전히 중단한다.
- 한 작사가가 새로운 작곡가를 만나 그야말로 멋진 곡을 완성한다. 두 사람은 시험 삼아 세 곡을 만들어서 뜨거운 반응을 얻지만, 어쩐 일인지 더 이상 함께 작업하지 않는다.
- 한 사진작가 지망생이 자기 작품에 대한 강사의 관심에 무척 고무된다. 그녀는 필름 한 통을 현상하다 실수로 망치고는 수업이 지루하다면서 그만둔다.

창조성의 유턴을 다룰 때는 무엇보다 자신에게 연민을 가져야 한다. 창조성을 발휘하는 것은 두려운 일이며, 어느 직업에서나 유턴은 일어난다는 점을 유념하라. 때로는 이러한 유턴이 주기적으로 일어난다. 우리는 창조적 장애물을 마주하면 겁먹은 말처럼 뒤로 물러났다가 들판을 몇 바퀴 돌면서 마음을 다잡은 뒤 다시 장애물 앞에 선다.

창조성의 유턴을 경험할 때, 우리는 두 가지 이유로 수치심을 느낀다. 첫 번째는 두려움에서 비롯되고, 두 번째는 그 두려움에 대한 우

✳
인간은 어떤 행동보다 더 큰 즐거움을 주는 일을 거부할 자유가 없다.

스탕달

✳
삶은 용기에 비례해서 축소되거나 확장된다.

아나이스 닌

리의 반응에서 비롯된다. 어느 직업에서나 이러한 유턴이 일어난다는 점을 기억하면 도움이 된다.

나는 30대 중반에 2년 동안 『시카고 트리뷴』에 예술 관련 기사를 게재했다. 구로사와 아키라, 케빈 클라인, 줄리 앤드루스, 제인 폰다, 블레이크 에드워즈, 시드니 폴락, 시시 스페이식, 시고니 위버, 마틴 리트, 그레고리 힌스 등 50명도 넘는 영화감독, 배우, 제작자들과 인터뷰를 했다. 나는 특히 좌절, 즉 내가 유턴이라고 부르는 시기에 관해서 많은 이야기를 나눴다. 그들은 한결같이 창조성의 유턴을 피하거나 극복하는 능력이 재능만큼이나 중요하다고 말했다.

창조적 경력의 밑바탕에는 창조적 실패가 깔려 있는 법이다. 핵심은 언제나 그 실패를 딛고 일어서는 것이다. 거듭 말하지만, 대단히 유명한 아티스트도 한때는 창조성의 유턴을 시도했다는 사실을 기억하면 도움이 될 것이다.

블레이크 에드워즈 감독은 지난 30년간 대단히 재미있는 코미디 영화를 연거푸 내놓으며 성공 가도를 달렸지만, 스위스에서 7년이나 은둔 생활을 했다. 그가 최고라고 생각한 시나리오가 제작 준비 단계에서 남의 손에 넘어간 적도 있는데, 작품에 대한 해석을 놓고 영화사에서 캐스팅한 스타 배우와 의견이 달랐기 때문이다.

직접 기획한 프로젝트에서 해고당한 후, 에드워즈는 애착을 품었던 작품이 다른 감독의 손에 맡겨져 형편없이 망가지는 모습을 손 놓고 지켜볼 수밖에 없었다. 에드워즈는 상처 입은 표범처럼 알프스로 잠적해서 아픈 마음을 달랬다. 그러다 창조성에 생긴 상처를 치유하는 데는 시간이 아니라 창조적 작업이 필요하다는 결론을 내리고 7년 만에 다시 감독으로 돌아왔다. 그 뒤로는 이 철학을 고수하면서 열정적으로 작품을 제작했다. 그는 이 공백 기간에 대해 나한테 이야기하면서 잃어버린 시간이 무척 아쉽다고 했다.

자신에게 연민을 베풀어라. 창조성의 유턴은 언제나 두려움에서 비롯된다. 여기에는 실패에 대한 두려움뿐만 아니라 성공에 대한 두려움도 한몫한다. 어느 쪽이든 결과는 같다. 한 번으로 그치든 반복되는 패턴으로 나타나든 창조성의 유턴에서 회복하려면, 일단 그것이 존재한다는 사실을 인정해야 한다. 그렇다. 나도 두려움과 고통에 부정적으로 반응했던 적이 있다. 그리고 그때마다 도움을 받아야 했다.

당신의 재능을 당신이 키우고 있는 겁 많고 어린 말이라고 생각하라. 이 말은 재능이 뛰어나지만 아직 어려서 예민하고 미숙하다. 처음 본 장애물 앞에서 겁먹고 자꾸 실수할 것이다. 심지어 마구 날뛰면서 당신을 떨어뜨리려고 하거나 다친 척 다리를 절뚝거릴 수도 있다. 창조적 기수인 당신은 말을 살살 달래면서 앞으로 계속 나아가 코스를 무사히 마쳐야 한다. 이를 위해서는 우선 말이 어떤 장애물 앞에서 겁먹는지 살펴보라. 개중에는 유난히 무섭게 보이는 장애물이 있을 것이다. 당신에게는 가령 에이전트라는 장애물이 시연회라는 장애물보다 유난히 높게 보일 수 있다. 비평가라는 장애물에 비해 시나리오 수정이라는 장애물이 죽을 만큼 두려울 수 있다. 그러나 이 경주에 다른 말들도 참여한다는 사실을 잊지 마라. 노련한 기수는 어리고 미숙한 말을 몰 때 흔히 경험 많고 안정적인 말의 뒤를 따라간다. 당신도 그렇게 할 수 있다.

- 주변에 괜찮은 에이전트를 둔 작가가 있는가? 그들에게 어떻게 구했는지 물어보라.
- 수정 작업을 성공적으로 수행한 작가를 알고 있는가? 그들에게 어떻게 했는지 물어보라.
- 혹독한 비평을 이겨낸 작가를 알고 있는가? 그들에게 상처를 어떻게 치유했는지 물어보라.

도움이 필요하다는 사실을 인정하기만 하면 어디서든 찾게 된다. 자아는 언제나 혼자 해낼 수 있다고 주장하며 도움을 청하기보단 창조적 외톨이처럼 행동하는 게 낫다고 말하고 싶어 한다. 하지만 그렇지 않다. 언제든 도움을 청하라.

밥은 유망한 젊은 감독으로 첫 다큐멘터리를 제작했다. 공장 노동자인 아버지에 관한 짧지만 강렬한 작품이었다. 그런데 1차 편집본이 나왔을 때 강사에게 보여줬다가 혹평을 들었다. 그 강사는 한때 영화감독으로 명성을 떨치다가 창조성이 막힌 뒤 학생들을 가르치고 있었다. 하지만 밥은 강사의 비판을 곧이곧대로 듣고 자신의 작품을 포기했다. 필름을 그냥 상자에 넣어서 지하실에 처박아두었다. 그러곤 까맣게 잊고 지내다가 지하실에 물이 차던 날 퍼뜩 떠올렸다. 그는 필름이 망가졌으리라 생각하고 이렇게 중얼거렸다. "뭐, 괜찮아. 차라리 잘됐어."

그 일이 있고 5년쯤 뒤, 밥과 나는 친구가 되었다. 어느 날, 밥에게 그 필름 이야기를 들은 나는 꽤 괜찮은 작품일 것 같다는 생각이 들었다. 그런데 밥은 이런 말로 내 기대를 차단했다.

"진작 망가졌어요. 작업실에 보낸 자료 영상도 없어졌을 거예요."

밥은 필름 이야기를 하면서 감정이 무너져내렸고, 포기해버린 자신의 꿈을 몹시 애석해했다. 그런데 일주일 뒤, 밥에게 전화가 왔다.

"믿을 수 없어요! 자료 영상을 찾았다는 연락이 왔어요."

나는 그의 이야기를 듣고 별로 놀라지 않았다. 창조주가 아티스트를 계속 지켜보다가 적당한 시기에 그 필름을 내놓은 것이라는 생각이 들었다. 지금은 그의 아내가 된 시나리오 작가의 격려로 밥은 그 필름의 후반 작업을 마쳤다. 두 사람은 내친김에 두 번째 다큐멘터리 작업에 돌입했다.

창조성의 유턴에 직면하면, 이와 관련해서 누구에게 도움을 청할 수 있는지 자문해보라. 그런 다음 적극적으로 도움을 찾아 나서라.

장애물 뚫고 나아가기

자유롭게 작업하려면 아티스트는 분노(불만)와 저항(두려움) 같은 감정에서 벗어나야 한다. 이 말은 곧 작업을 시작하기에 앞서 내면에 숨겨져 있는 장애물을 드러내야 한다는 뜻이다. 아울러 작업을 미루게 하는 숨겨진 이유가 있는지도 밝혀야 한다. 장애물은 사실 복잡하거나 신비로운 게 아니다. 오히려 (옳든 그르든 간에) 적대적으로 느껴지는 환경에 대해 아티스트가 본능적으로 쌓는 방어벽인 경우가 많다.

당신의 아티스트는 아직 어린아이라는 점을 잊지 마라. 금세 시무룩해지고 짜증 내고 시샘하며 터무니없는 두려움을 느낀다. 여느 아

*
음악은 자신의 고유한 경험이자 생각이자 지혜다. 경험과 감정이 담기지 않으면 진짜 음악은 나올 수 없다.

찰리 파커

이들처럼 당신의 어린 아티스트도 어둠과 괴물을 무서워하고, 안전이 보장되지 않는 모험을 두려워한다. 부모이자 보호자로서, 큰형이나 동료로서 내면의 아티스트가 밖으로 나와서 놀아도 (즉, 일해도) 안전하다고 설득하는 것은 당신 몫이다.

새로운 프로젝트를 시작할 때는 내면의 아티스트에게 몇 가지 질문을 던지는 게 좋다. 이런 질문은 아티스트와 작업 사이에 흔히 존재하는 걱정거리를 없애는 데 도움이 된다. 아울러 작업이 어려워지거나 교착 상태에 빠질 때 난관을 헤쳐나가는 데도 도움이 된다.

※
진실로 온전해지면 세상 만물이
당신에게 올 것이다.

노자

1. 이 프로젝트와 관련해 당신이 품고 있는 분노(불만)를 적어보자. 어른스러운 자아에게는 지극히 사소하거나 별스럽거나 터무니없게 보일 수도 있지만, 어린 아티스트에게는 진짜로 큰 문제다. 예를 들면 이런 것들이다. "먼저 요청받은 아티스트가 따로 있다고? 내가 이 분야에서 최고인데!" "이 편집자는 정말 마음에 안 들어. 별것 아닌 것으로 자꾸 트집을 잡잖아. 좋은 말은 하나도 안 하고." "이 멍청이를 위해 일하는 게 너무 싫어. 그는 돈을 제때 지급한 적이 없다니까."

2. 내면의 아티스트가 계획된 프로젝트에, 그리고 함께 작업할 사람들에게 두려움을 느끼는지 자문해보자. 거듭 말하지만, 어른의 눈에는 참으로 유치하거나 근거 없는 두려움일 수 있다. 그래도 상관없다. 당신의 아티스트에게는 엄청 무서운 괴물로 보일 테니까. 예를 들면 이런 것들이다. "작품이 형편없는데도 잘 모르고 그냥 진행할 것 같아서 겁이 나." "작품이 훌륭한데도 사람들이 몰라볼 것

같아서 겁이 나." "내 아이디어는 너무 진부하고 시대에 뒤떨어진 것 같아." "다 완성하지 못할 것 같아." "시작도 못 할 것 같아." "사람들의 반응에 당황할 것 같아." 이런 걱정이 끝없이 이어진다.

3. 앞에 쓴 것이 전부인지 자문해보자. 다른 사소한 두려움을 빠뜨리지 않았는가? '말도 안 되는' 분노를 억누르고 있지는 않은가? 있다면 종이에 남김없이 쓴다.

4. 이 작품을 하지 않아서 얻을 수 있는 이점은 무엇인지 자문해보자. 예를 들면 이런 것들이다. "내가 작품을 쓰지 않으면 아무도 이러쿵저러쿵 비판하지 않을 거야." "내가 작품을 쓰지 않으면 멍청한 편집자가 전전긍긍하겠지?" "내가 그리지 않거나, 조각하지 않거나, 연기하지 않거나, 노래하지 않거나, 춤추지 않으면 다른 사람들을 맘껏 비판하면서 내가 더 잘할 수 있다고 우쭐할 수 있을 거야."

5. 다음과 같은 계약을 한다. "좋아, 창조성 너는 질을 맡아. 나는 양을 맡을게." 계약서를 써서 벽에 붙여둬라.

주의: 이것은 아주 강력한 연습 과제다. 당신의 창조성을 가로막는 장애물에 치명적 손상을 입힐 수 있다.

> *
> 배움은 계속해서 변화하고 발전하는 과정이다.
>
> 지두 크리슈나무르티

과제

1. 지금까지 썼던 모닝 페이지를 읽어보자. 읽으면서 두 가지 색깔로 표시하면 좋다. 하나의 색깔로 새롭게 깨달은 통찰에 표시하고, 다른 하

> *
> 우리는 직접 행하면서 무언가를 배운다. 다른 방법은 없다.
>
> 존 홀트

나의 색깔로 행동이 필요한 부분에 표시한다. 모닝 페이지 자체나 당신 자신을 평가하지는 마라. 이 점이 중요하다. 지루하고 때로는 고통스러울 수 있지만, 모닝 페이지는 기소장이 아니다. 오히려 정보를 주는 지도라고 생각해야 한다.

살펴보기: 당신이 계속 불만을 품었던 사람은 누구인가? 당신이 계속 미루는 일은 무엇인가? 다행히 당신이 바꾸거나 받아들이기로 한 일은 무엇인가?

중심 잡기: 많은 사람이 흑백 논리에 빠져 감정의 극단을 오간다. "그 사람은 정말 최악이야." "그는 최고야." "그 사람을 사랑해." "정말 끔찍이 싫어." "이 일은 정말 좋아." "정말 끔찍한 직업이야." 이런 경향에 너무 휘둘리지 마라.

인정하기: 우리는 모닝 페이지 덕분에 자멸하지 않으면서도 감정을 발산하고, 간섭받지 않으면서도 계획을 수립하고, 혼자서 실컷 불평을 토로하고, 아무런 제약 없이 꿈꾸면서 우리의 속마음을 깊이 파악할 수 있었다. 그 일을 해낸 당신의 공로를 인정하라. 그간의 노력으로 이뤄낸 변화와 성장을 높이 평가하라.

2. 마음속에 그려보기: 당신은 이미 목표를 정하고 당신의 진정한 방향, 즉 '정북'을 파악하는 작업을 마쳤다. 다음 연습에서는 그 목표가 성취된 상태를 온전히 상상해보자. 그 경험이 당신에게 정말로 멋진 순간이 될 수 있도록 시간을 충분히 들여서 세부 사항까지 꼼꼼히 그려보라.

당신의 목표를 적어라. 나는 _____이다.

열정적으로 그 일을 행하는 당신의 모습을 현재형으로 묘사해보자.

이는 당신이 꿈꾸는 이상적인 모습이다. 그 내용을 소리 내어 읽자. 당신이 일하는 공간에 붙여두고 날마다 소리 내어 읽는다.

　다음 주에는 앞에서 묘사한 이상적인 모습을 콜라주로 꾸미기 위해 당신의 실제 사진과 잡지에서 관련된 이미지를 수집한다. 직접 보면 믿지 않을 수 없다. 마음속에 그려보던 이미지를 콜라주로 더 생생하게 시각화하면 훨씬 더 실감 나게 느껴질 것이다.

3. 우선순위 정하기: 올해, 이번 달, 이번 주의 창조적 목표를 각각 목록으로 작성해둔다.

4. 창조성의 유턴: 누구나 창조성의 유턴을 경험한다. 당신의 사례를 세 가지 이상 적어보자. 당신에게 가장 타격이 컸던 유턴은 무엇인가? 자신을 용서하라. 용기가 없었든, 시기를 놓쳤든, 주도적으로 행동하지 못했든 간에 자신을 너그럽게 용서하라. 실패를 이겨내고 앞으로 더 잘하겠다는 긍정 선언을 목록으로 만들어라.

　중단하거나 비판받고 포기하거나 스스로 망쳐버린 창조적 아이디어 중에서 쓸 만한 것이 있는지 신중하게, 아주 신중하게 생각해보자. 당신은 혼자가 아니라는 사실을 기억하라. 누구나 창조성의 유턴을 경험한다.

　창조성의 유턴을 한 가지 골라서, 그것을 되살리고 수정해보자. 이번엔 유턴하지 말고 당신의 저항에 주목하자. 가령 모닝 페이지를 쓰는 것이 어려운가? 멍청한 짓 같은가? 쓸모없다고? 너무 뻔한가? 그래도 써야 한다.

　어떤 창조적 꿈이 가능성을 향해 나아가고 있는가? 그 꿈이 당신을 두렵게 한다는 사실을 받아들이자.

아티스트로서 상징물로 삼을 만한 토템을 하나 고른다. 인형이나 조각상, 태엽 장난감 등 그냥 바라보기만 해도 보호해주고 싶은 마음이 드는 것이면 뭐든 괜찮다. 당신의 토템을 특별한 곳에 놓아두고, 어린 아티스트를 비난하거나 괴롭히지 않는 식으로 그 토템을 존중한다.

점검

1. 이번 주에 모닝 페이지를 몇 번 썼는가? 당신의 유턴과 관련하여 적어도 모닝 페이지에서는 자신에게 연민을 베풀었는가?
2. 이번 주에 아티스트 데이트를 했는가? 재미에 중점을 두었는가? 무엇을 했고 어떤 기분이 들었는가?
3. 이번 주에 동시성을 경험했는가? 어떤 것이었나?
4. 이번 주 창조성 회복 과정에서 중요하다고 생각한 다른 이슈가 있었는가? 그것을 기록해보자.

Week

이번 주에는 창조성을 회복하는 여정에 도사린 위험을 탐색한다. 창조성은 영적인 문제이므로 이러한 위험도 대부분 영적인 위험에 속한다. 본문 내용과 과제, 연습 문제를 살펴보면서 창조적 흐름을 막는 해로운 패턴을 찾아볼 것이다.

〔 자기 보호감 회복하기 〕

창조성 차단제: 음식, 술, 약물, 섹스, 일

창조성은 수정 프리즘을 통과해 다양한 색으로 퍼지는 빛처럼 우리에 의해 형성되어 우리를 통과해 흐르는 신의 에너지다. 우리가 누구이고 무엇을 하는지 명확히 알면, 이 에너지는 자유롭게 흐르고 우리는 아무런 긴장도 느끼지 않게 된다. 그러나 이 에너지가 우리에게 보여주려는 것이나 우리를 데려가려는 곳을 거부하면, 우리는 흔히 통제할 수 없는 불안감을 느낀다. 그러다 결국 그 흐름을 차단하고 통제감을 되찾고 싶어서 심리적 브레이크를 세게 밟는다.

  창조성을 차단하는 방법은 무수히 많은데, 각자 자기에게 치명적인 한두 가지 방식을 애용한다. 누구에게는 음식이 그 역할을 톡톡히 한다. 당분이나 지방이나 특정 탄수화물을 섭취하면 감각이 무뎌지고 정신이 몽롱해져서 집중하기 어렵다. 그들은 창조적 에너지와 변화를 차단하고자 음식을 활용한다. 변화의 물결에 휩쓸려 어디로 가는지 몰라 불안할 때, 그 음식에 손을 뻗는다. 아이스크림 한 통을 비우고 오밤중에 정크푸드로 배를 채우고 나면 아무 생각도 안 난다. "내가 뭘 해야 하지? 음, 뭐였더라……. 에라, 모르겠다."

누구에게는 술이, 누구에게는 약물이 최고의 차단제다. 개중에는 일을 차단제로 선호하는 사람도 많다. "바쁘다 바빠!"를 외치면서 일을 붙들고 늘어지다 보면 다른 생각을 할 짬이 없다. 단 30분간의 산책도 그들에게는 시간 낭비로 비칠 뿐이다. 햇살 가득한 곳에 놔둔 탄산음료 캔에 파리가 꼬이듯, 온갖 할 일과 프로젝트가 그들에게 몰려든다. 뭔가 색다른 아이디어가 떠오르려고 할 때 그들은 파리를 내쫓듯 얼른 손사래를 치고 하던 일에 몰두한다.

고통스러운 사랑에 집착하면서 창조적 선택을 멀찍이 밀어내는 사람도 있다. '그이가 (또는 그녀가) 나를 사랑해준다면……'이라는 고통스러운 생각에 매달리느라 자신의 창조적 힘을 느끼지 못한 채 절박한 피해자로 추락하고 만다. 이러한 강박적 생각은 거실을 다시 꾸미거나 도자기 수업을 듣거나 막혀 있던 이야기의 새로운 결말을 시도해보라는 작은 목소리를 잠재워버린다. 창조적 생각이 떠오르기만 하면 강박적 생각이 가차 없이 밀어내면서 두려움을 차단하고 위험을 감수하지 못하게 막아버린다. 춤을 추러 간다고? 연극 전체를 도시 배경으로 싹 바꾼다고? "다 필요 없어! 그냥 그이가 (또는 그녀가) 나를 사랑해준다면……." 결국 뮤지컬 〈웨스트 사이드 스토리〉 같은 절절한 사랑 이야기는 물 건너간다.

*

싫다고 거절하는 것이 최고의 자기 보호가 될 수 있다.

클라우디아 블랙

*

어려움 속에 기회가 숨어 있다.

알베르트 아인슈타인

섹스 역시 많은 이들에게 잘 먹히는 창조성 차단제다. 성적 유혹은 최면을 걸듯 사람의 마음을 사로잡아 창작의 본래 목표인 진짜 작업 대신 새로운 성적 상상과 가능성에 집중하게 만든다. 결국 성적 대상에 온 정신이 팔려 창작은 뒷전으로 밀려난다.

그런데 음식과 일, 섹스 자체가 나쁜 것은 아니다. 이를 남용하거나 오용해서 창조성을 가로막는 게 문제다. 아티스트로서 자신을 제대로 알려면, 창조성을 차단하고 싶을 때 어떤 요소를 남용하는지 파악해야 한다. 만약 창조성이 우리 개개인이라는 빨대를 통해 우주가 뿜어내는 숨결과 같다면, 우리는 창조성을 차단하는 행동을 할 때마다 그 빨대를 손가락으로 눌러 막는 셈이다. 창조의 흐름을 우리가 일부러 차단하는 것이다.

우리는 이제 자신의 진정한 잠재력과 활짝 열려 있는 가능성을 느끼기 시작했다. 그 사실이 두려울 수 있다. 그래서 성장을 늦추기 위해 차단제에 손을 뻗는다. 그전에 우리는 솔직히 어떤 차단제가 자신에게 가장 해로운지 알고 있다. "이건 내 권리야"라고 유난히 강하게 옹호하는 바로 그것이다.

여러 가지 가능성을 나열해보자. 포기해야 한다고 생각만 해도 화가 치미는 게 있는가? 가장 폭발적 반응을 유발하는 게 바로 당신을 어김없이 탈선하게 만드는 장치라고 할 수 있다. 그것을 주의 깊게 살펴보라. 자기에게 독이 되는 것이 무엇인지 질문하라. 음식이 나를 방해했을까? 일중독이 창조성을 막았을까? 아니면 섹스나 사랑에 대한 집착이 문제였을까?

우리는 창조성 차단제로 이것저것 활용한다. 처음엔 한 가지를 쓰다가 하나씩 더 추가하면서 녹초가 되고 만다. 이 모든 차단제의 목적은 결국 두려움을 완화하는 것이다. 간혹 다른 감정인 양 위장하기도 하지만, 차단제에 손을 뻗게 하는 것은 언제나 두려움이다.

손에 잡히는 차단제는 그때그때 다르다. 심심하던 차에 전화가 온다거나, 속이 허하다고 생각하는 순간 아이스크림이 눈에 들어온다. 괜히 서글프고 외롭다고 느끼던 때에 누군가 치명적 약물을 들고 찾아온다. 이렇듯 쉽게 손을 뻗을 수 있는 차단제는 즉각적인 효과가 있겠지만 장기적으로는 분명 악영향을 끼칠 수밖에 없다.

차단제에 의존한다는 것은 우리 자신에게서 등을 돌리는 짓이니, 이 역시 창조성의 유턴에 해당한다고 볼 수 있다. 물이 흐르지 않으면 고여서 썩듯이, 정체된 상태에선 우리도 점점 도태된다. 우리는 더 큰 이익을 거스르겠다고 선택할 때마다 그 사실을 알아차린다. 그래서 영적 칠판에 작은 표시를 남긴다. "또 그랬어."

이러한 차단제를 인정하고 내려놓으려면 어느 정도의 시간과 용기가 필요하다. 하지만 누가 그렇게 하고 싶겠는가? 그 차단제가 여전히 효과가 있을 때는 더욱 내려놓기 어렵다. 물론 차단제가 더 이상 효과가 없더라도 우리는 그게 다시 먹힐 거라는 희망을 쉽게 버리지 못한다.

창조성의 차단은 본질적으로 신념에 관련된 문제다. 우리는 직관과 재능, 재주, 욕망을 믿기보다는 창조주가 우리를 창조성을 통해 어디로 데려갈지에 대한 두려움을 더 크게 느낀다. 그림을 그리고 글을 쓰고 춤을 추고 오디션을 보면서 어떻게 되나 기다리기보단 차단제를 집어 든다. 창조성이 차단된 상태에서는 우리가 누구이고 어떤 사람인지 그 정체성이 매우 분명하다. 바로 불행한 사람이다. 하지만 창조성이 뚫린 상태에서는 훨씬 더 낯설고 위협적인 존재가 될지도 모른다. 행복하기 때문이다. 우리에게 행복은 오히려 낯설고 무섭고 통제할 수 없는 상태다. 너무 위험해 보인다! 그러니 어떻게든 창조성의 유턴을 감행하려는 것이다.

음식, 일, 알코올, 섹스, 약물 같은 차단제를 제대로 인식하면, 창조성의 유턴을 감행하려 할 때 바로 알아차릴 수 있다. 그러면 차단제는 효과를 발휘하지 못하게 된다. 시간이 지나면서 우리는 천천히, 때론 서툴고 불안정하더라도 피하지 않고 그대로 겪어내며, 그 끝에서 어디로 향하게 될지 지켜볼 것이다. 불안감은 연료다. 이 불안감을 적절히 활용하면 글을 쓰고 그림을 그리고 일을 할 수 있다.

기분: 불안해!
충고: 불안감을 활용해봐!
기분: 방금 진짜로 활용했어! 그랬더니 창조성이 막히지 않았어! 불안감을 활용했더니 앞으로 나아갔다고! 세상에, 정말 신나는걸!

일중독

일에 미쳐 사는 것 역시 하나의 중독이다. 여느 중독처럼 일중독도 창조적 에너지를 차단한다. 창조적 에너지의 강렬한 흐름을 차단하려는 욕구가 중독의 근본 이유라는 주장에도 일리가 있다. 너무 바빠서 모닝 페이지를 쓰지 못한다거나 아티스트 데이트를 할 수 없다면, 그들은 아마 너무 바쁜 나머지 진정한 창조적 욕구의 목소리를 들을 여유조차 없을 것이다. 다시 라디오 송수신기에 빗대본다면, 일중독자는 자신이 만든 잡음으로 신호를 방해하는 것이다.

최근에야 중독으로 인식되기 시작한 일중독은 우리 사회에서 여전히 상당한 지지를 받고 있다. "나 지금 일하고 있어"라는 말에선 비판하기 어려운 미덕과 의무감이 풍긴다. 그런데 사실은 자기 자신과 배우자, 자신의 진짜 감정을 회피하고자 일에 빠져드는 경우가 많다. 창조성 회복 과정에서 사람들에게 모닝 페이지를 쓰게 하는 것이 아티스트 데이트라는 지정된 놀이를 시키는 것보다 훨씬 더 쉬운 것도 바로 그런 이유 때문이다. 놀이는 일중독자를 매우 불안하게 한다. 그들에게 재미는 곧 두려움이다.

"시간적 여유가 있으면 더 재미있게 살 텐데." 다들 이렇게 말하지만, 실제로 시간이 주어지면 그렇지 않다는 것을 알 수 있다. 이 주장의 타당성을 검증하기 위해 당신이 매주 얼마만큼의 시간을 재미있게 노는 데 할애하는지 자문해보라. 생산성을 전혀 따지지 않고 순전히 노는 데 할애하는 시간이 얼마나 되는가?

창조성이 막힌 사람들에게 재미는 창조성만큼이나 애써 피하고 싶은 것이다. 왜 그럴까? 재미는 곧 창조성으로 이어지기 때문이다. 또 내면의 반란으로 이어지면서 우리 자신의 힘을 느끼게 하기 때문이다. 한마디로, 재미가 불러올 결과에 겁을 집어먹는 것이다. 그러면서 걸핏하면 이렇게 둘러댄다. "내가 일을 좀 많이 하긴 하지만, 그렇다고 일중독은 아니야."

*
우리에게 남는 것은 결국 한평생 살아가는 삶뿐이다. 그 삶을 어떻게 살아내느냐가 곧 우리라는 사람의 본모습을 결정짓는다.

세자르 차베스

그렇게 단정하기 전에 다음 질문에 솔직히 답해보라.

일중독증 테스트

1. 근무시간 외에도 일한다.

   자주 그런다 ( ) 가끔 그런다 ( ) 전혀 그러지 않는다 ( )

2. 일을 더 하려고 사랑하는 사람과의 데이트 약속을 취소한다.

   자주 그런다 ( ) 가끔 그런다 ( ) 전혀 그러지 않는다 ( )

3. 마감일이 끝날 때까지 약속을 미룬다.

   자주 그런다 ( ) 가끔 그런다 ( ) 전혀 그러지 않는다 ( )

4. 주말에도 일거리를 챙겨 온다.

   자주 그런다 ( ) 가끔 그런다 ( ) 전혀 그러지 않는다 ( )

5. 휴가에도 일거리를 챙겨 온다.

   자주 그런다 ( ) 가끔 그런다 ( ) 전혀 그러지 않는다 ( )

6. 휴가를 사용한다.

   자주 그런다 ( ) 가끔 그런다 ( ) 전혀 그러지 않는다 ( )

7. 친구들은 내가 늘 일만 한다고 불평한다.

   자주 그런다 ( ) 가끔 그런다 ( ) 전혀 그러지 않는다 ( )

8. 한 번에 두 가지 일을 하려고 애쓴다.

   자주 그런다 ( ) 가끔 그런다 ( ) 전혀 그러지 않는다 ( )

9. 프로젝트 사이에 자유 시간을 허용한다.

   자주 그런다 ( ) 가끔 그런다 ( ) 전혀 그러지 않는다 ( )

10. 맡은 일은 반드시 마무리한다.

    자주 그런다 ( ) 가끔 그런다 ( ) 전혀 그러지 않는다 ( )

✳
성찰하지 않는 삶은
살아갈 가치가 없다.

플라톤

11. 마지막 마무리를 미루면서 질질 끈다.

    자주 그런다 ( )　가끔 그런다 ( )　전혀 그러지 않는다 ( )

12. 한 가지 일을 시작하면서 동시에 세 가지 일을 더 벌인다.

    자주 그런다 ( )　가끔 그런다 ( )　전혀 그러지 않는다 ( )

13. 가족과 함께 있는 저녁 시간에도 일한다.

    자주 그런다 ( )　가끔 그런다 ( )　전혀 그러지 않는다 ( )

14. 업무 중에 길게 통화하면서 일에 지장을 준다.

    자주 그런다 ( )　가끔 그런다 ( )　전혀 그러지 않는다 ( )

15. 하루 일정에서 창조적 작업이나 놀이를 위한 시간을 우선순위에 놓는다.

    자주 그런다 ( )　가끔 그런다 ( )　전혀 그러지 않는다 ( )

16. 창조적 꿈을 일보다 더 중요하게 여긴다.

    자주 그런다 ( )　 가끔 그런다 ( )　 전혀 그러지 않는다 ( )

17. 남들의 계획에 휘말려 내 자유 시간을 허비할 때가 있다.

    자주 그런다 ( )　가끔 그런다 ( )　전혀 그러지 않는다 ( )

18. 때때로 아무것도 하지 않는 휴식 시간을 허용한다.

    자주 그런다 ( )　가끔 그런다 ( )　전혀 그러지 않는다 ( )

19. 마감 시간을 들먹이며 내 업무량을 설명하고 정당화한다.

    자주 그런다 ( )　가끔 그런다 ( )　전혀 그러지 않는다 ( )

20. 저녁 식사를 하러 나갈 때도 노트북이나 거래처 번호, 서류 등 일감을 챙겨 간다.

    자주 그런다 ( )　가끔 그런다 ( )　전혀 그러지 않는다 ( )

*
영악함은 팔아치우고
당혹감은 사들여라.

잘랄 우딘 루미

창조성을 회복하려면 일중독을 주춧돌이 아니라 걸림돌로, 즉 창조성 차단제로 바라봐야 한다. 일중독은 내면의 아티스트를 신데렐라 콤플렉스에 빠트린다. 늘 화려한 무도회를 꿈꾸지만 정작 무도회에 가서는 돌아갈 시간을 걱정하느라 제대로 즐기지 못한다.

소중한 목표를 향한 열정적 노력과 일중독 사이에는 분명한 차이가 있다. 그 차이는 단순히 일하는 데 들인 시간의 양보다 그 시간에 담긴 감정의 질에서 드러난다. 일중독은 끝없이 제자리만 맴도는 러닝머신과 비슷하다. 그래서 우리는 중독에 의존하면서도 동시에 그것을 불편하게 여긴다. 일중독자에게 일은 곧 자신의 가치를 의미하기에 그 일의 어느 부분도 내려놓기가 쉽지 않다.

창조적 흐름을 위한 길을 닦으려면 자신의 업무 습관을 아주 명확하게 살펴봐야 한다. 투입한 시간을 따져보기 전까지는 자신이 과로하고 있다는 것을 알지 못한다. 일반적인 근무시간인 주 40시간과 비교하기 전까지는 자신의 업무량이 지극히 정상이라고 생각한다. 자신이 시간을 어떻게 쓰는지 명확하게 파악하기 위해 매일 일지를 기록해보라. 창조적 일이나 놀이를 하는 데 단 한 시간만 할애해도 우리 꿈을 방해하는 일중독에서 벗어나는 데 큰 도움이 될 것이다.

일중독은 물질이 아닌 행동의 중독이라 우리가 그 중독에 빠져 있는지 알아차리기가 쉽지 않다. 알코올의존자가 술을 끊어야 맑은 정신으로 돌아오듯, 일중독자는 과도한 업무를 멈춰야 평범한 일상으로 돌아올 수 있다. 문제는 과도한 업무를 어떻게 규정하느냐는 데 있다. 우리는 자신을 속이면서 우리에게 여전히 이롭다고 느껴지는 해로운 행동을 붙들고 늘어지는 경향이 있다.

합리화를 방지하려면 기준선을 명확하게 정해야 한다. 기준선은 사람마다 다르지만 금지해야 할 행동을 구체적으로 명시할 필요가 있다. 이렇게 구체적 행동 지침을 세우면 막연히 '더 잘해야지'라고 포괄적으로 다짐할 때보다 훨씬 더 빠르게 회복할 수 있다.

정말로 시간이 없더라도 어떻게든 짬을 내야 한다. 사실은 시간이 있으면서도 그 시간을 잘못 사용하고 있는 경우가 대부분이다. 시간 사용 일지를 써 보면 경계선을 그어야 할 영역을 찾는 데 도움이 될 것이다. 여기서 경계선은 기준선을 달리 부르는 말이다. "나는 최소한 _____ 하지 않을 것이다." 이것이 당신의 경계선이다(이번 주간 과제의 '기준선 정하기' 부분을 참고하자).

창조성의 유턴과 마찬가지로, 일중독에서 벗어나려면 친구들의 도움이 필요할 수도 있다. 그들에게 당신이 성취하고 싶은 것을 알려주고, 혹시라도 당신이 자기 관리 코스에서 벗어나면 부드럽게 알려달라고 부탁하라. 다만, 일중독자나 당신을 지나치게 통제하려는 사람에게 도움을 청하면 오히려 역효과가 날 수도 있다는 것을 기억하라. 어쨌든 이것은 당신의 문제라는 점을 잊지 마라. 아무도 당신을 억지로 회복시킬 순 없다. '일중독자 모임'에서 도움을 받을 수도 있다.

회복 과정을 점검하는 간단하면서도 효과적인 방법이 있다. 바로 업무 공간에 표어를 붙여두는 것이다. 이 표어를 눈길 닿는 곳마다 붙여두는 것도 좋다. 욕실 거울에도 붙이고, 냉장고와 탁자, 자동차에도 붙여라. 표어의 내용은 다음과 같다. "일중독은 주춧돌이 아니라 걸림돌이다."

창조성의 가뭄

> *
> 어둠 속에 있을 때 빛을 찾을 수 있다. 우리가 슬픔에 잠겨 있을 때 빛은 우리와 가장 가까운 곳에 있다.
>
> 마이스터 에크하르트

창조적인 삶에도 메마른 계절은 찾아오게 마련이다. 이러한 가뭄은 난데없이 찾아와서 죽음의 계곡인 '데스 벨리Death Valley'처럼 지평선 끝까지 뻗어 있다. 가뭄이 찾아오면 삶은 달콤함을 잃고, 일은 기계적이고 공허하며 억지스럽게 느껴진다. 할 말이 없고, 설사 있더라도 입을 떼기가 싫다. 이런 시기에는 모닝 페이지를 쓰기가 무척 힘들지만, 그럴수록 더 열심히 써야 한다.

가뭄 기간에 모닝 페이지를 펼치는 일은 길도 없는 사막을 정처 없이 걷는 것과 같다. 온갖 의심이 사악한 뱀처럼 슬금슬금 다가와 "이게 다 무슨 소용이야?" "대체 뭘 기대하는 거야?" 속삭인다. 가뭄 상태는 영원히 지속될 것 같은데 우리는 영원히 살지 못한다. 아직 준비도 안 됐고, 아직 가치 있는 일을 시작해보지도 못했는데 죽음에 대한 불길한 예감이 끔찍한 신기루처럼 우리 앞에 어른거린다.

"무엇을 해야 하지? 어떻게 해야 하지?" 우리는 갈팡질팡하면서도 모닝 페이지 위에서 나아간다. 이것은 작가에게만 국한된 일이 아니다(모닝 페이지는 글쓰기에 도움이 될 수는 있지만 모든 예술에 해당한다). 모든 창조적 존재에게 모닝 페이지는 생명줄이나 마찬가지다. 우리는 그 줄을 붙들고서 미지의 세계를 탐색하고, 또 우리 자신에게로 무사히 돌아올 수 있다.

가뭄이 계속되는 동안에는 모닝 페이지 쓰는 일이 고통스럽고 어리석게 느껴질 수도 있다. 마치 곧 떠나갈 연인을 위해 아침 식사를 차리는 것처럼 허무하게 느껴진다. 언젠가 다시 창조성을 되찾으리라는 희망에 매달려 형식적으로 글을 써 내려가지만 마음은 메마르고 아무런 영감도 떠오르지 않는다.

가뭄drought이 계속되는 동안에(손가락이 멋대로 움직였는지, 처음엔 '의심doubt'이라고 적었다) 우리는 신과 싸운다. 위대한 창조주에 대한 믿음과 우리의 창조적 자아에 대한 믿음을 다 잃었다. 우리에게는 따져야 할 문제가 한가득 있다. 이곳은 마음의 사막이다. 어떻게든 희망의 신호를 찾으려고 애쓰지만, 보이는 것이라고는 길을 따라 죽어간 꿈들의 거대한 잔해뿐이다. 그래도 써야 하기에 우리는 모닝 페이지를 덮지 않는다.

가뭄이 계속되는 동안, 우리의 감정은 메말라버린다. 물과 마찬가지로 감정도 저 밑바닥 어딘가에 존재할 테지만 우리에게는 접근할 방법이 없다. 이 시간은 눈물마저 메마른 슬픔의 시간이다. 꿈을 이루지도 못했고, 새로운 꿈을 찾지도 못했다. 무엇을 잃었는지도 모를 만큼 지쳐 있으면서도 희망보다는 습관에 떠밀려 모닝 페이지를 꾸역꾸역 써 내려간다. 그래도 써야 하기에 우리는 모닝 페이지를 덮지 않는다.

혹독한 가뭄은 우리에게 상처를 입힌다. 길고도 숨 막히는 의심의 계절이다. 하지만 가뭄이 계속되는 동안에도 우리는 성장하고 연민 베푼다. 그러다 사막에서 갑자기 꽃이 피어나는 것처럼 우리도 꽃을 피운다.

가뭄이 마침내 끝난다.

우리가 모닝 페이지를 계속 썼기 때문이다. 우리가 절망의 바닥에 주저앉아 움직이지 않겠다고 고집부리지 않았기 때문이다. 비록 의심하긴 했지만 그래도 우리는 비틀거리며 계속 나아갔다.

창조적 삶에도 가뭄은 피할 수 없는 일이다. 사막처럼 메마른 이 시기에 우리는 명료함과 관용을 배운다. 가뭄의 시기가 찾아오면 우리에게 뭔가 목적이 있다는 사실을 기억하라. 그리고 모닝 페이지를 꾸준히 써라. 그러다 보면 상황을 바로잡을 수 있다. 머지않아, 물론 우리 기대보다는 항상 늦을 테지만 어쨌든 모닝 페이지가 잘못된 상황을 바로잡아줄 것이다. 황무지에 희미한 길이 나타날 것이다. 통찰은 황무지에서 벗어날 길을 안내하는 이정표가 되어줄 것이다. 무용가, 조각가, 배우, 화가, 극작가, 시인, 공연 예술가, 도예가 등 온갖 아티스트에게 모닝 페이지는 우리의 황무지이자 오솔길이 되어줄 것이다.

명성이라는 마약

명성은 아직 일어나지 않은 일이 앞으로도 일어날 리 없다고 믿게 한다. 왜냐고? 그게 바로 명성이다. 명성은 성공과는 다르다. 우리는 마음 깊은 곳에서 그 점을 알고 있다. 그날의 일과를 잘 마치면 우리는 성공했다고 자부하며 마음이 충만해짐을 느낀다. 하지만 명성은 어떨까? 명성은 중독성이 강해서 우리를 늘 굶주리게 한다.

명성은 영적인 마약이다. 명성은 흔히 예술적 작업의 부차적 결과지만, 핵폐기물처럼 매우 위험할 수도 있다. 명성을 쟁취하고 유지하려는 욕망은 '내가 잘하고 있는 걸까?'라는 생각에 사로잡히게 한다. 다시 말해, 일이 잘 진행되고 있는지보다 자신이 지금 어떻게 보이는지에 집중한다.

일의 핵심은 어디까지나 일 자체다. 그런데 명성은 이러한 인식

*
무의식은 진실을 원한다.
진실 외의 것을 갈망하는
사람에게 무의식은 침묵한다.

에이드리엔 리치

을 방해한다. 연기자는 연기 자체보다 유명한 배우가 되겠다는 목표에 집착한다. 작가는 글을 쓰는 행위보다 책을 출판해서 널리 인정받겠다는 목표에 집착한다. 아티스트로서 우리는 그러한 목표를 항상 달성할 수 있는 게 아니다. 달성하든 달성하지 못하든, 명성에 집중하다 보면 계속 결핍감을 느끼게 된다. 명성에 중독되면 절대로 만족할 수 없다. 더 많이 바라는 욕망은 늘 우리 뒤를 바짝 따라다니며 우리의 성취를 깎아내리고 다른 사람의 성취를 기뻐해줄 여유마저 갉아먹는다. 이 말이 맞는지 검증하고 싶다면, 유명인사가 많이 등장하는 『피플』 같은 잡지를 읽어보라. 당신의 인생이 왠지 더 초라하고 볼품없게 느껴진다면, 명성이라는 마약이 효과를 발휘하고 있다고 생각해도 된다.

자신을 소중한 사람으로 대할수록 스스로 더 강해진다는 사실을 잊지 마라. 명성이라는 마약에 중독되었다면, 자신을 더 아끼고 더 보살피면서 해독하는 시간이 필요하다. 자신을 다시 좋아할 수 있게 해줄 행동을 해야 할 때다. 자신에게 엽서를 보내는 것도 괜찮은 방법이다. "넌 참 잘하고 있어"라고 쓴 엽서를 자신에게 보내보라. 의외로 큰 위로와 힘이 되어줄 것이다.

자기 자신과 창조적 자아에게 받는 팬레터야말로 우리가 진정 원하는 것이다. 명성은 사실 자기 인정에 이르는 지름길이다. 그러니 자신을 있는 그대로 인정하고, 어린아이처럼 순수하게 당신을 즐겁게 해줄 일들로 스스로를 달래보라. 우리는 명성이 없으면 아티스트로서나 한 인간으로서 사랑받지 못할까 봐 두려워한다. 이 두려움을 해결하는 방법은 사랑이 담긴 소소하면서도 구체적인 행동이다. 우리는 적극적이고 의식적으로, 지속적이고 창조적으로 우리의 예술가 자아를 돌봐야 한다.

명성이라는 마약이 침투하면, 얼른 이젤이나 타자기, 카메라나 점토 앞으로 가라. 도구를 집어 들고 창조적 놀이의 즐거움에 빠져들어라. 그러면 명성이라는 마약은 금세 힘이 빠지기 시작할 것이다. 이 마약을 해독할 치료제는 창조적 노력뿐이다. 창조적 즐거움에 빠져들다 보면 남들이 뭐라고 하든 개의치 않게 된다.

경쟁심 흘려보내기

*
진정한 배움은 경쟁심이 사라진 뒤에야 찾아온다.

지두 크리슈나무르티

잡지나 동창회보를 펼쳤더니, 아는 사람이 당신이 꿈꿔오던 것에 훌쩍 다가섰다는 뉴스가 실려 있다고 하자. 당신은 아마도 "열심히 하면 되는구나"라며 기뻐하는 대신 "쟤가 나 대신 성공하겠구나"라고 중얼거릴 것이다.

경쟁심은 또 다른 영적인 마약이다. 경쟁에 집중하는 것은 자신이 마시는 우물에 독을 타는 짓이고, 자신의 발전을 방해하는 짓이다. 남들의 성공을 곁눈질하는 순간, 우리는 자신이 나아갈 길에서 시선을 돌리게 된다. 그리고 엉뚱한 질문을 던지고 엉뚱한 답변을 내놓는다.

"나는 왜 이렇게 운이 없을까? 그 사람이 왜 나보다 영화를(혹은 기사를, 연극을) 더 빨리 완성했을까? 남자라서?"

"이게 다 무슨 소용이람? 대체 뭘 더 어떻게 하라는 거야?"

우리는 이런 질문을 던지면서 괜히 헛수고하지 말라고 자신을 윽박지른다. 이런 질문을 자꾸 던지다 보면 더 유용한 질문을 무시하게 된다.

"오늘 써야 할 부분을 다 썼나? 마감 시간에 맞춰서 담당자에게 원고를 보냈던가? 작품을 위해서 관계자들에게 적절히 홍보했나?"

이렇게 진짜 필요한 질문을 던져야 하지만, 그렇게 하기가 결코 쉬운 일은 아니다. 이런 질문 대신 감정에 휩쓸려 한탄만 쏟아내고 싶은 유혹을 느끼는 것도 당연하다. 실제로 많은 이들이 『피플』이나 『뉴욕 타임스 북 리뷰』, 『미라벨라』, 『에스콰이어』 같은 잡지를 뒤적이며 건강하지 못한 질투심에 사로잡히곤 한다. 하지만 이내 자신의 질투를 정당화하기 위해 다른 사람들에게 초점을 맞춘 변명을 늘어놓는다. "누구는 이렇게 말했다더라. 그렇게 행동했다더라. 저렇게 생각했다더라. …… 게다가 그들은 인맥이 있었다더라. 부자 아버지를 뒀다더라. 특별히 우대받는 집단에 속했다더라. 높은 자리에 오르려고 은밀한 방법을 썼다더라."

창조성을 가로막는 걸림돌 뒤에는 대개 경쟁심이 숨어 있다. 아티스트로서 우리는 내면으로 들어가, 내면의 인도자가 안내하는 대로 따라가야 한다. 유행에 뒤졌는지, 앞섰는지 걱정할 여유가 없다. 어떤 작품이 시기적으로 너무 앞서거나 뒤졌다면, 적당한 때가 다시 올 것이다.

아티스트로서 우리는 누가 우리보다 앞서나가는지, 그들이 그럴 만한 자격이 있는지 따질 여유가 없다. 더 나은 아티스트가 되고 싶다는 욕망은, 그저 예술가로 존재하고 싶다는 순수한 열망조차 억누를 수 있다. 그렇게 되면 우리는 내면의 목소리와 멀어지고, 외부의 기준과 영향력을 따지는 방어적인 게임에 휘말리게 된다. 그 결과, 자신의

*
화가는 자신이 무엇을 하는지 더 이상 알지 못할 때 비로소 좋은 작품을 완성한다.

에드가 드가

창조성을 타인의 잣대로 규정하게 된다

이런 식으로 비교하고 대조하는 사고방식은 비평가들에게나 적합하지 창조 행위를 하는 아티스트에게는 적합하지 않다. 트렌드를 찾는 일은 비평가들에게 맡기고, 유행에 뒤졌는지 앞섰는지 따지는 일은 평론가들에게 맡기자. 우리는 내면에서 꿈틀거리며 밖으로 나오려는 게 무엇인지 파악하는 데 집중하자.

창조적 관심사를 경쟁 시장에 집중시키면 우리는 창작의 본질을 추구하는 게 아니라 다른 아티스트들과 창작을 둘러싼 경쟁을 벌이게 된다. 이는 단거리 경주나 마찬가지다. 단기적 승리에 눈이 멀어 장기적 이익을 저버리면서 우리는 내면의 빛에 이끌린 창조적 삶의 가능성을 스스로 차단하게 된다.

누군가에게 뒤처졌다고 화날 때마다 기억하라. 경쟁적 사고방식은 언제나 그냥 잘하는 정도가 아니라 최고로 잘해야 한다는 자아의 요구라는 사실을. 아울러 작품이 완전히 독창적이어야 한다는 것도 자아의 요구다. 하지만 완전한 독창성이란 존재하지 않는다. 모든 작업은 다른 작업에 영향을 받고, 모든 사람은 다른 사람에게 영향을 받는다. 누구도 섬처럼 고립되어 있지 않으며, 어떤 예술 작품도 그 자체로 완전한 대륙이 될 수 없다. 예술에 반응할 때 우리는 자신의 경험에 비춰 그 울림에 반응한다. 완전히 낯선 작품을 발견하기보다는 익숙한 것을 새로운 관점에서 바라보는 경우가 많다. 그래도 독창적이어야 한다는 요구를 무시하기 어렵다면, 이렇게 생각해보자. 우리 각자는 누구나 방문하고 싶은 흥미롭고 독특한 국가 같은 존재다. 자신의 창조적 관심사를 정확히 파악하는 것, 그것이 바로 '독창성Original'이다. 각자는 자기 예술의 기원Origin이자 원산지다. 이런 관점에서 본다면, 독창성은 바로 자기 자신에게 충실히 살아가는 과정이라고 할 수 있다.

　창조적 사고방식과 달리, 경쟁적 사고방식은 승리로 이끌 것 같지 않은 아이디어를 재빨리 솎아내야 한다고 촉구한다. 이는 프로젝트에 뛰어들려는 마음을 억누르는 매우 위험한 발상이다. 경쟁에 초점을 맞추면 손가락을 까딱하는 식으로 섣불리 판단하게 된다. 이 프로젝트는 실시할 가치가 있는가? 실패할 염려가 전혀 없다고 장담할 수 없다면 우리의 에고는 아니라고 대답할 것이다. 그런데 성공 여부는 나중에 돌이켜봐야만 확실히 알 수 있다. 우리는 제대로 알기 전까지 수많은 창조적 백조를 못생긴 오리 새끼라고 부른다. 의식 속에서 살포시 고개를 드는 어린 아티스트에게 엄청난 모욕을 가하는 것이다. 미인대회 참가자를 대하듯 힐끗 쳐다본 뒤 못생겼다고 바로 탈락시켜버린다. 갓 태어난 새끼라고 다 예쁜 것은 아니다. 못생긴 새끼 오리가 훗날 아름다운 백조로 변신하기도 한다. 그런데 우리는 훗날 걸작으로 거듭날 수 있는 프로젝트를 초기 모습만 보고는 어설프거나 꼴사납다고 깎아내리며 그 생명을 바로 잘라버린다. 모든 예술 행위는 성숙할 시간이 필요하다. 너무 일찍 판단하면 섣부르게 잘못된 결론을 내리기 쉽다.

　그러니 막 시작한 작품을 너무 빨리 판단하지 마라. 당신의 에고가 거세게 반발하더라도 섣불리 붓이나 펜을 꺾지 마라. 서툴게 쓴 글은 새로운 스타일을 찾아가는 데 필요한 구조적 실험일 수 있다. 엉성한 그림은 새로운 방향을 모색한다는 신호일 수 있다. 예술은 최종 완성품으로 탄생하기까지 시간이 필요하다. 처음엔 제멋대로 뻗고 엉성하며 불완전하지만, 그 과정을 거쳐 마침내 본연의 모습을 드러낸다.

＊
남을 아는 자는 지혜를 얻고,
자신을 아는 자는
깨달음을 얻는다.

노자

당신의 에고는 이런 사실이 영 못마땅하다. 그저 즉각적인 만족과 남들의 인정이라는 짜릿한 승리를 갈망한다. 이겨야 한다는, 그것도 당장 이겨야 한다는 욕구는 남들에게 빨리 인정받고 싶다는 욕망이다. 그에 대한 해독제를 찾기 위해 우리는 스스로 인정하는 법을 배워야 한다. 작업에 꾸준히 임하는 것 자체가 진정으로 중요한 승리다.

과제

> *
> 나에게는 10킬로미터 정도를
> 걷는 게 도움이 된다.
> 누구나 날마다 혼자서 걸어야
> 하는 법이다.
>
> 브렌다 유랜드

1. **7대 악**: 종이를 한 장 꺼내 일곱 조각으로 자른다. 각각의 조각에 '알코올, 약물, 섹스, 일, 돈, 음식, 가족과 친구들'이라고 적은 뒤 반으로 접어서 봉투에 넣는다. 접혀 있는 종잇조각을 '7대 악'이라고 부르자. 그 이유는 곧 알게 될 것이다. 봉투에서 7대 악 중 하나를 꺼낸 뒤, 그것이 당신 인생에 끼친 부정적 영향을 다섯 가지 쓴다(선택한 악이 답하기 어렵다거나, 자신과 무관하다고 느껴진다면 그거야말로 저항이다). 이 과정을 일곱 번 반복하되, 매번 앞서 꺼낸 조각을 봉투에 넣어서 일곱 가지 선택지 중에 고른다. 물론 똑같은 조각을 계속 고를 수도 있다. 이 점이 매우 중요하다. "아, 또!"라는 짜증 섞인 외침과 함께 결국 수긍하고 문제를 명확하게 바라볼 수 있게 되기 때문이다.

2. **행복의 척도**: 당신이 좋아하는 것, 즉 행복의 척도로 꼽을 만한 것을 재빨리 적어보자. 매끈한 조약돌, 버드나무, 수레국화, 꽃상추, 진짜 이탈리아 빵, 손수 끓인 야채 수프, 보딘의 감성적 음악, 검정콩을 섞어 지은 밥, 갓 베어낸 풀내음, 블루 벨벳(푸른색 벨벳 원단과 보비 빈턴

의 노래 둘 다), 할머니가 구워준 바삭한 파이……. 이 목록을 보면서 위안을 얻을 수 있도록 잘 보이는 곳에 붙여두자. 목록에 있는 항목을 하나 골라서 그림으로 그리거나 실물을 손에 넣고 싶을 수도 있다. 푸른색 벨벳 원단을 좋아한다면, 자투리 원단을 구해서 식탁보나 서랍장 덮개로 활용하라. 아니면 벽에 걸어놓고 그 위에 사진이나 그림을 붙여도 좋다. 생각나는 대로 재미있게 꾸며보라.

3. **무서운 진실**: 다음 질문들에 솔직하게 답해보자.

    당신의 창조성을 가로막는 습관은 무엇인가? 무엇이 문제라고 생각하는가? 그런 습관이나 문제를 앞으로 어떻게 할 계획인가? 그 걸림돌을 붙들고 있으면 어떤 대가를 치를 것 같은가? 잘 떠오르지 않으면 믿을 만한 친구에게 물어보자.

    어떤 친구들이 당신 자신을 의심하게 하는가? 안 그래도 자기 회의에 빠져 있었는데, 그 친구들 때문에 자신을 더 의심하게 되었을 수도 있다.

    어떤 친구들이 당신과 당신의 재능을 인정하는가? 안 그래도 재능이 있다고 생각하고 있었는데, 그 친구들 덕분에 더 확신하게 되었을 수 있다.

    해로운 친구들을 계속 곁에 두는 이유는 무엇인가? 이 질문에 대한 답이 "그들이 좋아서"라면, 왜 좋은지도 답해보자.

    해로운 친구들과 당신의 해로운 자아가 공유하는 해로운 습관은 무엇인가?

    유익한 친구들과 당신의 유익한 자아가 공유하는 유익한 습관은 무엇인가?

> 일을 시작하기도 전에 불가능하다고 단정한 적이 얼마나 많은가! 자신을 부적격자라고 생각한 적은 또 얼마나 많은가! 결국 모든 것은 우리가 선택하는 사고방식에, 그리고 그 방식을 고수하는 정도에 달려 있다.
>
> 피에로 페루치

> 인생에 관한 재미있는 사실이 있다. 최고만 고집하면 그것을 자주 얻게 된다는 점이다.
>
> 서머싯 몸

4. **기준선 정하기**: 앞의 질문들에 답하면서 당신만의 기준선을 정해보자. 가장 괴로운 행동 다섯 가지로 시작하고, 나중에 더 추가한다.

    1) 더 이상 주말에 일하지 않겠다.

    2) 더 이상 사교 모임에 일거리를 챙겨 가지 않겠다.

    3) 더 이상 창조적 활동보다 일을 앞세우지 않겠다(일중독인 상사가 갑자기 바꾼 마감일 때문에 피아노 교습이나 미술 수업을 빠지지 않겠다).

    4) 더 이상 업무에 필요한 자료를 늦게까지 읽느라 부부관계를 미루지 않겠다.

    5) 더 이상 저녁 6시 이후 집에서 업무 전화를 받지 않겠다.

    너무 많은 일을 너무 오랫동안 하고 있다면 업무에 대한 대가를 점검해볼 필요가 있다. 스스로에게 적정한 가격을 책정하고 있는가? 현장을 돌아다니며 당신과 같은 직종에서 일하는 사람들이 얼마나 받는지 파악하라. 몸값은 올리고 업무량은 줄여라.

5. **추억 만들기**:

    1) 자잘한 성공 사례를 다섯 가지 적어보자.

    2) 내면의 아티스트를 돌보기 위해 취했던 행동을 세 가지 적어보자.

    3) 내면의 아티스트를 위로하기 위해 취할 수 있는 행동을 세 가지 적어보자.

    4) 자신에게 멋진 약속 세 가지를 하고 꼭 지키자.

    5) 이번 주에 매일 한 가지씩 자신을 아끼는 일을 해보자.

점검

1. 이번 주에 모닝 페이지를 몇 번 썼는가? 지금까지 쓴 모닝 페이지를 읽고 나서 글쓰기에 변화가 생겼는가? 여전히 자유롭게 글을 쓰는가?
2. 이번 주에 아티스트 데이트를 했는가? 앞으로는 한 가지를 더 해보자. 무엇을 했고 어떤 기분이 들었는가?
3. 이번 주에 동시성을 경험했는가? 어떤 것이었나?
4. 이번 주 창조성 회복 과정에서 중요하다고 생각한 다른 이슈가 있었는가? 그것을 기록해보자.

Week

이번 주에는 우리의 예술적 자율성에 초점을 맞춘다. 자신을 아티스트로 받아들이고 키울 방법을 살펴보고, 우리의 영적 기반을 다져서 창조적 힘을 강화할 수 있는 행동을 찾아보자. 성공을 어떻게 다뤄야 자유를 방해하지 않을지도 자세히 알아볼 것이다.

〔자율성 회복하기〕

The Artist's Way

나를 아티스트로 받아들이기

나는 아티스트다. 아티스트로서 나는 일반 사람들과 다른 방식으로 안정과 흐름의 균형을 맞춰야 할 수 있다. 직장 생활로 안정감을 얻어서 창작에 더 자유롭게 집중할 수도 있다. 아니면 직장 생활이 내 에너지를 고갈시켜 창작을 방해할 수도 있다. 과연 어느 쪽이 나에게 더 맞을지는 직접 알아봐야 한다.

아티스트의 재정 상태는 대체로 변덕스럽다. 아티스트가 항상 빈털터리여야 한다는 법은 없지만, 그런 경우가 더러 있다. 좋은 작품이지만 팔리지 않기도 하고, 팔리더라도 대금을 제때 받지 못하기도 한다. 시장 상황이 좋지 않아 멋진 작품이 헐값에 넘어가기도 한다. 아티스트의 힘으로는 이런 요인을 통제할 수 없다. 게다가 내면의 아티스트에게 충실하다 보면 잘 팔리는 작품이 나오기도 하지만, 항상 그런 것은 아니다. 작품의 시장 가치로 나와 내 작품의 가치를 판단하는 태도에서 벗어나야 한다.

그런데 돈이 내 신뢰도를 입증한다는 생각은 떨쳐내기가 매우 힘들다. 만약 돈이 진정한 예술의 기준이라면, 생전에 인정받지 못했던 폴 고갱은 사기꾼 취급을 받아야 마땅하다. 아티스트로서 나는 『타운 앤 컨트리』에 실릴 법한 멋진 집을 가질 수도 있고 갖지 못할 수도 있다. 하지만 시집 한 권이나 노래 한 곡, 행위예술 한 작품, 영화 한 편 정도는 반드시 가질 수 있을 것이다. 아티스트로서 내 신뢰도는 나 자신과 신과 내 작품에 달려 있음을 깨달아야 한다. 다시 말해, 써야 할 시가 있다면 그게 팔리든 말든 상관없이 그 시를 써야 한다.

나는 창조되고 싶어 하는 것을 창조해야 한다. 단순히 수익 흐름이나 마케팅 전략만으로는 경력을 합리적으로 쌓아갈 수 없다. 그런 게 필요 없다는 말이 아니다. 다만 거기에 너무 집중하면 내면의 어린 아이를 억누르게 된다. 자꾸 미루면 아이는 두려움과 분노를 느낀다. "지금은 안 돼. 나중에"라는 말은 아이들에게 먹히지 않는다.

내면의 아티스트가 순수한 아이 같은 존재이기에 아이의 시간 감각에 어느 정도 맞춰줘야 한다. 어느 정도 맞춰준다고 해서 무책임하게 행동한다는 뜻은 아니다. 그보다는 내면의 아티스트에게 양질의 시간을 허락한다는 뜻이다. 그렇게 하면 아티스트는 하고 싶은 일을 하면서도 내가 해야 할 일에 협조하게 될 것이다. 때때로 나는 형편없는 글을 쓰고 그림을 그리고 연기를 할 수도 있다. 더 나은 단계로 나아가기 위해서 그렇게 할 권리가 있다. 창조성은 그 자체가 이미 보상이다.

*
예술은 우연히 이루어진다. 아무리 작은 오두막이라도 예술을 피할 수 없고, 왕자조차 예술에 의존할 수 없으며, 가장 뛰어난 지성도 예술을 일으킬 수 없다.

제임스 애벗 맥닐 휘슬러

> ※
> 아티스트가 할 일은 언제나 미스터리를 심화하는 것이다.
>
> 프랜시스 베이컨

주위를 둘러보라. 예술적 상상력을 자극하는 사람도 있고 무뎌지게 하는 사람도 있을 것이다. 아티스트로서 나는 내면의 아티스트를 길들이려고 애쓰는 사람들보다 키워주려고 애쓰는 사람들과 가깝게 지내야 한다.

나는 요리엔 능하지만 살림엔 젬병인 아티스트다. 글쓰기와 관련된 일을 제외하면 지저분하고 체계적이지 않다. 창작적 디테일에는 악마처럼 집착하지만 반짝이는 구두나 깨끗한 바닥 같은 디테일에는 별로 관심이 없다.

내 삶이 곧 내 예술이라 삶이 지루해지면 작품도 지루해진다. 아티스트로서 나는 사람들이 한물갔다고 생각하는 것들에 끌릴 때가 있다. 가령 우연히 듣고서 푹 빠진 펑크 밴드, 내 귀를 사로잡은 복음성가, 옷이랑 너무 안 어울린다고 다들 만류하는 빨간 실크 스카프…….

아티스트로서 나는 머리를 뽀글뽀글하게 볶거나 기묘한 의상을 입을 수 있다. 향이 고약한데도 파란색 병이 예뻐서 값비싼 향수를 사기도 한다. 그 병을 보고 있으면 1930년대 파리에 관한 글이 술술 써지기 때문이다.

아티스트로서 나는 글이 괜찮은지 아닌지 생각하지 않고 쓴다. 남들이 싫어할지도 모를 영화를 찍는다. 서툰 솜씨로 그림을 그리며 이렇게 말한다. "내가 이 방에 있었지. 행복했어. 5월이었는데, 만나고 싶었던 사람을 만났거든."

아티스트로서 내 자존감은 작품 활동에서 나온다. 나는 공연도 하고 연주도 하고 그림도 그린다. 2년 반이나 걸려서 90분짜리 영화를 만든다. 다섯 편의 초고를 거쳐서 시나리오를 완성하고, 2년을 투자해서 뮤지컬을 완성한다. 이 모든 일을 하면서 나는 매일 모닝 페이지를 펼친다. 그리고 지저분한 커튼, 볼품없이 자른 머리 모양, 조깅할 때 나뭇가지 사이로 비쳐든 햇살을 보며 기뻐한 이야기를 술술 풀어낸다.

아티스트로서 나는 부자가 될 필요까진 없지만 풍요로운 지원을 받아야 한다. 정신적으로나 지적으로 정체되면, 그것이 내 작품에 고스란히 드러날 것이다. 내 삶에서도, 내 기질에서도 드러날 것이다. 그러니 창조하지 않으면 나는 괴팍해진다.

아티스트로서 나는 지루하면 몸을 비틀다 못해 죽을 수도 있다. 내면의 어린 아티스트를 돌보지 못하고 다른 사람들의 기준에 맞춰 어른인 척 행동하다 보면 나 자신을 갉아먹게 된다. 어린 아티스트를 잘 돌볼수록 나는 더 어른스러워진다. 내면의 아티스트를 충분히 만족시켜주면 내면의 아티스트도 내가 업무용 편지를 유창히 쓰도록 기꺼이 도와준다. 반대로 내면의 아티스트를 무시하면 끝없는 우울감에 빠지게 된다.

자기 양육과 자기 존중은 서로 관련되어 있다. 더 평범하게, 더 상냥하게 살라는 남들의 요구에 휘둘리는 것은 나 자신을 배신하는 것이다. 사람들은 평범해진 내 외모나 행동을 더 좋아하고 편안하게 느낄지 모르지만, 나는 나 자신을 혐오하게 될 것이다. 나를 혐오하게 되면, 결국 나 자신이나 주변 사람들에게 걸핏하면 화를 터뜨릴 것이다.

내 안의 예술가를 억누르면, 폭식하거나 성적으로 무절제해지거나 감정을 주체하지 못하게 될 수도 있다. 이 행동들 사이의 관계를 직접 살펴보면 알 수 있다. 우리는 창조하지 않을 때, 예술가로서 별로 정상적이지도, 다정하지도 않다. 자기 자신에게도, 타인에게도.

*
창조적 아티스트의 역할은 이미 만들어진 법을 따르는 게 아니라 새로운 법을 만드는 데 있다.

페루초 부소니

창조성은 우리의 영혼을 위한 산소다. 창조성을 차단하면 우리는 질식당한 사람처럼 버둥거리며 거칠게 반항할 것이다. 사소한 일까지 간섭받고 지적당하면, 그땐 정말 분노가 폭발할 것이다. 부모와 친구들이 선의로 결혼이나 평범한 직장 생활을 강요하는 등 우리가 지속적으로 예술을 추구하기 어려운 상황으로 내몬다면, 우리는 목숨 걸고 싸우듯 격렬하게 반발할 것이다.

아티스트가 된다는 것은 특별함을 받아들인다는 뜻이다. 특이함을 인정한다는 뜻이요, 용인된 기준을 갖고 놀 줄 안다는 뜻이며, '왜?'라는 질문을 끊임없이 던진다는 뜻이다. 아티스트가 된다는 것은 돈과 재산, 명예 따위가 어쩐지 우습게 느껴진다고 과감하게 말할 수 있다는 뜻이다.

아티스트가 된다는 것은 세상의 놀라운 것들에 주목한다는 뜻이다. 엉뚱한 물건이라도 마음에 들면 방에 들여놓는다는 뜻이며, 괴상한 코트라도 기분이 좋으면 선뜻 걸친다는 뜻이다. 우리의 참모습을 잃고 다른 사람이 되려고 애쓰지 않는다는 뜻이다.

만약 글을 쓰는 것이 안 쓰는 것보다 행복하다면 그냥 써라. 그림 그리는 것이 안 그리는 것보다, 노래 부르는 것이 안 부르는 것보다, 연기하는 것이 안 하는 것보다, 감독하는 것이 안 하는 것보다 더 행복하다면, 제발 마음 가는 대로 하라.

꿈이 불확실하다는 이유로 포기하는 것은 자신에게 무책임한 행동이다. 친구들이나 지인들이 당신을 어떻게 평가하든 결국엔 당신 자신과 신의 판단이 중요하다. 창조주는 우리를 창조적 존재로 만들었다. 우리의 창조성은 신에게 받은 선물이다. 그 선물을 잘 활용하는 것이야말로 신에게 보답하는 길이다. 이 거래를 받아들이는 것, 이것이 바로 진정한 자기 수용의 시작이다.

성공, 그 후

창조성은 영적인 수행이다. 완벽하게 마무리하고 한쪽에 치워둘 수 있는 게 아니다. 내가 경험한 바에 따르면, 창조적 성취의 정점에 이르면 난데없이 불안감이 찾아든다. "그래, 난 성공했어. 해낸 거야. 하지만……."

원하는 목표에 도달하고 나면 그 목표는 의미를 상실해버리고 만다. 아무리 높은 성취를 이루었더라도 우리는 또다시 창조적 자아와 그 자아의 갈망을 마주하게 된다. 잠시 내려놓으려던 의문이 다시 고개를 든다. "이젠 뭘 하지?"

이 미완성의 상태, 더 깊은 탐구를 향한 이 불안한 갈망은 우리를 늘 시험한다. 우리에게 주어진 과제는 자신을 확장하는 것이다. 그러지 않으면 오히려 움츠러들게 된다. 이 과제를 회피하려는 유혹, 누구나 느끼는 이 유혹은 곧바로 정체와 불만, 영적인 불안으로 이어진다. '쉴 수는 없을까?'라는 의문이 떠오를 수도 있지만, 이에 대한 답은 한마디로 "아니요"이다.

아티스트로서 우리는 영적인 상어다. 계속 움직이지 않으면 바닥으로 가라앉아 죽고 만다. 그게 냉혹한 진실이다. 선택은 아주 간단하다. 자신의 월계관, 즉 과거의 영광에 안주하며 멈춰 설 것인가, 아니

*
천재를 움직이게 하는 요소는, 아니 그들의 작품에 영감을 주는 요소는 새로운 아이디어가 아니라 이미 알려진 것들이 아직 충분치 않다는 생각에 대한 집착이다.

외젠 들라크루아

면 다시 시작할 것인가. 계속해서 창조적 삶을 이어가려면 겸손한 자세로 처음부터 다시 시작해야 한다.

다시 한번 초보자가 되겠다는 마음가짐이 창조적 경력을 이어갈 수 있는 핵심이다. 자기 분야에서 대가로 통했던 내 친구는 몇 년 전부터 한계에 도달했다고 생각하면서도 일을 내려놓지 못했다. 사업적 측면에선 부러움을 살 만한 위치에 올랐지만, 예술적 측면에선 점점 더 위험한 처지로 내몰렸다. 3년 전 실행했던 프로젝트를 다시 맡는다면, 그때의 상상력과 열정으로 그 일을 해낼 수 있을까? 그에 대한 답은 솔직히 "아니요"였다. 그래서 그는 막대한 손해를 감수하면서 일을 줄이는 한편, 자신의 예술적 가치를 재정비하는 쪽에 더 투자했다.

금전적 유혹 앞에서 누구나 이렇게 창조적 용기를 끌어모을 수 있는 것은 아니지만, 그래도 노력해볼 수는 있다. 최소한 그렇게 하겠다고 마음먹어볼 수는 있다. 아티스트로서 우리는 여행자와 같다. 세속적 체면에 지나치게 얽매이고 자신의 지위와 입장에 너무 집착하면, 영적 인도를 따를 수 없게 된다. 아티스트의 길은 나선형인데 우리는 곧게 뻗은 좁은 길을 고집한다. 직업의 외형적 요소에 집착하다 보면 내면의 안내를 무시하게 된다. 숫자와 결과에 얽매이기 시작하면, 자신과 자신이 목표로 하는 가치를 잃어버리게 된다.

창조성이 다양한 사업을 창출하는 것은 사실이지만 사업 자체는 아니다. 아티스트는 과거의 성공을 무한정 복제할 수 없다. 자신이 고안해낸 공식이라 해도 그 공식을 너무 우려먹으면 창조적 진실은 결국 고갈되게 마련이다. 우리는 예술을 둘러싼 상업적 환경에 익숙해진 나머지 과거에 뛰어난 성과를 냈던 작업을 반복해서 똑같이 좋은 결과를 보장받으려는 유혹에 빠지기 쉽다. 하지만 그런 결과를 항상 보장할 수는 없다.

성공한 영화는 속편에 대한 요구가 쏟아지고, 성공한 책은 아류작에 대한 수요가 늘어난다. 화가들은 작품이 크게 인기를 끌고 나면 그와 유사한 스타일이나 주제에 머물라는 압박을 받는다. 도예가와 작곡자, 안무가도 똑같은 문제를 겪는다. 아티스트로서 우리는 같은 일을 되풀이하면서 기존에 구축한 시장을 확장하라는 요구를 받는다. 그게 가능한 때도 있지만 가능하지 않을 때도 있다. 성공적인 아티스트의 비결은 미래를 과도하게 저당 잡히지 않는 것이다. 고급 주택가의 집 한 채를 얻기 위해 두 해 동안 창작의 고통을 감내해야 한다면, 그 집은 값비싼 사치품일 뿐이다.

그렇다고 편집자들이 시즌 계획을 멈추거나 영화사들이 사업적 이익을 포기해야 한다는 뜻은 아니다. 다만 아티스트라면 확실한 성공을 예고하는 프로젝트뿐만 아니라 그들의 창조적 영혼을 끌어당기는 위험한 프로젝트에도 도전해야 한다는 뜻이다. 창조적 성취를 이루겠다고 성공적으로 쌓아온 경력을 뒤엎을 필요는 없다. 다만 일상의 궤도를 살짝 조정해서 오랜 시간이 지난 뒤에도 만족스러운 경력을 쌓을 수 있어야 한다는 말이다. 아울러 모닝 페이지를 쓰고 아티스트 데이트를 하라는 뜻이다. "하지만 나는 영화사를 운영해야 한다고요"라거나 "사람들이 다 나한테 의존한다고요"라는 등 당신은 자신이 하는 일을 들먹이며 핑계를 대고 싶을 것이다. 그럴수록 자신을 믿고 자신의 창조성을 지켜나가야 한다.

이러한 내적 다짐을 무시하면, 그 대가는 금세 겉으로 드러난다.

지루하고 반복적인 일상 때문에 창조적 흥분이 사라지고 결국 재정적 상황까지도 영향을 받게 된다. 경제적 안정을 지키려다 창조적 날카로움을 잃게 된다. 계획했던 프로젝트들이 당신 내면의 진짜 욕구와 점점 멀어지면서 예술적 피로감이 쌓여간다. 결국 우리는 일상의 창작 작업을 즐기기보단 강제로 열정을 불러일으켜야만 하는 상태에 놓이게 된다.

아티스트는 사업적 협력에서 요구되는 책임을 충분히 감당할 수 있고 실제로도 감당하고 있다. 이보다 더 어렵고 중요한 일은, 아티스트로서 예술적 성장을 위한 내적 요구를 꾸준히 충족시키는 것이다. 간단히 말해서, 성공할수록 경계를 늦추지 말아야 한다. 예술적 정체성을 토대로 하는 성공은 그게 뭐든 실패로 끝날 수밖에 없다.

운동을 통한 명상

> *
> 결과가 어떻게 될지 아는 순간, 당신은 길을 잃는다.
>
> 후안 그리스

창조성이 막힌 예술가는 대부분 머릿속에서만 사는 경향이 있다. 이들은 하고 싶은 일은 많지만 할 수 없다고 생각한다. 창조성 회복의 초기 단계에서는 하고 싶지만 하지 않은 일들에 대해 고민하게 된다. 지속적이고 실질적인 회복을 이루려면, 머릿속에서 벗어나 실제 작업으로 나아가야 한다. 그러려면 일단 몸을 움직여야 한다.

다시 말하지만, 이 과정은 수용이 필요한 문제다. 창조성은 행동을 요구하며, 그 행동 중 일부는 반드시 신체적이어야 한다. 서양인들이 동양의 명상 기법을 받아들일 때 황홀경을 느끼며 의식이 고양되

되기도 하지만 결국 무기력하게 변하는 모습은 이런 문제를 잘 보여준다. 중심을 잃으면 그와 함께 세상에서 행동할 능력도 잃게 된다. 더 높은 의식을 추구하려다 새로운 방식으로 무의식 상태에 빠지게 된다. 운동은 이러한 영적 마비 상태를 극복하는 데 도움을 준다.

다시 라디오 송수신기에 빗대어 설명해보겠다. 강력한 신호를 보내려면 충분한 에너지가 필요하다. 이 지점에서 걷기의 중요성이 대두된다. 걷기는 일종의 움직이는 명상이다. 걸으면서 우리는 '지금 이 순간'에 집중할 수 있고, 머릿속에서 복잡하게 맴도는 생각을 잠시 멈출 수 있다. 하루 20분이면 충분하다. 몸보다 마음을 확장하는 것이 목적이라 운동 효과가 충분한지에 집중할 필요는 없다. 물론 꾸준히 걷다 보면 자연스레 몸도 건강해진다. 궁극적인 목표는 바깥세상과 연결되는 것이다. 자기 탐구에 집착하는 시선을 내려놓고 그저 자유롭게 세상을 탐색하면 된다. 정신이 다른 것에 초점을 맞출 때 오히려 자신을 더 정확히 볼 수 있다.

아침 6시 30분, 얕은 풀밭에서 쉬던 커다란 왜가리가 날개를 펼치고 강 위로 푸드덕 날아오른다. 높다란 하늘에서 새는 제니를 내려다보고, 제니도 새를 올려다본다. 제니의 두 다리는 마치 공중을 떠다니듯 부드럽게 움직이며 가볍게 나아간다. 제니의 마음은 하늘을 나는 왜가리에게 닿아 속삭인다. "안녕, 잘 잤니? 참 멋지구나, 그렇지?" 이 순간, 이 장소에서 둘은 서로 통한다. 유유히 흐르는 구름과 상쾌한 바람과 살랑이는 나무 앞에서 둘 다 한없이 자유롭고 행복하다.

오후 4시 30분, 상사가 제니의 사무실에 불쑥 들어오더니 새로운 고객이 유난히 까다롭게 군다며 제안서를 더 수정하라고 지시한다.

*

내 움직임을 더 이상 의식하지 않게 되었을 때, 나는 자연과 새롭게 융합됐다. 존재하리라고 꿈꾸지도 못했던 새로운 힘과 아름다움의 원천을 발견한 것이다.

로저 베니스터(1마일 달리기에서 '마의 4분 벽'을 돌파한 후)

"예, 알겠습니다!"

제니는 당차게 대답한다. 아침 달리기에서 얻은 기쁨의 에너지가 아직도 그녀를 떠받치고 있는 덕분이다. 왜가리가 푸른 날개로 커다란 곡선을 그리며 하늘을 가르던 그 순간의 아름다움이 진한 여운으로 남아 있는 덕분이다.

제니는 자신을 운동선수라고 생각하지 않는다. 마라톤에 나가지도 않는다. 서로 응원하며 달리는 싱글 모임도 관심 밖이다. 달리는 거리가 늘어나면서 허벅지가 탄탄해지긴 했지만, 그녀에게 달리기는 건강을 위한 일이 아니다. 제니는 몸이 아니라 영혼을 위해 달린다. 그녀의 하루를 움직이는 힘은 바로 건강한 정신이다. 긴장으로 가득 찬 일상을 여유롭게 바꾸는 원동력은 바로 그것이다. 제니는 이렇게 말한다.

"나는 시야를 확보하려고 달려요."

고객이 제안서를 놓고 꼬치꼬치 따질 때 제니의 영혼은 몸에서 벗어나 커다란 왜가리처럼 높이 솟아오른다. 그렇다고 무책임하게 상황을 피한다는 뜻은 아니다. 그저 새로운 시야를 확보하는 것이다. 마치 새가 하늘에서 내려다보듯, 자신의 고난이 우주에서 차지하는 자리를 바라보는 것이다.

소설가 이브 바비츠는 수영을 즐긴다. 큰 키와 매력적인 금발, 곡선미를 자랑하는 몸매까지 갖춘 그녀는 복잡하게 얽힌 마음을 정리하고자 물에 뛰어든다.

"수영은 작가에게 끝내주는 운동이에요."

매일 동네 수영장에 뛰어들 때마다 그녀의 마음도 일상의 잡다한 걱정을 내려놓고 고요하고 푸르른 영감의 세계로 첨벙 뛰어든다.

율동적이고 반복적인 동작을 하다 보면 어떤 편집자가 지급을 늦추는지, 오탈자가 왜 이렇게 많은지 같은 걱정이 사라지고 뇌의 에너지가 논리적 뇌에서 아티스트 뇌로 바뀐다. 바로 그 순간, 논리의 제약에 구애받지 않고 영감이 솟아오른다.

목수인 마사는 장거리 자전거 타기를 즐긴다. 목수 일을 하다 보면 골치 아픈 문제를 풀어낼 혁신적 해결책이 필요할 때가 많다. '바닥 공간을 차지하지 않는 작업 공간을 만들 수 있을까?', '기존 가구와 어울리면서도 이 코너와 벽에 맞는 서랍장을 짤 수 있을까?' 등등 다양한 문제가 마사를 고뇌에 빠뜨린다. 하지만 교외에 있는 집에서 시내에 있는 사무실까지 힘차게 자전거 페달을 밟다 보면 이러한 문제에 대한 해결책이 떠오르곤 한다. 불쑥 나타난 찌르레기가 붉은 날개를 펼치고 눈앞으로 가로지르듯, 마사는 자전거 페달을 밟다가 '비늘살 문'이라는 아이디어가 퍼뜩 떠올랐다. 리드미컬하게 반복적으로 페달을 밟으면서 창조성의 샘물도 퍼 올린 것이다. 마사는 그 과정을 이렇게 설명했다.

"그럴 땐 내 상상력이 마음껏 활개 치면서 문제의 해결책을 찾아내도록 놔둡니다. 해결책은 불시에 찾아오거든요. 자유롭게 연상할 수 있는 상태를 즐기다 보면 모든 게 제자리를 찾아갑니다."

단순히 일과 관련된 것들만 제자리를 찾아가는 게 아니다. 자전거를 탈 때 마사는 자신의 움직임뿐만 아니라 우주를 관장하는 신의 움직임도 느낀다. 마사는 뉴욕주 북부의 22번 도로에서 혼자 자전거로 달리던 때가 기억난다고 했다. 눈부시게 푸른 하늘 아래 옥수수밭이 초록빛과 금빛 물결처럼 일렁거렸다. 마사가 달리는 검은 아스팔트 도로는 마치 신의 심장까지 곧게 뻗어 있는 것처럼 보였다.

"고요함, 푸른 하늘, 곧게 뻗은 고속도로, 신, 바람⋯⋯. 자전거를 탈 때면, 특히 해 질 녘과 이른 아침에 자전거를 탈 때면, 나는 신을 느낄 수 있습니다. 가만히 앉아 있을 때보다 움직일 때 명상이 더 잘 되는 것 같아요. 혼자 바람을 가르며 마음 가는 대로 달리다 보면, 잡념이 사라지고 나도 모르게 중심을 되찾게 되거든요. 신과 한층 가까워지면서 내 영혼이 노래하는 듯한 기분이 들지요."

운동은 과정에서 나오는 보람을 알려준다. 작은 일을 잘해내고 얻게 되는 만족감을 일깨워준다. 제니는 달리면서 자신을 확장하고 예상치 못한 내적 자원에 접근하는 법을 배웠다. 마사는 그 힘을 '신'이라 불렀다. 무엇이라 부르든 간에 운동은 우리가 자신의 힘을 의심하는 상황에서도 그 힘을 불러내준다. 창조적 프로젝트가 우리를 좌절시킬 때 모든 것을 포기하는 대신, 우리는 어려움을 뚫고 나아가는 법을 배운다.

"인생에는 넘어야 할 장애물이 많아요." 화가이자 승마를 즐기는 리비가 말한다. "전에는 그런 것들이 죄다 방해물처럼 보였지요. 지금은 그저 넘어야 할 걸림돌이나 도전으로 생각합니다. 그런 장애물들을 어떻게 넘어가느냐고요?" 매일 말과 함께 훈련하면서 "도약하기 전에 생각하고 적절한 속도를 유지하도록 가르치는 과정" 속에서 리비는 자신의 인생에도 똑같은 기술을 적용한다고 설명했다. 이렇게 배운 창조적 인내심은 보편적 창조성과 연결된다. "말을 타는 동안 나는 이성의 스위치를 잠깐 끕니다. 그저 참가자로서 느끼기만 할 뿐이죠. 푸른 풀밭을 달릴 때 밀 이삭에서 흩날린 작은 솜털이 주위에 떠다니는

*

사람은 모름지기 신체를 건강하게 유지해야 한다. 그렇지 않으면 마음을 강건하고 맑게 유지할 수 없다.

붓다

그 순간, 마음이 노래하는 듯한 기분이 듭니다. 눈밭을 달릴 때 내 뒤로 흩날리는 눈이 햇볕을 받아 반짝이는 순간에도 마음이 노래합니다. 이런 강렬한 순간들은 내 삶의 다른 순간에도 주의를 기울이도록 가르쳐 줘요. 가령 어떤 남자 곁에서 그런 마음의 노래를 느낀 순간, 문득 푸른 초원과 눈 덮인 들판에서도 그 감정을 느꼈음을 깨닫지요. 결국 내가 기뻐하는 이유는, 그 남자나 특정한 상황 때문이 아니라 내가 그런 감정을 느낄 수 있는 존재이기 때문이에요."

마음속에 노래를 불러일으키는 것은 단순히 자연과 하나되는 느낌만이 아니다. 엔도르핀으로 인한 자연스러운 희열도 운동 자체에서 나오는 부산물이다. 지저분한 도심 거리를 질주하는 사람도 리비가 시골길을 따라 말을 달리면서 느꼈던 행복감을 똑같이 느낄 수 있다.

로버트 브라우닝은 장편 서사시 「피파가 지나간다Pippa Passes」에서, "신은 하늘에 계시고, 세상 만물은 온전하다"라는 말로 이러한 감정을 표현했다. 피파가 걸으면서 이런 감정을 느꼈다는 사실은 결코 우연이 아니다. 모든 사람이 말이나 10단 변속 자전거를 탈 여유가 있지는 않다. 그래서 우리 중 상당수는 두 발에 의존해야 한다. 제니처럼 달리기를 할 수도 있고 걷기를 운동으로 삼을 수도 있다. 아티스트에게 걷기는 감각을 충만하게 해주는 이점까지 추가로 제공한다. 순식간에 지나가지 않기에 우리는 사물을 제대로 바라볼 수 있다. 어떤 의미에서 통찰은 시각에서 비롯된다. 걸으면서 얻은 통찰로 예술의 샘을 가득 채우면 나중에 이를 더 쉽게 활용할 수 있다.

게리는 확실한 도시 사람이다. 그가 즐기는 전원 분위기는 고작해야 걸으면서 창가에 놓인 화분과 작은 정원을 구경하는 정도다. 게

*
여기 이 몸 안에 신성한 강이 흐른다. 여기에는 해와 달뿐만 아니라 온갖 순례지도 있다. 나는 이제껏 내 몸만큼 축복받은 사원을 만나지 못했다.

사라하

리는 도시에선 사람들 자체가 풍경이라는 사실을 배웠다. 아울러 아래가 아니라 위를 바라보며 감탄하는 법도 배웠다. 보행자의 눈높이에선 평범해 보이는 건물도 각종 설치물과 장식물로 멋을 더하고 있기 때문이다. 게리는 도시의 골목골목을 돌아다니면서 수시로 멋진 구경거리를 발견한다. 붉은 제라늄과 분홍 제라늄 화분이 놓인 창가에 오렌지색 고양이가 앉아 있다. 흐릿한 녹색을 띤 교회의 동판 지붕은 폭우 속에서 찬란한 은빛으로 반짝이고, 빌딩들 사이로 정교하게 세공된 대리석 로비가 슬쩍 보인다. 다른 골목에 접어드니 콘크리트 벽면에 누군가가 행운의 말굽을 박아놓았다. 평범한 벽돌 외벽 위로 뜻밖에 자유의 여신상 모조품이 우뚝 솟아 있기도 하다. 게리는 지칠 줄 모르고 도심 거리를 쏘다니면서 자유를 만끽한다. 원시시대 조상들이 견과류와 딸기류를 채집했듯, 게리는 도심의 온갖 눈요깃거리를 수집한다. 조상들은 배를 채울 먹거리를 모았지만, 제리는 사색할 거리를 모은다. 일부 지식인들 사이에선 생각 없는 활동으로 폄하되는 운동이 사실은 생각을 자극하는 활동으로 기능하는 것이다.

  앞서 언급했듯, 우리는 가야 할 곳으로 가면서 배운다. 운동은 우리를 정체 상태에서 영감이 샘솟는 상태로, 문제에서 해결로, 자기 연민에서 자기 존중으로 나아가게 한다. 우리는 정말로 나아가면서 배운다. 우리는 우리가 생각하는 것보다 더 강하다는 사실을 배운다. 우리는 새로운 관점으로 사물을 바라보는 법을 배운다. 우리는 내면의 자원을 활용하고 타인이 아닌 우리 자신의 영감에 귀를 기울이면서 문제를 해결하는 법을 배운다. 겉보기엔 저절로 얻은 것 같지만, 우리는 수영하고 걷고 달리고 자전거를 타고 말을 달리면서 해답을 얻는다. 이는 운동의 달콤한 열매다. 『웹스터 사전』에서 정의한 바와 같이, 운동은 (단순한 신체 활동이 아니라 어떤 생각이나 아이디어를) "행동으로 실현하거나 실행에 옮기는 행위"다.

아티스트의 제단 쌓기

모닝 페이지는 명상이며, 당신을 창조성과 창조주인 신에게로 데려가는 수행이다. 편안하고 행복하게 창조성을 유지하려면 영적으로 중심을 잡고 있어야 한다. 이를 위해 중심을 잡는 자신만의 의식(儀式)이 필요하다. 이 의식은 우리가 신성하고 기쁘게 느끼는 요소들로 스스로 고안해내야 한다.

창조성이 막힌 사람들 가운데 상당수는 종교적으로 엄격한 가정에서 성장하면서 상처받은 경험이 있다. 편안하고 행복하게 창조성을 유지하려면 이러한 상처를 치유하고 자신만의 창조적 의식을 통해 영적으로 중심을 잡을 필요가 있다. 이를 위해 넓은 공간이든 작은 코너든 자신의 영적인 공간을 마련하면 큰 도움이 된다. 방의 한쪽 구석이나 계단 밑, 심지어 창턱을 활용해도 좋다. 창조주가 우리의 창조성을 발휘하게 해준다는 사실을 상기하려는 목적이니, 당신을 행복하게 해주는 물건으로 이 공간을 채워보라. 당신의 아티스트는 이미지로 영양분을 얻는다는 사실을 잊지 마라. 영성과 감각은 융합되지 않는다는 통념은 버려라. 아티스트의 제단은 감각적인 경험의 장이어야 한다.

이 땅의 좋은 것들을 찬미하라. 예쁜 나뭇잎, 돌, 양초, 바다의 보물 등 온갖 것들이 창조주를 떠올리게 해준다. 게다가 스스로 고안한 소박한 의식이 영혼을 달래준다. 향을 피워놓고 긍정 선언을 읽거나 쓰기, 촛불 밝히기, 북 소리에 맞춰 춤추기, 매끈한 돌멩이를 쥐고 있기, 그레고리오 성가 듣기 등 온갖 감각적인 기법들은 무엇이든 영적 성장을 북돋아줄 것이다.

어린 아티스트는 음악과 춤, 향기, 조개껍데기 같은 영혼의 언어로 말한다는 사실을 기억하라. 창조주에게 올리는 아티스트의 제단은 유치할 정도로 재미있게 보여야 한다. 어린아이들이 반짝이는 물건을 얼마나 좋아하는지 생각해보라. 당신의 아티스트는 어린아이와 같다.

> *
> 뿌리를 축복하소서! 몸과 영혼은 하나로 연결되어 있으니.
>
> 시어도어 로스케

과제

1. 29쪽에서 소개한 '기본 원칙'을 당신의 목소리로 녹음해두자. 이 책에서 마음에 드는 부분을 골라 함께 녹음한 다음, 명상할 때 활용한다.

2. 4주 차에 써둔 아티스트의 기도문을 종이에 옮겨 적고 지갑에 넣어둔다.

3. 특별한 창조성 노트를 하나 준비하자. 1쪽부터 7쪽까지 번호를 매기고, 각각의 페이지에 다음 항목을 하나씩 적는다. 건강, 소유물, 여가, 인간관계, 창조성, 경력, 영성. 실현 가능성은 생각하지 말고 각각의 항목에 해당하는 소망을 열 개씩 적어보자. 많다고 생각할 수도 있지만, 그래도 이 기회에 마음껏 꿈꿔본다.

4. 4주 차의 '정직한 변화' 부분을 다시 살펴보면서 창조성의 회복을 시

작한 뒤로 자신이 어떤 식으로 변했는지 목록으로 적어보자.

5. 계속해서 변화할 다섯 가지 방법을 적는다.
6. 듣고 싶은 강좌, 자신에게 허락할 용품, 아티스트 데이트, 당신만을 위한 휴가 등 앞으로 6개월 동안 당신을 보살피기 위해 계획한 다섯 가지 방법을 적는다.
7. 종이를 꺼내서 일주일 동안 자신을 보살필 계획을 세우자. 일주일 동안 날마다 한 가지씩 구체적이고 사랑스러운 행동을 실행한다는 뜻이다. 맘껏 즐겨라!
8. 내면의 아티스트에게 격려 편지를 써서 부치자. 우습게 들릴지도 모르지만 이런 편지를 받으면 기분이 무척 좋아진다. 당신의 아티스트는 어린아이이며 칭찬과 격려와 신나는 계획을 좋아한다는 사실을 기억하자.
9. 신에 대해 다시 한번 생각해보자. 당신의 신념 체계가 창조적 확장을 제한하는가, 지원하는가? 당신이 품고 있는 신에 대한 생각을 바꿀 의향이 있는가?
10. 창조성 강화에 도움이 된 동시성 경험 사례를 열 가지만 들어보자.

점검

1. 이번 주에 모닝 페이지를 몇 번 썼는가? 모닝 페이지를 쓰면서 어떤 경험을 했는가? 다른 사람에게 모닝 페이지를 쓰라고 권유한 적이 있는가? 있다면 그 이유는 무엇인가?

> 예술은 보이는 것을 그저 재현하는 게 아니라 우리가 보지 못한 것을 드러내준다. 달은 화학물질이 사진 이미지를 현상하듯 창조성을 드러내준다.
>
> 노마 진 해리스

2. 이번 주에 아티스트 데이트를 했는가? 하루를 아티스트의 날로 정해서 온전히 보내볼 생각은 없는가? 무엇을 했고 어떤 기분이 들었는가?

3. 이번 주에 동시성을 경험했는가? 어떤 것이었나?

4. 이번 주 창조성 회복 과정에서 중요하다고 생각한 다른 이슈가 있었는가? 그것을 기록해보자.

Week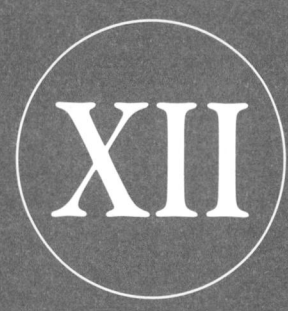

마지막 주에는 창조성의 본질적인 신비로움과 영적인 중심에 한층 더 가까이 다가간다. 창조성이 수용성과 깊은 신뢰를 요구한다는 사실을 짚어보는데, 수용성과 신뢰는 우리가 이 과정을 밟으면서 지금껏 키워온 역량이다. 창조적 목표를 설정하고 마지막 순간의 방해 요소를 특별히 점검하며, 지금까지 익힌 여러 도구를 적극적으로 활용하겠다는 다짐도 새롭게 해본다.

〔 신념 회복하기 〕

신뢰하기

> 모험은 숲속에 발을 들여놓을 때 비로소 시작된다. 그 첫걸음은 '신뢰'
> 라는 이름의 용기에서 나온다.
> — 미키 하트(록밴드 '그레이트풀 데드'의 드러머)

창조성은 신념을 요구한다. 신념은 우리에게 통제를 포기할 것을 요구한다. 통제를 포기하라니, 우리는 두려운 마음에 저항한다. 창조성에 대한 우리의 저항은 일종의 자기 파괴다. 우리는 앞길에 스스로 장애물을 세운다. 대체 왜? 순전히 통제의 환상을 유지하기 위함이다. 분노와 불안처럼 우울감도 일종의 저항이며 갖가지 불편을 초래한다. 우울감은 무기력, 혼란, 매사에 '글쎄, 잘 모르겠어'라고 하는 태도로 드러난다. 그런데 사실 우리는 알고 있고, 우리가 안다는 사실도 알고 있다.

우리는 저마다 마음속에 묻어둔 꿈이 있다. 그 꿈을 활짝 펼치려면, 먼저 그 꿈을 인정할 용기와 그러한 인정을 신뢰할 신념이 필요하다. 그런데 뭔가를 인정한다는 것은 사실 매우 어려운 일이다. 이럴 때는 명확한 선언이 마음의 길을 여는 데 도움이 된다. "나는 내가 안다는 걸 알고 있다"라거나 "나는 내면의 지침을 신뢰한다"라는 식의 긍정 선언으로 방향 감각을 얻을 수 있다. 물론 거기에 즉각적으로 저항하게 될 테지만!

그런데 이런 저항이 나타나는 것은 충분히 이해할 만하다. 우리는 신의 뜻과 내면의 꿈이 일치한다는 생각에 익숙지 않다. 오히려 이 세상은 고통의 골짜기고 우리는 의무를 다한 뒤 죽어야 할 존재라는 통념에 사로잡혀 있다. 실상은 전혀 그렇지 않다. 우리는 풍요롭게 살아갈 존재다. 우주는 언제나 긍정적 행동을 지지하며, 우리 자신을 위한 가장 진실한 꿈은 언제나 신의 뜻과 맞닿아 있다.

드러머 미키 하트의 영웅이자 멘토인 위대한 신화학자 조지프 캠벨은 "자신의 행복을 좇아라. 그러면 전에는 문이 없던 곳에서도 문이 열릴 것이다"라고 했다. 자신에게 충실하고 자신의 꿈을 따르겠다는 내적 다짐이 우주의 지지를 촉발한다. 이중적인 태도를 보이는 사람에게는 우주도 이중적이고 변덕스럽게 보일 것이다. 삶의 흐름 속에서 잠깐의 풍요와 기나긴 가뭄이 번갈아 나타날 테고, 가뭄이 지속되는 시기에 자원이 거의 바닥날 것이다.

세상이 변덕스럽고 신뢰할 수 없는 곳이라 생각했던 시절을 돌이켜보면, 우리 자신이 목표와 행동에서 이중적 태도를 보이며 갈등했다는 점을 알 수 있다. 자신의 진정한 목표와 소망을 확언하면서 진심으로 인정하면 우주는 그것을 반영하고 확장한다.

사람마다 가야 할 길이 있다. 자기에게 맞는 길에 들어서면, 확신을 품고 나아가게 된다. 우리는 다음에 취할 올바른 행동을 알지만, 모퉁이를 돌면 무엇이 나타날지 예측할 수는 없다. 우리는 신뢰함으로써 신뢰하는 법을 배우게 된다.

창조성의 미스터리

> ✱
> 실수를 두려워하지 마라.
> 진정한 실수란 존재하지 않는다.
>
> 마일스 데이비스

인간의 삶과 마찬가지로 창조성도 어둠 속에서 싹트기 시작한다. 먼저 이 사실을 인정해야 한다. 평소 우리는 자주 창조성을 빛의 관점에서만 생각한다. "불이 번쩍 들어오듯 그 생각이 퍼뜩 떠올랐어!"라는 식으로 말이다. 물론 통찰이 섬광처럼 다가오기도 한다. 그러한 섬광에 눈이 부실 수도 있다. 하지만 그런 번뜩이는 아이디어는 내면에서 흐릿하고 어두운 준비 과정을 거친 후에야 비로소 나타나는 것 또한 사실이다.

우리는 흔히 아이디어를 '생각의 자식'이라고 여긴다. 그런데 여느 아기들처럼 이 아기도 창조적 자궁에서 성급하게 꺼내면 안 된다. 아이디어는 종유석과 석순처럼 의식의 어두운 동굴에서 만들어진다. 네모반듯한 벽돌처럼 뚝딱 쌓이는 게 아니라 한 방울 한 방울 떨어지며 형성되는 것이다. 우리는 아이디어가 제대로 부화할 때까지 기다리는 법을 배워야 한다. 정원에 빗대보자면, 아이디어가 잘 자라는지 확인하고자 뿌리째 잡아당기지 않는 법을 배워야 하는 것이다.

뭔가를 적으려고 곰곰이 생각하는 일은 그 자체가 순박한 예술 행위다. 그냥 하릴없이 낙서나 하는 것 같지만, 사실은 아이디어가 서서히 형태를 갖추며 우리에게 무언가를 깨닫게 하려고 준비하는 것이다. 우리는 아이디어가 유기적으로 자라도록 놔두지 않고 걸핏하면 억지로 밀고 당기며 통제하려 든다. 그렇지만 창조적 과정에는 통제가 아니라 항복이 필요하다.

창조성의 핵심에는 미스터리가 있다. 놀라움도 있다. 창조적인 사람이 되고 싶다는 말은, 많은 경우 생산적인 사람이 되고 싶다는 뜻이다. 결국 창조적이라는 말은 생산적이라는 뜻이다. 다만 억지로 밀어붙여서가 아니라 창조적 과정에 자발적으로 협력해야 그렇게 된다.

창조의 통로로서 우리는 어둠을 신뢰해야 한다. 쉴 새 없이 달리는 작은 자동차처럼 서두르기보다는 차분히 숙고하는 법을 배워야 한다. 이렇게 천천히 곱씹으며 생각하는 과정은 때로 큰 부담으로 다가올지도 모른다. 그래서 "이런 식으로는 진짜 아이디어를 절대로 얻지 못할 거야!"라며 조바심을 내게 된다.

아이디어를 얻는 일은 빵을 굽는 것과 흡사하다. 아이디어도 점점 부풀어 올라야 한다. 초반에 자꾸 찔러보거나 계속 확인하려 들면 빵은 절대로 부풀지 않는다. 빵이나 케이크를 구우려면 어둡고 안전한 오븐에 한동안 두어야 한다. 오븐을 너무 일찍 열면 김이 다 빠져서 빵이 꺼지거나 케이크 중간에 구멍이 생겨버리고 만다. 창조성은 신중한 기다림을 필요로 하는 법이다.

이것이 바로 최고의 아이디어를 끌어내는 비결이다. 그러니 아이디어가 미스터리한 어둠 속에서 성장하게 내버려두자. 의식의 토대 위에서 제대로 모양을 갖추게 하자. 작은 물방울처럼 모닝 페이지 위에 똑똑 떨어지게 하자. 이렇게 느리고 얼핏 무작위로 떨어지는 것 같은 물방울을 신뢰하다 보면, 언젠가 "아, 바로 이거야!"라면서 섬광처럼 떠오른 아이디어에 깜짝 놀랄 것이다.

마음껏 뛰노는 상상력

*
우리가 경험할 수 있는 가장
아름다운 것은 신비로움이다.

알베르트 아인슈타인

창조성을 논할 때면 사람들은 너무나 당연하다는 듯 대문자 A로 시작하는 '예술Art'을 떠올린다. 그런데 대문자 A로 시작하는 예술은 우리를 불운한 존재로 낙인찍는 주홍 글자(옛날에 간통한 사람의 가슴에 붙였던 '어덜터리adultery'의 머리글자 'A'와 같다는 데서 비유한 말 – 옮긴이)나 마찬가지다. 창조성을 키우려면 축제 같은 분위기, 심지어 유머까지 가미해야 한다. "예술? 걔는 우리 누이가 전에 사귀던 녀석이야."

우리는 야심 찬 사회에 살고 있어서 경력에 직접적으로 도움되지 않는 창조적 활동을 추구하는 게 어려운 경우가 많다. 창조성을 회복하려면 그 정의를 다시 검토하고 확장해 과거엔 단순히 취미로 여겼던 활동까지 창조적 영역에 포함시켜야 한다. 창조적 삶을 경험해보면 취미야말로 즐거운 삶의 필수 요소임을 깨닫게 된다. 게다가 취미에는 창조적으로 유용한 면이 숨겨져 있다. 취미는 대부분 예술적 사고가 필요한 활동을 포함하는데, 이는 엄청난 창조적 돌파구로 이어지곤 한다.

시나리오 작가가 되겠다는 학생들이 2막 중반부터 막혀서 쩔쩔 맬 때, 나는 그들에게 집에 가서 바느질을 해보라고 권한다. 학생들은 왜 그런 따분한 과제를 내주냐며 반발하지만, 바느질은 줄거리를 깔끔하게 다듬는 데 도움이 되는 좋은 방법이다. 정원 가꾸기도 창조성 수업을 듣는 학생들에게 자주 권하는 또 다른 취미 활동이다. 새로운 삶으로 가는 다리 위에서 겁에 질려 있을 때 화초를 더 크고 좋은 화분에 옮겨 심으면 안정감이 생기고 확장되는 느낌을 얻을 수 있다.

취미 활동에는 영적인 이점도 따라온다. 단순 반복적인 작업을 하면 소박한 해방감이 느껴진다. 취미에 몰두하다 보면 자아의 요구에서 벗어나 더 큰 원천과 합쳐지는 경험을 할 수 있다. 이러한 의식적 접촉은 난처한 개인적 문제나 창조적 딜레마를 해결하는 데 필요한 통찰 제공한다.

창조성을 회복하는 과정에는 역설적 측면이 있다. 바로 자신을 가볍게 여기는 태도를 진지하게 받아들여야 한다는 점이다. 우리는 놀이의 가치를 배우고 익히기 위해 노력해야 한다. 대문자 A로 시작하는 예술의 좁은 틀에서 벗어나 훨씬 더 자유롭고 폭넓은 놀이로 창조성을 바라봐야 한다.

모닝 페이지와 아티스트 데이트를 계속하다 보면 잊고 지냈던 창조성의 일화가 하나둘 떠오를 것이다.

- 고등학교 시절 그렸던 그림을 까맣게 잊고 지냈다. 연극반에서 무대 배경은 죄다 내가 그렸었는데!
- 내가 연기한 안티고네가 불현듯 떠올랐다. 내가 명연기를 펼쳤는지

는 알 수 없지만, 아무튼 나는 그 역할을 무척 좋아했다.
- 열 살 때 썼던 촌극을 완전히 잊고 지냈다. 내용이 무엇이든 죄다 모리스 라벨의 〈볼레로〉 음악에 맞춰 썼다. 거실에서 형제자매가 음악에 취한 듯 연기에 몰입하곤 했다.
- 예전에 탭댄스를 즐겨 췄다. 믿기지 않겠지만 예전엔 나도 한가락 했다!

> *
> 보이지 않는 것만큼 눈을 동요시키는 게 있을까?
>
> 시어도어 로스케

우리가 글을 쓰면서 부정에서 벗어나기 시작하면 기억과 꿈과 창조적 계획이 모두 의식의 표면으로 떠오른다. 그러면서 우리가 창조적 존재임을 새삼 깨닫게 된다. 창작 충동은 우리의 인식이나 격려, 심지어 승인 없이도 계속 끓어오른다. 그 충동은 우리 삶의 표면 아래에서 움직이면서 생각의 흐름 속에서 반짝이는 동전처럼, 눈밭에서 돋아나는 새싹처럼 순간적으로 모습을 드러낸다.

우리는 창조하도록 고안된 존재다. 칙칙한 주방을 새로 단장하고, 고양이에게 나비넥타이를 매주며, 수프를 더 맛있게 끓이려고 이것저것 실험한다. 주방세제에 계피 같은 걸 섞어서 자기만의 향수를 만들던 아이가 자라서는 말린 꽃잎에 이것저것 첨가해 끓여서 크리스마스 분위기를 연출한다.

우리가 아무리 나이를 먹고 통제를 당하고 꿈꾸지 않으려고 애쓴다 해도 꿈의 불꽃은 절대로 꺼지지 않는다. 그 불씨는 언제나 살아 있어서 겨울철 나뭇잎처럼 얼어붙은 우리의 영혼 속에서 여전히 타닥거린다. 꿈의 불씨는 교묘히 숨어 있다가 슬며시 모습을 드러낸다. 우리는 지루한 회의 시간에 무심코 낙서를 끄적이고, 사무실 게시판에 우스꽝스러운 글귀를 쓴다. 상사에게 짓궂은 별명을 지어주고, 필요한 것보다 두 배나 많은 꽃을 심는다.

우리는 현실에 안주하지 않고 더 많은 것을 갈망하면서 답답해한다. 차 안에서 노래를 부르고, 수화기를 쾅 내려놓고, 할 일 목록을 만들고, 옷장을 정리하고, 선반을 치운다. 우리는 무언가를 하고 싶어 하지만, 그게 꼭 올바른 것이어야 한다고 생각한다. 여기서 말하는 올바른 것은 중요한 것을 뜻한다.

진정 중요한 것은 바로 우리 자신이다. 우리가 하는 일은 그것이 무엇이든 거창하지 않더라도 의미 있고 기쁜 일이 될 수 있다. 시든 화초를 정리하고 짝이 안 맞는 양말을 과감히 치우는 일처럼 말이다. 우리는 상실의 아픔에 찔리고 희망에 물리면서도 여전히 앞으로 나아간다. 모닝 페이지를 쓰면서 새로운 삶이, 이를테면 좀 더 화려한 삶이 모습을 갖춰간다. 저 진달래꽃을 누가 샀지? 난데없이 분홍색에 끌리는 이유가 뭘까? 벽에 걸린 이 그림은 앞으로 당신이 되고 싶어 하는 모습인가?

구두가 낡았으면 미련 없이 버린다. 차고 세일을 열어서 안 쓰는 물건을 몽땅 처분한다. 그런 다음엔 책의 초판본을 사고 침대 시트를 새로 바꾼다. 친구들은 무슨 바람이 들었냐며 걱정하지만, 아랑곳하지 않고 몇 년 만에 휴가를 떠난다. 시계는 쉬지 않고 째깍거리고, 당신은 그 소리에 귀를 기울인다. 길을 걷다가 박물관 상점에 불쑥 들어가 물건들을 구경한다. 스쿠버다이빙 신청서를 작성하고 토요일 아침마다 깊은 물속에 잠기겠다고 다짐한다. 이 모든 활동이 정신줄을 놓는 것일 수도 있지만 영혼줄을 붙잡는 것일 수도 있다. 삶은 그 자체로 아티스트 데이트가 되어야 한다. 그게 바로 우리가 창조된 이유다.

시험에 들지 않기

> *
> 나한테 그림은 상상력을 자극하고 기대와 흥분, 경이로움과 즐거움으로 가득한 곳으로 마음을 이끄는 이야기와 같다.
>
> J. P. 휴스턴

내 친구 미셸은 오랜 연애 경험을 바탕으로 이론을 하나 세웠다. 간단히 말하면 이렇다. "내가 헤어지려 하면 상대가 귀신같이 알아차린다니까." 이 이론은 창조성을 회복하는 과정에도 똑같이 적용된다. 로켓이 행성의 중력장에서 탈출하기 위한 최저 속도를 '탈출 속도'라고 하는데, 미셸은 우리도 살아가면서 탈출 속도에 도달할 때가 있다고 했다.

"마치 나사NASA의 우주선 발사처럼 발사 시간이 있고, 그 순간을 향해 가고 있을 때 갑자기 예기치 못한 시험에 드는 거야."

"시험?"

"그래, 시험. 너한테 무척 잘해주는 착한 남자랑 결혼할 준비가 되어 있는데, 웬 매력적인 남자가 느닷없이 연락해오는 식이지."

"아하!"

"시험을 피하는 게 중요해. 하지만 우리는 그런 시험을 자초하는 경향이 있어."

직업은 변호사이지만 취미나 기질을 보면 작가라고 해도 손색없는 미셸은 음모론에 관심이 많아 이런 음흉한 이야기를 잘 만들어낸다.

"자, 생각해봐. 네가 중요한 업무차 출장을 가려고 하는데, 남편이 갑자기 중요한 일이라며 너를 붙잡는 거야. 그런데 막상 들어보니 별로 중요한 일도 아니지 뭐야. 아니면 형편없는 직장을 막 때려치우려고 하는데, 입사 5년 만에 처음으로 사장이 월급을 인상해준다는 거야. 그럴 때 속아 넘어가면 안 돼. 절대로 안 돼!"

미셸의 말을 들어보면, 법정 변호사로 일해온 세월이 그녀의 창조적 면에서 확실히 도움이 된 것 같다. 적어도 그녀는 더 이상 속지 않았다. 하지만 그녀가 암시한 것처럼 세상이 정말로 그렇게 음흉할까? 우리가 정말로 그런 시험을 자초하는 것일까? 나는 미셸의 말을 곰곰 생각했다. 그리고 '그렇다'라는 결론에 도달했다.

나는 그동안 속아 넘어갔던 경험을 하나씩 떠올렸다. 이미 끝난 거래를 손바닥 뒤집듯 단박에 뒤집어놓고는 너무나 상냥하게 사과하던 에이전트가 있었다. 고치고 또 고치라고 요구해서 결국 맹탕 같은 내용만 남게 해놓고는 내가 누구보다 글을 잘 쓰는 최고의 스타라고 아첨하던 편집자도 있었다. 약간의 아첨은 탈출 속도를 지연시키는 데 큰 역할을 한다. 약간의 현금도 마찬가지다. 그보다 더 음흉한 방해물은 그럴듯하게 포장된 의심이다. 특히 "너 자신을 위해서 이 문제를 진지하게 생각해봤는지 확인하고 싶을 뿐이야"라는 식으로 가까운 사람들이 제기하는 의심은 그 파장이 매우 크다.

창조성을 회복하는 과정에서 우리는 한창 좋아지고 있을 때 찬물을 끼얹는 사람을 찾곤 한다. 가장 회의적인 친구에게 우리의 열정을 불쑥 털어놓는 것이다. 그것도 우리가 먼저 연락한다. 우리가 연락하지 않으면 그 친구가 연락한다. 시험을 자초한다는 말은 바로 이런 것이다.

우리의 아티스트는 어린아이다. 우리 내면의 어린아이는 겁을 먹으면 엄마를 찾는다. 그런데 안타깝게도 우리에게는 엄마 노릇을 자처하면서 찬물을 끼얹는 사람이 너무 많다. 그들은 우리를 위한답시고 우리 의사에 반하는 아이디어를 자꾸만 주입하려 든다. 그들이 그렇게 못 하게 해야 한다. 어떻게? 우리 입에 자물쇠를 채워서 비밀을 누설하지 않으면 된다. 황금을 내보이지 않으면 된다. 마법의 첫 번째 규칙은 자기 통제임을 잊지 마라. 자신의 의도를 내면에 간직하고 거기에 힘을 불어넣어야 한다. 그렇게 해야 비로소 원하는 바를 실현할 수 있다.

탈출 속도에 도달하려면 우리는 입을 함부로 놀리지 않아야 하고, 회의주의자들 사이를 조용히 지나가는 법을 배워야 한다. 아울러 적과 동지를 정확히 구분하는 법을 배워서 동지들에게만 계획을 털어놔야 한다.

먼저 도움이 될 만한 친구들의 목록을 작성하라. 방해가 될 만한 친구들의 목록도 따로 작성해둬라. 찬물을 끼얹을 사람들을 정확히 파악해서 멀리하고, 당신을 따뜻하게 응원해줄 사람들을 가까이 둬라. 사사건건 트집 잡는 사람은 누구든 용납하거나 참지 마라. 좋은 의도 따위는 잊어라. 그들이 그럴 의도가 아니었다는 점도 잊어라. 당신이 받은 크고 작은 축복에 감사하라. 탈출 속도에는 굳센 의지라는 칼날과 자기 결단이라는 방패가 필요하다.

"그들이 너를 붙잡으려 할 거야. 그 점을 절대로 잊지 마. 목표를 정하고 경계선도 확실히 그어야 해."

미셸의 경고에 나도 몇 마디 덧붙이고 싶다. 방향을 분명히 정해서 지평선에 어른거리는 허깨비들이 당신의 비행 방향을 바꾸게 하지 마라.

과제

1. 앞으로 나아갈 때 느껴지는 저항, 분노, 두려움을 다 적어보자. 누구나 그런 감정을 느낀다.

2. 현재 미루고 있는 일을 살펴보라. 머뭇거림으로써 얻는 대가는 무엇인가? 숨겨진 두려움을 찾아서 차분히 적어보자.

3. 1주 차에 살펴본 '내면의 적: 부정적인 생각'을 다시 읽어보자(72쪽). 웃음이 나오겠지만, 고약한 괴물들은 여전히 그곳에 있을 것이다. 당신이 얼마나 진전했는지 그 변화에 주목하라. 81~82쪽의 '창조적 긍정 선언'도 읽어보자. 이 과정이 끝난 뒤에도 지속될 당신의 창조성에 관한 긍정 선언을 몇 가지 적어보자.

4. 고장 난 물건을 뭐든 고쳐보자.

5. 화분이 작아서 시들어가는 화초를 큰 화분에 옮겨 심자.

6. 신의 항아리를 마련하자. 당신의 두려움, 원망, 희망, 꿈, 걱정 따위를 담아둘 작은 단지나 상자, 꽃병 등 어떤 용기도 좋다.

7. 신의 항아리를 활용하자. 앞서 과제 1번에서 적은 두려움부터 시작한다. 두려운 마음이 들면 그것이 신의 항아리에 있다는 것을 기억하라. "신에게 맡겼으니까"라고 되뇌면서 다음 행동을 취한다.

8. 이젠 방법을 고민해본다. 솔직히 무엇을 창조하고 싶은가? 톡 까놓고 말해서, 어떤 괴짜 짓을 벌이고 싶은가? 꿈을 이루기 위해 어떤 겉모습을 벗어버리고 싶은가?

9. 당신의 꿈에 관해 이야기하며, 함께 꿈꾸고 계획해나갈 만한 사람을 다섯 명 꼽아보자.

※
놀이는 가능성을 탐색하면서 누리는 환희다.

마틴 부버

10. 이 책을 처음부터 다시 읽고 친구에게도 권하자. 기적이란, 한 아티스트가 다른 아티스트와 나누는 순간임을 기억하라. 신을 믿고, 당신 자신을 신뢰하라.

> 아주 오랫동안 육지를 못 본다는 조건에 동의하지 않으면 새로운 땅을 발견할 수 없다.
>
> 앙드레 지드

점검

1. 이번 주에 모닝 페이지를 몇 번 썼는가? 모닝 페이지를 앞으로 끝없이 이어갈 영적 수행으로 받아들였는가? 모닝 페이지를 쓰면서 어떤 경험을 했는가?
2. 이번 주에 아티스트 데이트를 했는가? 아티스트 데이트 역시 꾸준히 해나갈 생각은 없는가? 무엇을 했고 어떤 기분이 들었는가?
3. 이번 주에 동시성을 경험했는가? 어떤 것이었나?
4. 이번 주에 창조성 회복을 위해서 중요하다고 생각한 다른 이슈가 있었는가? 그것을 기록해보자.

지난 3개월 동안 당신은 창조성을 회복하는 데 많은 시간을 투자하면서 빠르게 성장하고 발전했다. 계속 회복하려면 한층 더 창조적인 계획을 마련하고 그에 전념해야 한다. 다음에 소개하는 창조성 계약서는 당신의 목표를 달성하는 데 도움이 될 것이다.

창조성 계약서

내 이름은 _____이다. 나는 창조성을 회복하고 있다. 나의 성장과 기쁨을 더욱 키우고자 지금부터 다음과 같은 자기 양육 계획을 실천할 것을 약속한다.

모닝 페이지는 나 자신을 돌보고 알아가는 데 중요한 역할을 했다. 따라서 나 _____는 앞으로 90일 동안 모닝 페이지를 계속 쓸 것이다.

아티스트 데이트는 나 자신을 아끼고 삶의 기쁨을 키우는 데 핵심 역할을 했다. 나 _____는 자기 보호를 위해 앞으로 90일 동안 매주 아티스트 데이트를 기꺼이 실천할 것이다.

아티스트의 길을 따르고 내면의 아티스트를 치유하는 과정에서 나에게 창조적 관심사가 많다는 사실을 깨달았다. 이러한 관심사를 계발해나가면서, 앞으로 90일 동안 특별히 _____를 탐구하는 데 더 힘을 쏟을 것이다.

행동 계획에 대한 확고한 다짐은 내면의 아티스트를 키우는 데 매우 중요하다. 앞으로 90일 동안 자기 양육을 위해 실천할 나의 창조적 행동 계획은_____이다.

나는 창조적 동료로서 _____를, 창조적 지원군으로서 _____를 선택했다. 그들과 매주 주간 점검을 시행할 것이다.

나는 위와 같이 다짐하고, _____부터 이 다짐을 실천한다.

서명 _____
날짜 _____

에필로그

*
나는 마침내 온갖 동작의
근원을, 온갖 다양한 동작이
탄생하는 통합체를 발견했다.

이사도라 덩컨

이 책을 마치면서 나는 인상적인 몇 마디를 남기고 싶었다. 상상력의 마지막 불씨로 책에 서명을 남기듯 내 흔적을 남기고 싶었다. 나는 그것을 딱히 해될 것 없는 소박한 사치로 여겼다. 그러다 문득 그림을 감상하다가 작가의 지나치게 큰 서명 때문에 산만해졌던 순간이 떠올랐다. 그래서 결국 화려한 마무리는 접기로 했다. 그 대신 다른 책에서 따온 이미지로 이 책을 마무리하고자 한다. 내 기억이 맞는다면, 아니 어쩌면 기억이 아니라 상상인지도 모르지만, 바로 토마스 머튼의 『칠층산』 초판본의 표지 이미지다.

 맞을 수도 있고 아닐 수도 있지만, 나는 그 책을 오래전, 그러니까 조숙했던 열두 살 무렵에 읽었다. 히말라야만큼 거대한 산과 그 꼭대기를 향해 나선형으로 이어지는 오솔길이 떠오른다. 그 길, 그 나선형 길이야말로 내가 생각하는 아티스트의 길이다. 산을 오를 때 우리는 돌고 돌면서 똑같은 경치를 몇 번이나 볼 것이다. 물론 고도는 조금씩 다를 것이다. 우리는 몹시 갈증을 느끼면서 '전에 왔던 곳인데'라고 생각할 것이다. 어떤 의미에서는 실제로 왔던 곳이 맞다. 길은 절대로 곧게 뻗어 있지 않다. 성장은 왔던 길을 되돌아가서 재평가하고 재정비하는 나선형의 과정이다.

아티스트의 여정을 걷다 보면 거친 지형과 폭풍우에 끊임없이 시달려야 한다. 짙은 안개로 이제껏 지나온 길이나 애써 이룩한 성과가 전부 가려질 수도 있다. 이따금 눈부시게 아름다운 풍광이 펼쳐지기도 하지만, 저 멀리 보이는 산꼭대기만큼이나 발밑에 놓인 길에도 집중하면서 한 발짝씩 나아가는 게 중요하다.

아티스트의 길은 영적인 여정이자 자신에게로 돌아가는 순례의 길이다. 여느 위대한 여정과 마찬가지로, 이 길에도 수많은 위험이 도사리고 있다. 나는 그 가운데 일부를 이 책에서 보여주고자 했다. 여느 순례자처럼 아티스트의 길에 들어선 우리도 동행자와 보이지 않는 길동무에게 은혜를 입을 것이다. 내가 '진격 명령'이라고 부르는 것을 다른 사람들은 조용하고 나직한 목소리로, 심지어 육감으로 감지할 수도 있다. 중요한 점은, 귀를 기울이면 들을 수 있다는 것이다. 그러니 안내자의 지침을 듣기 위해 영혼의 귀를 쫑긋 세워야 한다.

마크 브라이언은 내게 이 책을 쓰라고 설득할 무렵, 〈말 도둑〉이라는 중국 영화를 봤다고 했다. 티베트 사람들의 이야기를 다룬 이 영화는 베이징 영화학파의 고전으로 꼽히는데, 그에게 깊은 인상을 남겼다. 나중에 우리는 중국 비디오 가게와 영화 자료 보관소에서 그 영화를 찾아봤지만, 결국 찾을 수 없었다. 마크가 영화의 중심 이미지를 몇

*
창조란 이미 존재하는 무언가를 구체적인 형태로 투영하는 것에 불과하다.

슈리마드 바가바탐

가지 설명해주었다. 여기서도 산이 나온다. 한 부부가 무릎 꿇고 기도하면서 산 정상을 향하기 시작한다. 몇 걸음 걷다가 엎드리고, 일어나서 몇 걸음 걷다가 다시 엎드리고……. 이 여정은 도둑과 그의 아내가 도둑질로 자신들의 명예를 더럽히고 사회에 해를 끼친 대가로 치르는 속죄였다. 그 뒤로 나는 아티스트의 길을 생각할 때 떠오르는 그 산이 어쩌면 속죄하는 마음으로 올라야 할 산이 아닐까 생각하게 되었다. 다른 사람이 아닌, 우리 자신에게 속죄하는 마음으로.

적절한 말

언어를 가져다가

시원하고 촉촉한 수건처럼 접을 수 있다면 좋으련만.

네 이마에 얹어줄 텐데.

네 손목에 감아줄 텐데.

"그래, 그래"라고 다독여주거나

더 멋진 표현으로 달래줄 텐데.

이렇게 속삭이라고 부탁할 텐데.

"괜찮아" 그리고 "쉬쉬, 다 괜찮다니까."

너를 밤새 안아주라고 부탁할 텐데.

언어를 가져다가

덧발라주고, 진정시키고 시원하게 식혀줄 수 있다면 좋으련만.

뜨거운 열기로 물집이 잡히거나 화상을 입은 곳에.

뜨거운 열기로 상처 입은 곳에.

언어를 가져다가

상처로 남았던 말들을

치유할 수 있다면 좋으련만.

네가 아직 이름 붙이지 못한 그 상처들을.

＊
그림은 결코 완성되지 않는다.
그저 흥미로운 지점에서
멈출 뿐이다.

폴 가드너

아티스트 웨이 Q&A

창조성 회복 과정은 대단히 개별적이긴 하지만, 그동안 창조성을 가르치면서 반복적으로 접한 주제와 질문도 분명히 있다. 당신의 질문 중 적어도 몇 가지에 답할 수 있기를 바라는 마음에서 가장 자주 제기되는 질문과 그 답을 여기에 쓴다.

Q 진정한 창조성은 상대적으로 소수의 사람만 지닌 자질인가?

A 전혀 그렇지 않다. 우리는 모두 창조적이다. 창조성은 누구나 이런저런 형태로 경험할 수 있는 자연스러운 생명력이다. 피가 우리 몸의 일부이지만 우리가 직접 만들지 않듯이, 창조성도 우리의 일부다. 우리는 우주의 더 큰 창조적 에너지를 활용하여 그 방대하고 강력한 영적 원천에서 우리의 개별적 창조성을 확장할 수 있다.

우리 문화에서는 창조성을 너무 협소하게 정의하고 엘리트주의적 관점에서 바라보는 경향이 있다. 창조성을 마치 '진정한 아티스트'라는 선택된 소수 집단만 지닌 자질로 여긴다. 하지만 실제로 우리가 하는 모든 일에는 창조적 선택이 필요하다. 그 사실을 우리가 잘 모를 뿐이다. 옷을 입고 집 안을 꾸미고 맡은 일을 수행하는 방식도 창조성의 표현이며, 우리가 보는 영화나 함께 어울리는 사람도 죄다 각자의 창조성을 표현한 것이다. 우리는 창조성에 관한 잘못된 믿음이나 '아티스트는 죄다 빈털터리에 미친 짓을 서슴지 않으며 문란한 데다 미덥지도 않다'라는 식의 문화적 통념 때문에 꿈을 이루지 못한다. 이러한 통념은 흔히 돈과 시간, 우리 삶에 대한 남들의 간섭과 관련이 있다. 이러한 장애물을 제거하면 더 창조적으로 살아갈 수 있다.

Q 극적인 효과가 바로 일어나리라고 기대해도 좋을까?

A 그럴 수도 있고 아닐 수도 있다. 12주 과정을 밟는 동안에도 극적인 변화가 일어나겠지만, 『아티스트 웨이』의 도구를 평생 실천한다면 훨씬 더 극적인 변화가 일어날 것이다. 특히 2~3년 사이에 일어나는 변화는 그야말로 기적처럼 느껴질 것이다. 창조성이 막혔던 영화감독들은 단편영화를 한 편 제작한 뒤 연이어 두 번째 작품을 제작하고 결국 장편영화까지 완성했다. 창조성이 막혔던 작가들은 수필, 비평, 기사 등으로 시작했으나 나중엔 책과 시나리오를 창작해냈다. 모닝 페이지와 아티스트 데이트라는 기본적인 도구를 꾸준히 활용한다면, 삶의 크나큰 변화를 기대

할 수 있을 것이다.

Q 사람들이 창조성을 발휘하지 못하게 방해하는 요인은 무엇인가?

A 한마디로 '길들이기'라고 할 수 있다. 가족과 친구들과 교육자들은 우리가 아티스트의 삶을 추구하지 못하게 자꾸 말린다. 아티스트는 뭔가 '다르다'라는 근거 없는 믿음이 두려움을 불러일으킨다. 아티스트에 대한 부정적 인식을 가지고 있는 한, 아티스트가 되는 데 필요한 자질을 개발할 마음이 줄어들 것이다.

사회적 차원에서 살펴보면, 차단된 창조적 에너지는 자기 파괴적 행동으로 드러난다. 알코올, 마약, 섹스, 일 따위에 중독된 사람같이 자멸적 행동을 일삼는 사람들은 실제로 창조력의 어두운 그림자에 붙잡혀 있는 것이다. 우리가 창조성을 발휘할수록 창조력의 부정적 표출은 줄어든다.

Q 이 책은 어떻게 사람들이 더 창조적으로 살아가도록 돕는가?

A 『아티스트 웨이』의 주요한 목적과 효과는 사람들이 내면의 창조적 힘을 접하게 하는 것이다. 이를 위해서 다양한 방식으로 사람들이 더 창조적으로 살아가도록 돕는다. 첫째, 아티스트에 대한 부정적 믿음을 허물도록 돕는다. 둘째, 사람들이 자신의 고유한 창조력을 발견하고 거기에 접근해서 더 자유롭게 표현하도록 돕는다. 셋째, 사람들이 자기 파괴적 행동을 인식하게 해서 자신의 앞길을 막는 장애물을 더 명확하게 볼 수 있도록 돕는다. 마지막으로, 사람들이 각자의 꿈과 소망을 파악하고 이를 기필코 실현

하기 위해 계획을 세우도록 돕는다. 자신을 스스로 지원하고 돌보는 방법뿐만 아니라 꿈을 실현하도록 지원해줄 사람들을 찾는 방법도 알려준다.

Q 『아티스트 웨이』의 핵심 주제 가운데 하나는 창조성과 영성을 연결하는 것이다. 이 둘은 어떻게 연결되는가?

A 창조성은 영적인 힘이다. 딜런 토머스가 생명력을 정의한 표현 "푸른 줄기 끝으로 꽃을 밀어내는 힘", 바로 그 힘이 우리를 창조로 이끄는 충동이다. 창조적 충동은 인간이 물려받은 유산이자 잠재력이다. 창조는 신념에 입각한 행위이며, 신념은 창조성과 마찬가지로 영적인 것이다. 영적 자아를 추구하려 애쓰는 한, 우리는 더 의식적이고 더 주도적이며 더 창조적인 사람이 될 수밖에 없다.

Q 이 책에서 다루는 두 가지 핵심적인 도구인 모닝 페이지와 아티스트 데이트에 대해 들려달라.

A 모닝 페이지는 의식의 흐름에 따라 세 쪽 분량의 글을 적는 것이다. 어떤 '기법'이라기보다는 적극적 형태의 명상으로 생각하면 좋다. 모닝 페이지를 통해 우리는 세상과 자신을 향해 우리가 좋아하는 것과 싫어하는 것, 바라는 것과 후회하는 것, 계획하는 것을 선포한다.

이와 달리 아티스트 데이트는 수용을 위한 시간으로, 창조적 의식을 키우고자 미리 계획된 즐거운 활동을 펼쳐나가는 혼자만의 시간을 갖는 것이다. 이 두 가지 도구를 함께 활용하는 것은 라디오 송수신기를 세우는 것과 같다. 모닝 페이지는 무언가를 찾아서 알리고자 아직 미숙한 공간에 신호를 보내고, 아티스트 데이트는 그에 대한 답을 수신한다.

조깅에 관한 책만 읽어서는 운동화를 신고 직접 달릴 때의 기분을 알 수 없듯, 설명만 듣고서는 모닝 페이지와 아티스트 데이트를 제대로 알 수 없다. 지도는 영토가 아니다. 직접 경험하지 않으면, 모닝 페이지와 아티스트 데이트가 당신에게 무엇을 해줄지 절대로 알 수 없다.

Q 『아티스트 웨이』는 12주 동안 날마다 전념해야 하는 프로그램이다. 매일 얼마의 시간을 쏟아야 하며, 12주 만에 무엇을 성취할 수 있는가?

A 매일 30분에서 한 시간씩 할애해야 한다. 12주 동안 배워야 할 가장 중요한 것은, 완벽주의를 버리고 새로운 관점을 찾으며 결과물보다 과정에 초점을 맞추는 것이다.

사람들은 앞으로 무슨 일이 생기고 무엇을 얻을지에 대한 막연한 기대와 선입관을 품고 이 프로그램을 시작한다. 탁월한 단편소설은 뜻밖의 반전으로 사람들을 매료시키듯, 이들은 전혀 예상치 못한 점을 발견하고 놀라움과 흥분을 느끼게 된다. 이 과정에서 무엇을 배울 수 있는지 미리 알려주는 것은 이 프로그램의 기본 원칙을 훼손하는 것이다. 이 프로그램을 직접 경험하고, 그에 따른 결과를 설명이 아니라 발견으로 파악하길 바란다.

Q 훌륭한 아티스트가 되는 문제와 관련해서 자기 회의를 어떻게 극복할 수 있는가?

A 자기 회의는 극복하는 게 아니라 뚫고 나가야 하는 감정이다. 흔히 '진정한 아티스트'라면 자기 회의 따윈 경험하지 않는다고 생각한다. 하지만 실제로 아티스트는 의심 속에서도 작업을 이어가는 법을 깨달은 사람들이다. 이 책의 과제들은 극도로 비판적인 내면의 검열관과 완벽주의자를 떨쳐내도록 돕는다. 창조성을 온전히 발휘하려면 때로는 '안 되는 날'도 있을 수 있음을 받아들여야 한다. 아티스트의 길은 결과물보다 과정에 초점을 맞추기 때문에 실수를 배움의 일부로 소중히 여겨야 한다. 과제를 실천하면서 이러한 점을 익히게 될 것이다.

Q 아티스트는 왜 머뭇거리는가? 본질적으로 무엇을 주저하는 것인가?

A 아티스트들은 두려움 때문에 주저한다. 또는 일을 시작할 '적절한 기분'이 들 때까지 기다리느라 머뭇거린다. 『아티스트 웨이』는 기분과 생산성을 구분하는 법을 알려준다. 아울러 기계적 규율보다 자기애적 열정을 소중히 여기는 법도 알려준다.

Q 새로운 아이디어를 도출하는 능력을 어떻게 확장할 수 있을까?

A 내면의 비판자인 검열관이 힘을 못 쓰게 해야 한다. 검열관을 완전히 쫓아낼 수는 없겠지만, 부정적 목소리를 다뤄나가는 방법은 배울 수 있다. 예측하기 어려운 직관적 자아와 접촉하도록 특별히 고안된 모닝 페이지와 아티스트 데이트를 활용하면, 새로

운 아이디어를 도출하는 능력을 확장할 수 있다. 낡은 습관과 방해물로 인한 잡음을 줄이고 더 또렷하게 들을 수 있게 되면, 마음을 활짝 열고 의식 속에서 미묘하게 다가오는 창조성을 더 민감하게 포착할 수 있다.

Q 창조성과 관련된 가장 흔한 오해는 무엇인가?

A 꿈을 추구하려면 현재의 삶을 버려야 한다는 오해를 꼽을 수 있다. 안전지대에서 벗어나 창조적 과정으로 들어갈 때 발생하는 불안에서 우리를 '안전하게' 지키려면 직장과 가족, 경제적 상황, 시간적 제약 등을 잘 활용해야 한다. 그냥 손 놓고 좌절해버리면 엄청난 기쁨을 누릴 기회를 스스로 차버리는 격이다. 장애물에 맞서는 가장 효과적인 방법은 현재 누리는 삶 속에서 창조성 소모임을 결성하는 것이다. 창조성 소모임과 관련해서는 이어지는 장에서 자세히 설명할 것이다.

창조성 소모임 가이드

『아티스트 웨이』가 처음 출간되었을 때 나는 여기저기에서 '아티스트 웨이 그룹'이 탄생하길 바란다고 했다. 당시 내가 상상한 그룹의 모습은 창조성의 동료들로 구성된 소모임이었다. 그룹의 구성원들이 창조적 장애물을 극복하겠다는 공통의 목표로 모여 서로 믿음을 비추는 거울이 되어줄 것이라 기대했다. 그런 모임은 특별한 비용이 필요하지도 않아 이 책을 가이드이자 교재로 삼아 누구나 꾸려갈 수 있다고 봤다. 실제로 동료들끼리 운영하는 그룹이 많이 결성되었고, 지금도 속속 생겨나고 있다. 아티스트에게서 아티스트에게로, 마음에서 마음으로 전해지는 지원과 도움이 『아티스트 웨이』의 핵심이다.

한편에서는 많은 치료사들과 지역 전문대학, 복지 센터, 대학, 강사들이 아티스트 웨이 그룹을 유료로 운영한다. 이러한 그룹들은 순수하게 결성된 모임이 아니라 일정한 비용을 지불하고 지도를 받는 모임이다. 창조성 회복의 영적 원칙을 따르고, 사람들에게 도구 사용법을 소개하는 이들 그룹도 여전히 가치가 있다. 하지만 특정한 지도자를 중심으로 시작된 모임도 빠르게 자율성을 갖추어야 하며, 궁극적으로 동료끼리 자율적으로 운영하는 비영리 모임으로 전환되어야 마땅하다.

아티스트 웨이를 가르칠 '공인된' 강사 따윈 없다. 나는 『아티스트 웨이』를 프랜차이즈화하지 않고 선물처럼 무료로 제공하기로 했다. 창조성 회복을 위한 최고의 방법은 위계를 세우지 않고 동료끼리 운영하는 집단적 과정이라고 확신했기 때문이다. 그런 점에서 이러한 그룹은 학문적 모델이나 치료적 모델과는 다르다. 『아티스트 웨이』를 활용하는 전문가라면 누구나 자율적이고 동료 주도적인 소모임을 최종 목표로 삼아야 한다는 점을 기억해야 한다. 지도자를 중심으로 결성된 그룹은 이 목적을 달성하기 위한 일종의 다리 역할을 할 수 있다.

수년간 가르치고 여행하면서 나는 동료 소모임의 탁월한 성과를 수없이 많이 목격했다. 『아티스트 웨이』가 심하게 변형된 상황도 접했다. 초점을 지적 '분석'이나 치료적 '처치'에 잘못 맞추면, 창조적 전개가 방해받을 위험이 크다. 단지 창조적 저항에 지나지 않는 상태를 '신경증'이나 고질적인 문제로 해석할 수 있기 때문이다.

『아티스트 웨이』를 비롯한 여러 교재는 모두 체험 도서로, 창조적 행동을 통해 삶을 다루고 변화시키는 방법을 알려주기 위한 것이다. 따라서 책과 창조성 소모임 모두 이론이 아니라 창조적 행동으로 실천해야 한다. 아티스트로서 나는 이 점을 명백히 알고 있다. 『아티스트 웨이』를 비롯한 나의 책들은 내가 지난 30여 년간 실천한 예술적 수행의 정수를 보여준다.

오랜 강사 생활에서 얻은 믿음과 경험에 비추어 볼 때, 사람은 누구나 창조성을 실천할 만큼 건강하다. 창작 활동은 훈련받은 조력자가 필요할 만큼 위험한 시도가 아니다. 아울러 인간이 선천적으로 지닌 권리이자 함께 힘을 합쳐서 이룰 수 있는 일이다. 창조성은 숨 쉬는 일과 같다. 조력자가 도와줄 수는 있지만, 우리 스스로 그 과정을 수행해야 한다. 힘을 기르고자 동료들을 모아 결성한 창조성 소모임은 일종의 부족 모임이라고 볼 수 있다. 창조적 존재들이 모여 서로 격려하고 축하하며, 우리 모두에게 흐르는 창조적 힘을 실현해나가는 것이다.

가이드라인

1. 매주 두세 시간씩 만나 12주 과정을 실천하라.
모닝 페이지와 아티스트 데이트는 조력자를 포함해 소모임의 구성원 모두 실천해야 한다. 각 주의 연습 문제도 조력자를 포함해 구성원 모두 순서대로 풀어보고 네 명 단위로 질문에 대한 답을 공유한다. 다만, 모닝 페이지는 그룹 구성원이나 다른 사람과 절대 공유하지 않아야 한다. 이 과정의 후반부에 조력자나 내면의 안내자가 그렇게 하라고 하기 전까지는 당신도 자신의 모닝 페이지를 들춰보지 않아야 한다.

2. 권위자를 자처하는 사람은 피하라.
이 과정에 참여한 구성원 모두 동등한 일원으로 대우 받아야 하지 누구 한 사람이 더 중요한 위치를 차지해선 안 된다. '강사', 즉 12주 동안 사람들을 안내하는 조력자가 있을 순 있지만, 이 조력자는 자신의 자료를 공유하고, 자신도 창조적 도전을 실천할 자세가 되어 있어야 한다. 위계가 없는 평등한 그룹 과정이므로 혼자 떠들면서 이끄는 게 아니라 서로 대화하면서 나아가야 한다.

3. 귀담아들어라.

우리는 각자 자신의 자료를 공유하고 다른 사람의 말에 귀를 기울임으로써 그룹 과정에서 필요한 것을 얻을 수 있다. 도움을 주겠다는 취지에서 남들이 공개한 자료에 의견을 제시할 필요는 없다. 누군가를 '고치려는' 시도는 특히 삼가야 한다. 그룹마다 예술적 회복을 위한 협력적 '노래'나 '구호'를 정해도 좋다. 이러한 노래나 구호는 마치 고래 무리가 자신들의 위치를 알리고 확인할 때 부르는 노래처럼 그룹마다 독특한 특색을 담고 있을 것이다. 빙 둘러앉아서 자료를 공유할 때는 다른 사람이 공개한 내용에 대해 지나치게 비판해선 안 된다. 각각의 구성원들은 단순히 지켜볼 뿐 타인을 통제해선 안 된다. 연습 문제를 공유할 때는 그룹 안에서 네 명씩 소모임을 구성하라. 다섯 명은 시간이 오래 걸리고 세 명은 경험을 비교하는 데 충분하지 않다. 모든 그룹이 네 명씩 나누어떨어지지 않을 수도 있지만 가능한 한 그렇게 맞춰라.

4. 서로 존중하라.

존중과 연민은 구성원 모두에게 똑같이 제공해야 한다. 각자 자신의 상처와 꿈을 말할 수 있어야 하며, 누구도 다른 구성원을 '고치려' 하지 않아야 한다. 이 과정은 깊고도 강력한 내적 과정이다. 이를 실천할 단

하나의 올바른 방식은 없다. 무엇보다 서로 아끼는 마음이 중요하다. 자신에게도, 타인에게도 친절하게 대하라.

5. 그룹의 구성이 변할 수도 있음을 염두에 두라.

대부분의 구성원이 12주 과정을 완주하겠지만, 일부는 그렇지 않을 수 있다. 12주 후에도 간혹 반발하거나 휴면 상태에 빠지는 시기가 찾아와서 나중에 다시 훈련 과정에 돌아오는 사람도 있을 수 있다. 이들은 1년 심지어 몇 년 후에도 여전히 내면에서 이 과정이 펼쳐지고 있음을 발견한다. 많은 그룹이 8주에서 10주 사이에 창조성의 유턴을 겪으면서 해체되기도 하는데, 이는 그룹의 끝이 다가오면서 느껴지는 상실감 때문이다. 그룹으로서 이 점을 염두에 둔다면 끝까지 함께 가는 데 도움이 될 것이다.

6. 자율적으로 행동하라.

다른 사람의 과정은 고사하고 자기 자신의 과정도 통제하기가 어려울 것이다. 12주 과정을 진행하는 동안 가끔 반발심이 생기기도 하고, 모닝 페이지와 주간 과제를 하고 싶지 않을 때도 있을 것이다. 그럴 때는 한발 물러서는 것도 괜찮다. 이 과정을 완벽하게 실천하기란 결코 쉬운 일이 아니다. 여유를 두고 자신에게 친절히 대하라. 아무 일도 일어나지 않는다고 느낄 때조차 당신은 빠른 속도로 변하고 있을 것이다. 이 모든 변화는 자신의 직관과 창조적 자아에 더 깊이 파고드는 과정이다. 이 과정의 구조는 창조적이고 영적인 인식의 새로운 영역으로 안전하게 넘어가는 데 중점을 두고 있다.

7. 자신을 아끼고 사랑하라.

조력자가 당신을 '잘못' 대한다고 느끼면 소모임을 바꾸거나 새로운 그룹을 결성하라. 외부의 지침보다 자기 내면의 지침을 꾸준히 추구하라. 당신은 위대한 창조주와 아티스트 대 아티스트로 관계를 맺으려 시도하는 것이다. 권위자를 멀리하라. 당신의 내면에 당신만의 답이 있다.

    치료사, 강사, 글쓰기 지도자, 아티스트 웨이의 그룹 지도자분들에게 특별히 당부하고 싶은 말이 있다. 많은 분들이 『아티스트 웨이』를 활용해 그룹을 운영한다는 사실을 알고 있다. 먼저 멋진 시도에 감사하며, 당신 자신도 이 책을 활용해 스스로의 관심사를 적극적으로 탐색하길 바란다. 당신 자신의 창조적 비전을 따르고, 또 자신의 진정한 방향, 즉 '정북'을 향해 나아가길 권한다. 남들을 돕는 과정에서 오히려 당신이 더 성장한다는 사실을 깨달을 수 있을 것이다.

    다만, 『아티스트 웨이』를 이 책에서 명시된 기법과 현저히 다른 방식으로 사용해서는 안 된다는 점을 강력히 강조하고 싶다. 나는 길잡이를 찾고자 15년 동안 여러 도구를 시험해봤다. 이 책을 재량껏 활용해도 되지만, 아티스트 웨이 '전문가'라며 공공연히 홍보하는 일은 삼갔으면 한다. 『아티스트 웨이』의 지혜는 위계를 세우지 않는 집단적 경험에서 나온다는 점을 명심하길 바란다. 간혹 그룹의 지도자가 모닝 페이지를 공개적으로 읽으라고 요구하는 등 이 책의 원칙을 훼손하는 사례를 몇 가지 들었다. 그런 방식은 이 책의 정신에 부합하지 않는다. 조력자가 있는 그룹도 결국엔 동료끼리 자유롭게 운영하는 소모임으로 전환되어야 한다.

회복 과정에 참여하는 분들에게도 당부한다. 이 책 자체가 아티스트 웨이의 주된 자료이지만, 회복의 핵심 요소는 이 책과 여러 도구에 대한 당신의 해석과 노력임을 명심하길 바란다. 이 과정은 마법 같은 스승의 영향으로 이루어지는 게 아니라 오롯이 당신 스스로 이뤄내야 하는 작업이다. 자신의 회복을 스스로 책임지고 주체적으로 이뤄내야 한다.

전문대학과 일반 대학에서, 또 치료사나 동료들 간에 운영하는 소모임 등에서 『아티스트 웨이』가 널리 활용되는 것을 기쁘게 생각하지만, 그 모든 것이 이 책의 정신에 부합하는 방식으로 활용되어야 한다는 점을 다시 한번 강조하고 싶다. 이 책의 가치는 참고서 정도로 충분하다. 이 과정은 개별적 여정이지만 그룹 과정으로 촉진될 수 있다. 당신에게 맞는 그룹을 찾거나 만들기 어렵다면, 당신과 책을 한 그룹으로 묶는 것도 좋다!

아티스트 웨이의 가르침을 널리 전하자. 결코 돈벌이의 수단으로 삼아서는 안 된다. 나눔의 기쁨을 실천하고 싶다면 책의 가치를 다른 사람들에게 알려주는 것으로 충분하다.

| 부록 |

성스러운 모임 만들기

어렸을 때 내가 가장 좋아한 영웅은 조니 애플시드였다. 미국 전역을 떠돌던 이 방랑자가 지나가는 곳마다 사과꽃이 피었다는 이야기에 매료되었다. 나는 이 책도 창조성의 꽃을 피우기를, 그리하여 곳곳에서 아티스트가 탄생하고 그들의 모임이 결성되기를 바란다. 이 소망이 실현되리라 믿으며, 아래에서 아티스트 모임을 결성하는 요령을 설명하고자 한다. 강사로서 경험한 바에 따르면, 창조적 성장에는 안전하고 신뢰할 수 있는 분위기가 무엇보다 중요하다. 이 가이드라인이 그런 분위기를 만들어내는 데 유용하리라 확신한다.

성스러운 모임

예술은 지성이 아니라 영혼의 활동이다. 사람들의 꿈, 즉 그들의 비전을 다룰 때 우리는 성스러운 영역에 발을 들여놓는 것이나 다름없다. 우리는 자신을 넘어서는 더 강력한 힘과 에너지에 관여하게 된다. 우리는 이 성스러운 교류에 참여하지만, 그 전체를 아는 게 아니라 그림자만 어렴풋이 알 뿐이다.

이러한 이유로 아티스트는 언제나 성스러운 신뢰의 정신으로 모여야 한다. 위대한 창조주를 불러낼 때 우리는 자신의 창조성을 일깨우게 된다. 그 창조적 힘은 삶을 바꾸고 운명을 실현하며 꿈을 이루게 할 수 있다.

평소 생활하면서 우리는 조급하게 굴고 성질을 부리고 부적절한 언동을 일삼는다. 마음과 달리 가까운 사람들을 사랑으로 대하지 못할 때가 많다. 그런데 그들은 우리가 분노를 퍼부을 때조차 가족이라는 더 큰 테두리 안에서 존중하며 참아준다. 그게 가족의 도리이기 때문이다.

아티스트로서 우리는 고대의 성스러운 부족이다. 우리는 영혼이 우리 모두를 통해 흐른다는 진리를 전달하는 자들이다. 우리는 서로 어울릴 때 단순히 인간적인 개성만 대하는 게 아니다. 의식의 신전에서 태어날 차례를 기다리는, 보이지 않지만 항상 존재하는 아이디어와 비전, 이야기, 시, 노래, 조각, 예술적 사실까지 두루 대한다. 우리는 서로의 꿈을 위한 산파가 되어야 한다. 남의 꿈을 대신 이뤄줄 수는 없지만, 각자의 예술을 낳고 기르기 위해 노력하는 과정에서 서로 지원할 수는 있다.

바로 이런 이유로 창조의 모든 영역에는 성스러운 모임이 존재해야 한다. 영혼의 보호막 같은 이러한 모임이야말로 우리를 지고한 수준에서 살아가게 한다. 성스러운 모임을 결성하고 인정함으로써 우리는 개성보다 원칙이 우선한다고 선언하는 것이다. 그 안에서 우리는 최고의 선에 봉사하는 정신을, 그리고 동료들 사이에서 자신의 선을 이루겠다는 신념을 끌어낼 수 있다. 그 안에는 질투나 험담, 비난이 들어설 수 없다. 아울러 심술, 적대감, 빈정거림, 자리다툼이 일어날 수도 없다. 그러한 태도는 세상 사람들 사이에나 있을 뿐, 우리 아티스트 사이에는 존재할 수 없다.

서로 돕는 가운데 성공이 싹튼다. 성스러운 모임을 결성하면 안전한 영역, 우리의 선을 끌어낼 중심축이 생긴다. 그 축을 중심으로 성실하게 채워나가며 우리에게 가장 좋은 것을 끌어들인다. 우리에게 필요한 사람들을 끌어들이고, 우리가 가장 잘 활용할 재능도 끌어들인다.

성스러운 모임은 존중과 신뢰를 바탕으로 세워진다. 그 이미지는 정원과 유사하다. 정원을 채우는 각각의 식물은 고유한 이름과 자리가 있다. 다른 꽃의 존재를 부정하는 꽃은 없다. 다들 대체 불가능한 독특한 아름다움이 있다. 정원을 가꾸는 우리의 손길은 부드러워야 한다. 다른 사람의 아이디어가 꽃을 피우기도 전에 뿌리 뽑지 말자. 성장, 휴면, 순환, 결실, 재파종의 과정을 가만히 지켜보자. 성급하게 판단하거나 부자연스러운 성장을 억지로 강요하지 말자. 이제 막 걸음마를 뗀 어린 아티스트가 비틀거리다 넘어져도 다시 일어나 도전할 공간을 항상 마련해두자. 대자연 속에서 모든 상실에는 의미가 있다는 사실을 기억하자. 이 점은 우리에게도 마찬가지다. 잘 활용한다면 창조적 실패는 미래의 창조적 성공을 길러낼 밑거름이 된다. 우리는 빠른 해결책을 찾는 게 아니다. 오랜 시간에 걸쳐 무르익고 수확하는 과정에 있음을 잊지 말자. 예술은 영혼의 행위이고, 우리는 영적 공동체에 속해 있다.

    나는 25년째 아티스트로 활동하고 있고, 벌써 15년째 창조성 회복을 가르치고 있다. 그동안 창조적 지원이 부족하다는 게 무슨 뜻인지, 또 그 지원을 찾는다는 게 무슨 뜻인지 직접 경험할 기회가 많았다. 이 둘은 흔히 성공과 실패, 희망과 절망을 가르는 기준이다. 여기서 이야기하려는 것은 바로 고립을 깨뜨리는 행위의 힘이다. 이는 다른 모든 회복 과정과 마찬가지로 강력한 첫걸음이 될 수 있다. 창조성 회복 또한 다른 회복과 마찬가지로 뜻이 맞는 사람들끼리 뭉치면 더 빠르게 진행될 수 있다. 무언가에서 벗어나는 회복에는 '12단계 그룹'이 특히 효과적이다. 무언가를 향한 회복에는 '창조성 소모임'이 탁월한 성과를 보여준다.

    아티스트의 생산성을 유지하는 데 가장 중요한 요소를 한 가지만 꼽아달라고 질문하면서 사람들은 흔히 '고독'이나 '먹고살 만한 수입', '육아' 같은 답변을 기대한다. 물론 그러한 것들도 중요하고, 사실 많은 사람이 그렇게 대답하기도 한다. 하지만 나는 이른바 '믿음의 거울'이 더 중요하다고 생각한다. 믿음의 거울이란 간단히 말해서 당신의 창조성을 지지하는 친구, 즉 당신과 당신의 창조성을 믿어주는 사람을 말한다. 아티스트로서 우리는 창조성 소모임을 의식적으로 결성할 수 있다. 믿음의 거울들로 결성된 성스러운 모임은 서로 성장을 강화하고 각자의 창조성에 '긍정적 기운'을 불어넣어준다. 내 경험을 돌아볼 때, 충만한 삶을 꿈꾸는 사람들이 서로 지원하면서 각자 많은 혜택을 봤다. 그러니 매주 만나서 이 책의 과제를 실천한 다음, 그 답을 공유하고 비교해보길 권한다. 누군가의 획기적 통찰로 새로운 통찰이 촉발되는 경우가 꽤 많다.

지금 이 순간, 우리는 예술에 해로운 문화 속에서 살고 있다는 사실을 알고 있어야 한다. 우리 사회에는 아티스트에 대한 잘못된 통념이 넘쳐난다. 아티스트는 가난하고 무책임하며 약물에 찌들어 사는 미치광이라는 헛소리에 더해서 이기적이고 현실감이 떨어지며 과대망상에 시달리는 데다가 괴팍하고 우울하다는 비난이 끊이지 않는다. 그리고 무엇보다도 '혼자 있고 싶어 한다'라고 알려져 있다. 우리 자신조차 그렇게 확신하는 경우가 많다. 초보 아티스트에게 왜 자신의 창조성에 깊이 빠져들기를 두려워하는지 물어보면, 이렇게 말할 정도다. "남은 인생을 혼자 보내고 싶은지 잘 모르겠어요."

미국의 경우, 사람들은 아티스트와 카우보이를 혼동하는 것 같다. 아티스트를 마치 혼자서 석양을 향해 질주하는 고독한 인물처럼 보는 것이다. 농담이라 해도 카우보이 비유는 터무니없는 헛소리다. 우리는 대체로 사람들과 어울리기를 좋아한다. 우리 문화에서 잘 알려지지 않은 사실이 있다면, 아티스트는 다른 아티스트를 좋아한다는 점이다.

잠시 생각해보자. 인상파 화가들이 무엇을 그렸는가? 함께 모여서 점심 먹는 풍경을 그렸다. (버지니아 울프를 비롯해 런던 블룸즈버리에 살던 예술 지상주의 집단인) 블룸즈버리 그룹은 무엇을 썼는가? 식당에 모여 서로에 대해 입방아 찧는 모습을 묘사했다. 존 카사베츠가 누구와 함께 영화를 제작했는가? 그의 친구들이다. 왜 그랬을까? 서로 믿었고, 각자의 꿈을 실현하도록 돕는 일을 즐겼기 때문이다. 아티스트는 다른 아티스트를 좋아한다. 그런데 다들 이 사실을 잘 모르는 것 같다. "정상에 올라갈 수 있는 사람은 한정돼 있다"라는 말을 들으며 자라왔기 때문이다. 하지만 이는 다 헛소리다. 물은 결국 제자리를 찾아 흐르고 함께 어우러져 더 높이 차오른다. 다시 말해서, 개인적 성공과 집단의 성장은 서로 맞물려 이루어진다.

아티스트는 흔히 도움을 주고받는다. 문화적 통념에선 그렇지 않다고 하지만 아티스트들은 언제나 서로를 도왔다. 그리고 그럴 때마다 엄청난 일이 벌어지곤 했다. 그런 사례를 한 가지 알려주겠다. 영화감독인 마틴 스코세이지는 〈쉰들러 리스트〉의 각본을 고안하고 세세하게 다듬은 다음, 친구 스티븐 스필버그 감독에게 맡겼다. 그 소재를 스필버그가 가장 잘 살릴 것 같았기 때문이다. 별로 주목받지 않았던 이 창조적 관대함 덕분에 스필버그는 '진정한 감독'으로서 아카데미에 도전할 기회를 얻었다. 스코세이지는 이 일로 자신이 그해 아카데미상을 차지할 기회를 잃을 수도 있음을 알고 있었다. 사실이 이런데도 언론의 기사는 두 사람이 서로 치열한 경쟁 관계였던 것처럼 이야기한다. 마치 교전 중인 국가의 선수들이 올림픽이라는 소규모 전쟁에서 맞붙는 것처럼 아티스트 대 아티스트로 대립하는 모습으로 그려진다. 역시나 헛소리다. 서로 돕는 가운데 성공이 싹튼다. 아티스트로서 우리는 서로 믿어주는 사람들을 찾아내 똘똘 뭉쳐서 지원하고 격려하고 보호해야 한다.

20년 전, 나는 호텔 방에서 당시엔 별로 유명하지 않았던 브라이언 드 팔마, 스티븐 스필버그와 함께 앉아 있었다. 내 약혼자였던 스코세이지가 프랑스에 머물고 있어서 그의 두 친구가 말동무라도 해주겠다며 피자를 사 들고 왔던 것이다. 스필버그는 UFO 현상을 다룬 영화를 찍고 싶다고 했다. 그 프로젝트를 기획하면서 몹시 들떴지만, 정작 필요한 지원을 받지 못해 속을 끓이고 있었다. 그래서 어떻게 되었느냐고? 드 팔마는 그에게 마음 가는 대로 그 작품을 제작하라고 용기를 북돋워주었다. 그렇게 해서 영화 〈미지와의 조우〉가 탄생했다. 유명인사와의 친분을 자랑하려고 이 이야기를 꺼낸 게 아니다. 아티스트로서 최고 반열에 오른 사람도 항상 유명하지는 않았으며, 창작 영역에 내재한 두려움과 의심에서 완전히 벗어날 수 없다는 점을 강조하려는 것이다. 이러한 두려움과 의심은 누구에게나 존재한다. 이를 뛰어넘으려면 친구들의 소소한 도움이 필요하다. 우리는 모두 꿈으로 가득한 상태에서 첫발을 내딛는다. 운이 좋으면 우리 꿈을 믿고 응원해줄 친구들을 찾을 것이다. 그렇게 결성한 창조적 소모임은 자석처럼 서로의 선을 끌어낸다.

　　나는 원래 빠른 해결책 따위는 믿지 않지만, 오랫동안 『아티스트 웨이』를 가르치면서 사람들이 똘똘 뭉치면 신속하고도 꾸준히 창조적 성과를 거둘 수 있음을 알게 되었다. 그래서 내가 강연을 다니는 곳마다 창조성 소모임이 생겨 사람들이 오랫동안 서로 보살피고 지원하며 함께 성장해나갈 수 있었으면 하고 바란다. 시카고에는 오랫동안 끈끈한 관계를 유지해온 소모임이 있다. 그들은 다음과 같은 질문으로 모임을 시작했다.

　　"내가 다시 글을 쑬 수 있을까?"

　　"더 노력해서 나아지고 싶지만 두려움이 앞선다."

　　"정말로 해내고 싶어."

*
신은 우리 삶의 결실에서
영광을 얻는다.

조엘 S. 골드스미스

"희곡을 한 편이라도 써낼 수 있으면 소원이 없겠어."

몇 년 뒤, 소모임의 구성원은 그대로였지만 질문은 상당히 달라졌다.

"지니가 에미상 후보에 올랐는데 파티를 누구네 집에서 열까?"

"팸이 세 번째 희곡을 같은 극단에 올리는 게 좋을까?"

창조적인 사람으로서 우리는 서로 격려해야 한다. 그것이 『아티스트 웨이』를 쓴 내 목표이고 지금껏 강연을 다니는 이유다. 당신의 꿈뿐만 아니라 다른 사람들의 꿈도 격려하는 것이 당신의 목표이길 바란다. 창조적 아이디어는 '생각의 자식'이다. 여느 자식들처럼 이 아이디어도 세상에 나와야 한다. 그 과정은 개인적 경험이자 집단적 경험이다.

최근 내가 속한 창조성 소모임에서 책 한 권이 세상에 나오는 데 산파 역할을 할 수 있어 무척 영광이었다. 내 친구 소니아 쇼케트는 뛰어난 영성 지도자로, 오랜 경험을 살려 『영성의 길The Psychic Pathway』이라는 귀한 도구를 완성해냈다. 나는 매일 밤 그녀의 원고를 조금씩 팩스로 받아보았다. 소니아가 여느 아티스트처럼 자기 회의에 빠질 때면, 나는 그녀에 대한 믿음을 가득 담은 답장을 보내곤 했다. 다른 많은 사람들처럼 소니아도 남들의 빛을 가릴까 봐 자신의 창조적 빛을 감추라는 말을 들으면서 자랐다. 그녀는 의심과 두려움을 느꼈지만 이러한 창조적 장벽을 극복하며 점차 신념을 키워서 마침내 자신의 창조성을 온전히 발휘하는 순간에 도달할 수 있었다.

수많은 고뇌의 밤을 보내야 할 것 같은 프로젝트를 앞두고 두려움에 떠는 사람들이 있다. 나는 그들에게 그러한 밤이 아름다운 스페인어로 'noches estrelladas', 즉 '별이 빛나는 밤'이 될 수 있음을 알려주고 싶다. 이웃한 별자리처럼 우리는 서로 안내자이자 동반자 역할을 할 수 있다. 우리가 아티스트의 길을 걸어가는 동안, 일시적으로 어두운 길을 지나갈 때 함께 빛을 비추며 서로의 길을 너그럽게 밝혀주길 진심으로 기원한다.

성공은 서로 돕고 베푸는 가운데 싹튼다는 사실을 명심하라. 서로 믿음의 거울이라는 별자리를 형성해 각자의 힘을 마음껏 펼쳐나가자.

성스러운 모임의 규칙

1. 창조성은 안전하고 수용적인 곳에서 번창한다.
2. 창조성은 친구들 사이에서 성장하고 적들 사이에서 시든다.
3. 창조적 아이디어는 마땅히 보호받아야 할 어린아이다.
4. 창조적 성공에는 항상 창조적 실패가 필요하다.
5. 창조성을 실현하는 일은 우리의 성스러운 책무다.
6. 누군가의 창조성을 침해하는 일은 성스러운 책무를 저버리는 짓이다.
7. 창조적 피드백은 창조적 아이를 격려해야 하며, 결코 망신을 줘서는 안 된다.
8. 창조적 피드백은 약점이 아니라 강점에 초점을 맞춰야 한다.
9. 성공은 서로 돕고 베푸는 가운데 싹튼다.
10. 타인의 선은 결코 우리의 선을 가로막을 수 없다.

무엇보다도 신이 우리의 원천이다. 어떠한 인간적 힘도 우리의 선을 막거나 창조할 수 없다. 우리는 모두 우리를 통해 일하려는 더 높은 자아의 통로다. 우리는 모두 영적 원천에 동등하게 연결되어 있다. 누가 우리에게 가장 큰 가르침을 줄지 항상 알 수는 없기에 서로 소중히 섬기고 보살펴야 한다. 『아티스트 웨이』를 따르는 우리는 함께 호흡하는 한 부족이다. 섬김의 정신은 우리에게 '다르마dharma', 즉 믿음이 최고조에 이른 순간에 따르고자 하는 올바른 길을 알려준다.

아티스트의 기도

위대한 창조주여,
당신의 이름 아래 함께 모인 우리가
당신에게,
또 동료들에게 더 큰 도움이 되기를 원하나이다.
당신의 도구로 우리를 바칩니다.
당신의 창조성에 우리 삶을 활짝 엽니다.
우리의 낡은 생각을 당신 앞에서 내던지고
더 새롭고 넓은 당신의 생각을 받아들입니다.
당신이 우리를 이끌어주리라 믿습니다.
당신을 따르면 안전하리라 믿습니다.
당신이 우리를 창조하셨음을,
그 창조성이 당신과 우리의 본성임을 압니다.
우리 삶이 우리의 낮은 자존감이 아니라
당신의 계획에 따라 펼쳐지게 하소서.

✲

삶 자체가 미스터리로 이루어졌다는 사실을 받아들이기 전까지, 우리는 아무것도 배우지 못할 것이다.

헨리 밀러

✲

나는 가야 할 곳으로 가면서 배운다.

시어도어 로스케

당신의 힘으로, 또 서로의 도움으로

치유받고 회복하기에 너무 늦지 않았음을,

너무 하찮지도, 너무 부족하지도 않음을

믿을 수 있도록 도와주소서.

서로 사랑하고 꿈을 키워주며,

서로 성장하도록 격려해주며,

서로의 두려움을 이해해주도록 도와주소서.

우리는 혼자가 아님을,

사랑받고 또 사랑받을 가치가 있는 존재임을 알게 하소서.

우리의 창조 행위가 당신을 향한 숭배가 되게 하소서.

추천 도서

강사로서 내 경험에 비추어볼 때, 이 책을 읽는 사람들은 또 다른 책을 펼치기보단 무엇이든 직접 해보는 게 더 낫다. 그렇다 해도 혹시 더 깊이 연구하고 싶어질 경우를 대비해 내가 좋아하는 책을 두루 소개하고자 한다. 이 책들은 해당 분야에서 최고의 책이다. 요컨대, 『아티스트 웨이』 과정을 먼저 끝내고 다른 자료에 손대는 것이 좋다.

Aftel, Mandy. *The Story of Your Life—Becoming the Author of Your Experience*. New York: Simon & Schuster, 1996. 설득력 있고 유용하다.

Berendt, Joachim-Ernst. *The World Is Sound: Nada Brahma. Rochester*. VT: Destiny Books, 1991. 소리 이론에 관한 감동적이고 설득력 있는 책.

Bolles, Richard Nelson. *What Color Is Your Parachute?* Berkeley: Ten Speed Press, 1970. 목표 설정에 관한 기발하고 실용적인 안내서.

Bonny, Helen. *Music and Your Mind. Barrytown*. NY: Helen A. Bonny and Louis

M. Savary, 1973, 1970. 정신적·정서적 고통의 해독제로 음악을 활용하라는 명쾌한 안내서.

Bradley, Marion Zimmer. *The Mists of Avalon*. New York: Ballantine Books, 1982. 기독교 포교 이전 잉글랜드에서 여성의 영성을 강렬하게 그려낸 소설. 아서왕 시대의 여신 숭배를 매혹적으로 담아냈다.

Brande, Dorothea. *Becoming a Writer*. 1934. Reprint. Los Angeles: Jeremy P. Tarcher, 1981. (『작가 수업』, 강미경 옮김, 공존, 2018) 내가 본 최고의 글쓰기 책.

Burnham, Sophy. *A Book of Angels*. New York: Ballantine Books, 1991. 우리 삶에 작용하는 영적인 힘과 에너지를 우아하고 깊이 있게 탐구한 책.

Bush, Carol A. *Healing Imagery and Music*. Portland, OR: Rudra Press, 1995. 치유를 위한 경청의 기술을 알려주는 대단히 유용한 안내서.

Campbell, Don G. *The Roar of Silence*. Wheaton, IL: The Theosophical Publishing House, 1994. 소리 치료에 관한 독창적인 책. 명쾌하고 강렬하고 유용하다. 캠벨의 다른 책도 다 중요하고 설득력 있지만, 이 책은 여전히 기본서로 남아 있다.

Cassou, Michelle, and Stewart Cubley. *Life, Paint, and Passion: Reclaiming the Magic of Spontaneous Expression*. New York: Jeremy P. Tarcher/Putnam, 1996. 시각 예술가들을 위한 풍부하고 열정적인 실전 지침서.

Chatwin, Bruce. *Songlines*. New York: Penguin Books, 1987. (『송라인』, 김희진 옮김, 현암사, 2012) 절묘하고 신비하고 강렬한 여행기.

Choquette, Sonia. *Your Heart's Desire*. New York: Random House, Crown Trade Paperbacks, 1997. 꿈을 실현하는 방법을 단계별로 명쾌하게 알려주는 안내서.

Choquette, Sonia. *The Psychic Pathway*. New York: Random House, Crown Trade Paperbacks, 1994, 1995. 영적 재능을 깨우기 위한 안전하고 현실적이며 실용적인 안내서.

Eisler, Raine. *The Chalice and the Blade*. San Francisco: Harper & Row Publishers, 1987. (『성배와 칼』, 김경식 옮김, 비채, 2006) 삶의 접근 방식에서 남성

과 여성의 차이를 독특하게 풀어낸 책.

Fassel, Diane. *Working Ourselves to Death*. San Francisco: HarperCollins, 1990. 일중독 성향을 보이는 이들을 위한 강력한 처방전.

Fox, Matthew. *Original Blessing*. Santa Fe, NM: Bear & Company, 1983. 기독교 전통에 관한 중요한 교정 도서. 탁월하고 감동적이며 자비롭다.

Franck, Frederick. *Zen Seeing, Zen Drawing*. New York: Bantam Books, 1993. (『연필 명상』, 김태훈 옮김, 위너스북, 2014) 창조적 삶에서 '관심'의 중요성을 알려주는 훌륭한 전문서.

Gawain, Shakti. *Creative Visualization*. Mill Valley, CA: Whatever Publishing, 1986. 비전을 품고 유지하는 법을 배우는 데 유용한 도구.

Goldberg, Bonni. *Room to Write: Daily Invitations to a Writer's Life*. New York: Jeremy P. Tarcher/Putnam, 1996. 작가를 위한 대단히 도발적이고 현명한 도구.

Goldberg, Natalie. *Writing Down the Bones*. Boston, Mass.: Shambhala Publications, 1986. (『뼛속까지 내려가서 써라』, 권진욱 옮김, 한문화, 2018) 역대 최고의 글쓰기 책.

Goldman, Jonathan. *Healing Sounds: The Power of Harmonics*. Rockport, MA: Element Books, Inc., 1992. 소리 치료 기법에 관한 강력하고도 부드러운 교재.

Grof, Christina, and Stanislav Grof. *The Stormy Search for the Self*. Los Angeles: Jeremy P. Tarcher, 1990. 우리 문화에서 영적 경험에 대한 오해를 흥미롭게 제시한 책.

Harmon, Willis, and Howard Rheingold. *Higher Creativity*. Los Angeles: Jeremy P. Tarcher, 1984. 유명 작가를 비롯해 다양한 분야의 사람들에게서 발견되는 창조성에 대해 유익한 통찰을 제공하는 책.

Hart, Mickey. *Drumming at the Edge of Magic*. San Francisco: HarperCollins, 1990. 영적 경험으로서 음악을 다룬 훌륭한 책.

Heywood, Rosalind. *ESP: A Personal Memoir*. New York: E. P. Dutton & Co., Inc., 1964. '더 높은 힘'과의 개인적 만남을 다룬 유쾌한 책.

Holmes, Ernest. *Creative Ideas*. Los Angeles: Science of Mind Communications, 1973. 창조적 표현에 적용되는 영적 법칙을 다룬, 작지만 의미심장한 책.

James, William. *The Varieties of Religious Experience*. Boston: Mentor Books, 1902. 다양한 형태의 영적 각성을 탐구한 기념비적인 책으로, 창조성을 영적인 문제로 바라보는 깊은 통찰을 제공한다.

Jeffers, Susan. *Feel the Fear and Do It Anyway*. New York: Fawcett Columbine, 1987. 두려움을 이겨내도록 돕는 실전 지침서.

Leonard, Jim. *Your Fondest Dream*. Cincinnati: Vivation, 1989. 또 다른 실전 지침서. 브레인스토밍 기법을 다양하게 제시한다.

Lewis, C. S. *Miracles*. New York: Macmillan, 1947. (『기적』, 이종태 옮김, 홍성사, 2019) 영감을 주면서도 날카롭고 도발적인 책. 편견 없는 사고를 향한 도전장.

Lingerman, Hal A. *The Healing Energies of Music*. Wheaton, IL: The Theosophical Publishing House, 1983. 치료제로서 음악을 다룬 책. 학술적 내용을 쉽게 풀어서 제시한다.

London, Peter. *No More Secondhand Art: Awakening the Artist Within*. Boston: Shambhala Publications, Inc., 1989. 결과물이 아닌 과정으로서 개인적 예술을 옹호하는 선언문.

McClellan, Randall, Ph.D. *The Healing Sources of Music*. Rockport, MA: Element Books, Inc., 1994. 광범위한 자료를 친절하게 제시한다.

Maclean, Dorothy. *To Hear the Angels Sing*. Hudson, NY: Lindisfarne Press, 1990. 핀드혼 재단의 공동 설립자가 영적 여정을 깊이 있게 풀어낸 매혹적인 자서전.

Mathieu, W. A. *The Listening Book: Discovering Your Own Music*. Boston: Shambhala Publications, Inc., 1991. 음악을 삶의 길로 삼는 과정을 친근하게 풀어낸 안내서.

Matthews, Caitlin. *Singing the Soul Back Home: Shamanism in Daily Life*. Rockport, MA: Element Books, Inc., 1995. 확고한 영적 실천을 위한 풍부하고 깊이 있는 책.

Miller, Alice. *The Drama of the Gifted Child*. New York: Basic Books, 1981. 해로

운 가족 관계가 창조성을 어떻게 꺾는지 보여주는 독창적인 책.

Nachmanovitch, Stephen. *Free Play*. Los Angeles: Jeremy P. Tarcher, 1991. 창조적 자유에 관한 놀라운 책.

Noble, Vicki. *Motherpeace—A Way to the Goddess Through Myth, Art, and Tarot*. San Francisco: Harper & Row Publishers, 1983. 여신 신앙의 관점에서 바라본 창조성.

Norwood, Robin. *Women Who Love Too Much*. Los Angeles: Jeremy P. Tarcher, 1985. (『우리는 사랑이 아니라 집착이었어』, 문수경 옮김, 더난출판사, 2024) 상호 의존에 관한 독특한 접근.

Peck, M. Scott. *The Road Less Traveled*. New York: Simon & Schuster, 1978. (『아직도 가야 할 길』, 최미양 옮김, 율리시즈, 2023년) 초기 영적 회의론자를 위한 책.

Shaughnessy, Susan. *Walking on Alligators*. New York: HarperCollins, 1993. 과정의 가치를 결과물만큼이나 소중히 여기고자 하는 사람들을 위한 친근하면서도 통찰력 있는 안내서.

Sher, Barbara, with Annie Gottleib. *Wishcraft: How to Get What You Really Want*. New York: Ballantine Books, 1979. 창조적으로 살아가는 데 촉매 역할을 하는 책으로, 내 작업과 현재의 사고에 중요한 토대가 된 작품.

Starhawk. *The Fifth Sacred Thing*. New York: Bantam Books, 1994. 영적 생태학에 관한 매혹적인 소설.

Starhawk. *The Spiritual Dance*. New York: Harper and Row, 1979. 내면의 창조성과 신 혹은 여신에 관한 탁월한 책.

Tame, David. *The Secret Power of Music*. New York: Destiny Books, 1984. 음악의 치유력을 개괄적으로 고찰한 입문서.

Ueland, Brenda. *If You Want to Write*. 1938. St. Paul, MN: Schubert, 1983. 작가가 창조적 아티스트로 살아가는 법을 다룬 책으로, 예리하고 솔직하며 실용적이다.

W., Bill. *Alcoholics Anonymous: The Story of How More Than One Hundred Men Have Recovered from Alcoholism*. Akron, OH: Carry the Message, 1985. 100명 넘는 사람들이 알코올의존증에서 어떻게 회복되었는지 알려주는 책.

Wegscheider-Cruse, Sharon. *Choicemaking: For Co-dependents, Adult Children and Spirituality Seekers*. Pompano Beach, FL: Health Communications, 1985. 종속적 일중독증에서 벗어나고 싶은 사람들을 위한 책.

Woititz, Janet. *Home Away from Home: The Art of Self-Sabotage*. Pompano Beach, FL: Health Communications, 1987. 성공을 가로막는 메커니즘에서 벗어나는 데 중요한 책.

Wright, Machaelle Small. *Behaving As If the God in All Life Mattered*. Jeffersonton, VA: Perelandra, Ltd., 1987. '대지'를 비롯해 여러 에너지 형태와의 교류를 다룬 영적 자서전.

창조성을 가로막는 문제를 해결하는 데 특히 유용한 책

Alcoholics Anonymous. *The Big Book*. New York: Alcoholics Anonymous World Services. 알코올의존자들의 교본으로, 맑은 정신으로 차분하게 살아가도록 돕는 매우 고무적인 책.

Alcoholics Anonymous. *Came to Believe*. New York: Alcoholics Anonymous World Services, 1973. 갓 싹튼 신앙에 대해 유용하고 감동적으로 다룬 책.

The Augustine Fellowship. *Sex and Love Addicts Anonymous*. Boston: The Augustine Fellowship, *Sex and Love Addicts Anonymous Fellowship-Wide Services*, 1986. 중독 문제를 다룬 최고의 책. 금단 증세와 파트너십 구축에 관한 장은 반드시 읽어볼 것.

Beattie, Melody. *Codependent No More*. San Francisco: Harper & Row, 1987. 미덕의 덫을 깨트리는 탁월한 책.

Cameron, Julia, and Mark Bryan. *Money Drunk, Money Sober*. New York: Ballantine Books, 1992. 재정적 어려움에서 벗어나기 위한 실습 도구. 돈 관리를

위한 새로운 방식을 제시한다. 돈 문제가 가장 자주 언급되는 장애물이라는 점에서, 이 책은 『아티스트 웨이』에서 파생되었다고 할 수 있다.

Hallowell, Edward M., M.D., and John J. Ratey, M.D. *Driven to Distraction*. New York: Touchstone Books/Simon & Schuster, 1994; first Touchstone edition, 1995. (『하버드 집중력 혁명』, 박선령 옮김, 토네이도, 2015) 주의력 결핍 장애에 관한 귀중한 책.

Louden, Jennifer. *The Women's Comfort Book (A Self-Nurturing Guide for Restoring Balance in Your Life)*. San Francisco: HarperSanFrancisco, 1992. 자기 양육에 관한 실용적 안내서로, 어느 성별에나 적용할 수 있다.

Orsborn, Carol. *Enough Is Enough: Exploding the Myth of Having It All*. New York: G. P. Putnam's Sons, 1986. 영웅적 일중독 성향에서 벗어나도록 돕는 탁월한 책.

옮긴이 **박미경**

고려대학교 영문과를 졸업하고 건국대학교 교육대학원에서 교육학 석사 학위를 취득했다. 외국 항공사 승무원, 법률회사 비서, 영어 강사 등을 거쳐 현재 바른번역에서 전문 출판번역가이자 글밥아카데미 강사로 활동하고 있다. 『내가 틀릴 수도 있습니다』, 『마음챙김』, 『회복탄력성의 뇌과학』, 『우리는 지금 문학이 필요하다』, 『가장 다정한 전염』, 『엄마가 죽어서 참 다행이야』, 『탁월한 인생을 만드는 법』, 『프랑스 여자는 늙지 않는다』, 『인생의 마지막 순간에서』 등을 번역했다.

아티스트 웨이 30주년 기념 특별판

초판 1쇄 발행 2025년 6월 26일
초판 5쇄 발행 2025년 12월 5일

지은이 줄리아 캐머런
옮긴이 박미경
펴낸이 최순영

출판1 본부장 한수미
라이프 팀장 곽지희
편집 곽지희
디자인 홍세연

펴낸곳 ㈜위즈덤하우스 **출판등록** 2000년 5월 23일 제13-1071호
주소 서울특별시 마포구 양화로 19 합정오피스빌딩 17층
전화 02) 2179-5600 **홈페이지** www.wisdomhouse.co.kr

ISBN 979-11-7171-434-6 03600

- 이 책의 전부 또는 일부 내용을 재사용하려면 반드시 사전에 저작권자와 ㈜위즈덤하우스의 동의를 받아야 합니다.
- 인쇄·제작 및 유통상의 파본 도서는 구입하신 서점에서 바꿔드립니다.
- 책값은 뒤표지에 있습니다.